小米创业思考

雷军 口述
徐洁云 整理

中信出版集团|北京

图书在版编目（CIP）数据

小米创业思考 / 雷军口述；徐洁云整理 . -- 北京：中信出版社，2022.8（2025.3 重印）
ISBN 978-7-5217-4527-6

Ⅰ.①小… Ⅱ.①雷… ②徐… Ⅲ.①通信企业－工业企业管理－经验－中国 Ⅳ.① F632.4

中国版本图书馆 CIP 数据核字（2022）第 119229 号

小米创业思考
口述： 雷军
整理： 徐洁云
出版发行：中信出版集团股份有限公司
（北京市朝阳区东三环北路 27 号嘉铭中心　邮编 100020）
承印者： 北京盛通印刷股份有限公司

开本：787mm×1092mm 1/16　　　　印张：20.5　　字数：346 千字
版次：2022 年 8 月第 1 版　　　　　　印次：2025 年 3 月第 20 次印刷
书号：ISBN 978-7-5217-4527-6
定价：86.00 元

版权所有·侵权必究
如有印刷、装订问题，本公司负责调换。
服务热线：400-600-8099
投稿邮箱：author@citicpub.com

永远相信美好的事情即将发生

目录

前言　　　　　　　　　　　　　　　　VII

第一部分　小米创业历程

第一章　奇迹时代

梦想落地　　　　　　　　　　　　　004
从操作系统做起　　　　　　　　　　006
小米手机出世　　　　　　　　　　　012
赢得梦幻开局　　　　　　　　　　　014
生态展开　　　　　　　　　　　　　017

第二章　低谷

遭遇发展瓶颈　　　　　　　　　　　020
补课：交付、创新和质量　　　　　　021

第三章　重回增长

IPO 和最年轻的世界 500 强　　　　　023
走向全球　　　　　　　　　　　　　025

第四章　新十年新征程

重启高端市场　　　　　　　　　　　026
明确"三大铁律"　　　　　　　　　027
构建全场景智能生活　　　　　　　　028

第二部分
小米方法论

第五章　我对互联网思维的理解

互联网创世记　　　　　　　　　　032

一个程序员的求索　　　　　　　　035

第六章　互联网七字诀

专注　　　　　　　　　　　　　　048

极致　　　　　　　　　　　　　　058

口碑　　　　　　　　　　　　　　077

快　　　　　　　　　　　　　　　090

第三部分
小米方法论的实践

第七章　技术为本

科技公司的本质属性　　　　　　　100

工程师文化就是鼓励创新　　　　　114

工程思维不是"工程师专属"　　　120

第八章　和用户交朋友

性价比是最大的诚意　　　　　　　126

新媒体不等于营销　　　　　　　　129

永远离用户更近一点　　　　　　　134

"闭着眼睛买",信任才是唯一　　139

第九章　爆品模式

爆品是打造出来的　　　　　　　　141

建立爆品模式　　　　　　　　　　145

打造爆品的四项关键能力　　　　　147

第十章　高效率模型

小米模式要解决的两个矛盾　　152
商品定价里的效率密码　　155
减少中间环节，赚点"小费"　　159
以用户为中心的增长飞轮　　162

第十一章　新零售

从电商走向新零售　　165
小米之家模式凭什么能胜出？　　178
零售的本质是什么？　　183

第四部分
小米方法论与产业生态

第十二章　生态链模式

小米为什么做生态链　　188
生态链爆品是如何炼成的　　193
好看、好用才是好质量　　210
小米生态链 2.0　　217

第十三章　智能制造

效率革命的深水区　　225
带动国产供应链发展　　227
三道待解难题　　230

第五部分
小米方法论的演进思考

第十四章　小米方法论的演进思考

警惕"规模不经济"陷阱　　　　　241

制定"三大铁律"　　　　　　　　245

小米造车的思考　　　　　　　　248

小米的高端化战略　　　　　　　253

小米方法论的成长考验　　　　　257

后记　什么是小米模式　　　　　263

附录
对小米影响最为深远的 5 篇文章

小米是谁，小米为什么而奋斗　　270

小米从哪里来，又将往哪里去　　275

我的梦想，我的选择　　　　　　294

为小米汽车而战　　　　　　　　307

金山为什么能活 30 年　　　　　312

前言

这是一本复盘之书，核心内容来自小米十周年总结。2020年上半年，我和同事们花了大约半年时间，对小米创业历程进行了深入思考与讨论，形成了一系列结论。

我的职业生涯经历了30多年的沉浮摔打，从最初学生时代的创业尝试，到开发通用软件、电商、游戏，再到做移动互联网工具、云服务、消费电子硬件、IoT（物联网）智能设备等等，直到去年进入智能电动汽车行业。就像我年轻时听过的鲍勃·迪伦的歌里说的那样，"答案在风中飘荡"。一路求索，关于商业思考，不同时期的答案一直在我的脑海中回响飘荡。

商业的目的是什么，如何让商业实现最大化的现实意义？我的答案是：效率。它能给最多的人带来最大化的美好幸福感。

小米自创立至今12年只干了一件事：用互联网的思维和方法，改造传统制造业，实践、丰富"互联网+制造"，推动商业社会的效率革命，以实现最大化的用户利益和社会经济运转效率。

12年前出发时，我和我的同事们对制造一知半解，我们手中所有的，只是一套叫作"互联网思维"的工具。但我依然相信，我们一定有机会实现我们的梦想，因为我相信互联网。

互联网作为技术工具，没有善恶对错，但互联网理想、精神和方法，从互联网出现的第一天开始，就是为了高效、透明、公平和普惠。

所谓互联网精神，并不独见于狭义的互联网行业，也远不止今天我们所常见、熟悉、直观的基于互联网的应用。有人说，如今已进入互联网的下半场，我并不甚赞同。在我看来，互联网终于脱离了幼儿期，开始走向青春期，真正走入苍茫人世，为所有人、所有事赋能。

我始终坚信，互联网应该是尊重人的，而不是束缚人的；互联网应该是解放生产力的推动思维和技术动力，而不是以邻为壑的割裂藩篱；互联网应该不断推动开放与共享，而不是简单零和竞争的数字鸿沟；互联网应该是社会整体财富的耕耘者，而不应该只是流量、财富的吸纳者和分配者。

所以，互联网应该成为公共服务，透明服务于人，方法公布于众，数据属于用户，在充分授权和保护的前提下，商业世界和公共服务的参与者可享、可用、可管理。其中的关键是，发挥互联网的信息汇集带宽、交互反馈快捷，以及数字化可追溯、可管理、可统筹的优势，积极与实体经济结合，真正担负起推动经济均衡持续发展、实现民众幸福感最大化的职责。只有这样，互联网才不只是被动使用的数字工具，更是真正的数字化发展引擎。

从 2005 年开始，这些思考在我脑中不断盘旋，渐渐形成了创办小米的基础方法和实践指导。在十多年的探索中，这些思考和实践被逐步打磨，初步形成了一整套方法论的雏形。站在中国制造业数十年筚路蓝缕的厚重积累之上，乘着中国改革开放不断深化、经济建设开始起飞的时代大潮，经过不断实践完善，这套方法论也渐渐开始在"互联网 + 制造"领域取得进展。

这是我的第一本关于商业思考的书。我不是经济学家，也不是商业理论学者，所以并不会写一本理论化的书。作为一个工程师，也作为一个创业者，我想尝试总结并分享我们基于小米创业历程的思考，以及对这些思考进行改进、完善的方法。这些思考一定不完美，甚至还非常简陋；这些思考也一定不是商业进步和模式创新的唯一解。但我相信，对于很多创业者和企业管理者而言，其中的不少方法和思考会有一点借鉴、适用的价值。同时，我希望通过这本书，能够跟所有的小米同事、米粉朋友、合作伙伴，以及支持"小米模式"的朋友，做一次集中的分享和探讨。

这本书里的内容绝非我一个人的思考，很大程度上，这是一部小米创始人团队、管理层和很多小米同事的集体作品，在这里，我要向他们致以诚挚的感谢。

小米还非常年轻，小米的创业思考也才起步。这本书更多的是对小米过去 12 年的总结，面对未来，我们还有很多问题需要继续思考、继续实践。我期待小米能够成为一家百年企业，更相信小米创业过程中思考的模式和方法，其价值将远大过小米本身，其影响也将比小米本身更深远。

雷军

2022 年 8 月

第一部分
小米创业历程

2010年4月6日，小米在北京中关村悄悄诞生了。

第一款小米手机于2011年8月16日发布，10月底正式上市，当年收入超过5亿元。2012年，小米迎来第一个完整财年，营收超过100亿元。2014年营收达636亿元，以当时的汇率计算，突破了100亿美元。2010—2014年是小米十年历程的第一个高速增长阶段。接下来的2015年和2016年，小米营收增长放缓，陷入了成长困境。经过两三年的调整，小米进入了第二个高速增长阶段，2017年营收突破1000亿元，2019年突破2000亿元，成为最年轻的《财富》世界500强企业。2020年和2021年，小米连续3年进入《财富》世界500强，排名持续提升，分别为第422位和第338位。

2020年小米十周年之际，我们做了一次深度复盘，以发展低谷的两年为界，小米的创业历程分为前后两个高速增长期。要讲清楚小米的创业历程，其实就是讲清楚这三个阶段：初期为什么成功，中间为什么陷入低谷，后来又为什么恢复了高速成长。

十年前，我曾经说过一句话："站在台风口，猪都能飞上天。"很多人都用这

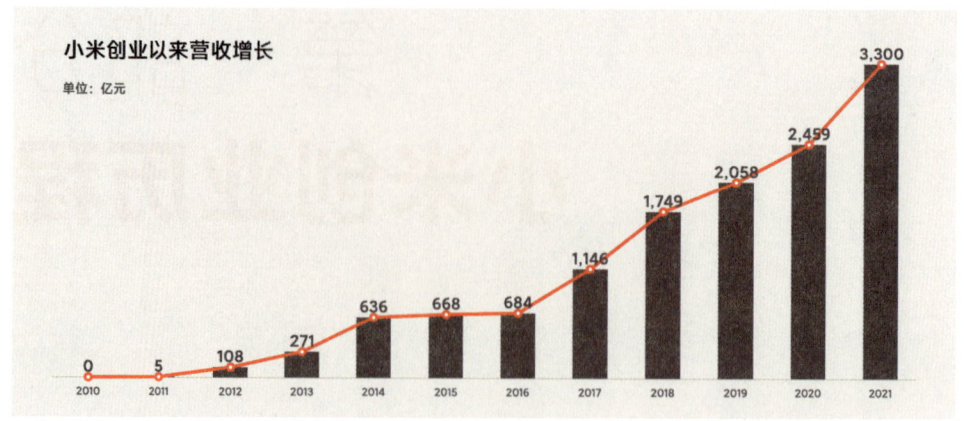

小米创业以来营收增长曲线

句话来描述小米的崛起，或者奚落小米的低谷。这可能是过去十年来，对我、对小米和对创业群体最大的误会：这句话，似乎只强调风口，只是在鼓励投机心理。事实其实完全相反。我曾经跟朋友开玩笑说，"风口上的猪"这句话的主语是猪，本意是说在进入新领域、寻找新机会时，放低姿态，虚心学习，既要埋头苦干，也要把握时机，顺势而为。"这个猪，指的是我们自己"，我都把自己比喻成猪了，姿态低到底了，谁还能击败一个躺在地板上的人呢？况且，即便狂风在前，一头猪也不是能轻易飞上天的。

首先你要知道，台风来不来？什么时候来？从哪里来？在风来之前，大多数能上天的猪都是做好了准备的。据我了解，近年国内新消费等几个火热的创业领域的创始人虽然年轻，但大多经历过商业领域的历练，在相关行业里有很深的积累。就拿大家比较熟悉的 B 站来说，大家看到的是 2015—2016 年之后，借着二次元文化和短视频 PUGC（专业用户生产内容）崛起的风口，B 站一路起飞，取得了非常了不起的成就，但很多人不知道，B 站的董事长陈睿十多年前就狂热地喜欢二次元动漫文化，几乎所有的业余时间和精力都花在这方面，反复琢磨研究，对行业生态和用户需求已经有了很深的理解。

其次，猪在风口上时，如果没有足够的能力，很快会掉下来。小米曾经引发过一个风口，切身体验再深刻不过了。可能很多人没有意识到，在智能手机普及大潮中，曾有两次明显的风口。第一次是 2010 年前后，移动互联网在国内已经到了起飞的前夜，小米看到了这样的机会，踏进了手机江湖。在小米第一代手机获得出乎所有人意料的成功后，阿里、360、盛大等众多互联网公司，以及大可乐、小辣椒等新设立的品牌都冲进这个市场试水。第二次是 2014 年，国内开始了 4G 普及大潮，基于移动端视频等需求的新一轮市场机会开始爆发，而小米在这一年年底进行了一轮估值 450 亿美元的融资，一下引爆了整个智能手机行业投资大潮。其他很多手机品牌也先后拿到了巨额融资，大举投入，让竞争进入了白热化。但是到了今天，趁着这两波潮水涌入的玩家们，除了小米，在行业主流视野中都已经偃旗息鼓或销声匿迹。原因其实无他，企业最终要依靠的，仍然是完备的综合能力、开拓韧性，以及充满生命力、被证明行之有效的模式。

下面我们先简单回顾小米的创业历程。如果对其中的具体细节感兴趣，推荐阅读 2020 年出版的《一往无前》，这是目前为止小米唯一官方授权的传记。

第一章
奇迹时代

梦想落地

  为什么要创办小米？源自一个朴素的想法——那个时候的我们想做一家伟大的公司，想对社会有贡献。我们仔细分析了能为这个社会做什么。12 年前的中国已经成了世界工厂，但当时国货的品质还不够好，偶尔有做得好的，价格却贵得离谱。那个时候的我们也的确无知无畏，尽管没有任何硬件经验，依然觉得自己能做点事情推动中国制造业的转型升级。

  梦想如何落地？我们看到了一个巨大的机会：智能手机。

  2007 年 iPhone 发布，智能手机时代真正拉开帷幕。2009 年，谷歌发布了开源的手机操作系统安卓，同年 9 月，第一款安卓手机 G1 发布。尽管当时安卓手机体验还很粗糙，但我认为安卓一定会成功，因为我看好开源。于是，我们决定在安卓操作系统基础上做智能手机。

  做全球最好的手机，只卖一半的价钱，让每个人都能买得起，这就是小米梦想的原点。2011 年 1 月，在小米的第一次年会上，我跟同事们说，我们的目标是做出像 iPhone 一样好的手机，然后卖到 1800 元，甚至 800 元，让每个中国老百姓都买得起。

  对中关村的一家小公司来说，要做全球最好的手机谈何容易。当时中国市场上有苹果、三星、诺基亚、摩托罗拉这样的国际品牌，还有中兴、华为、酷派、联想这样的本土巨头。一家像蚂蚁一样的小公司，怎么去挑战这些巨无霸呢？我们看到的第一个机会是，它们全部是硬件公司，假如我们利用互联网方式做手机，把软件、硬件、互联网融为一体，这样公司将具备颠覆行业的空前竞争力。这将是一个巨大的创业机会。

要做到这一点很难，但是我们找到了一条捷径。当时在我们熟悉的公司中，软件最好的是微软，硬件最好的是摩托罗拉，互联网最好的是谷歌，如果能挖到这三家公司的精英，就有机会组成一个具有颠覆力量的顶尖团队，我们极有可能成为全球极为罕见的软件、硬件、互联网都精通的公司，有望练成科技创业界的"铁人三项"。

所以，我从谷歌、微软、摩托罗拉找来了最重要的合伙人和优秀的创始团队。同时，我觉得还需要一些"打硬仗、接地气"的本土风格，于是又找来了一些金山的老同事，组成了一家"土洋结合"的公司。我坚信公司会在这个市场里杀出一条血路。

那时候国货的问题不仅仅是技术问题，还有设计问题和用户体验问题。所以在组建团队的初期，8位创始人里面有6位工程师、2位设计师。我在组建团队的时候就想过，我们一定要靠设计制胜。

组建团队是个极为痛苦的过程。我在面试每一个牛人的时候，牛人也在面试我。我总结的经验就是我脸皮厚，人家三顾茅庐，我可以三十顾茅庐，不管什么办法，搞得定人才的就是好办法。

我记得有个工程师真的要把我弄崩溃了，两个月时间里我跟他谈了10次，有几次都超过了10小时，我们的核心团队加起来跟他谈了17次。小米在创业的最早期，对人才的重视到了极为夸张的程度。前两年我在顺为投资看一个项目，有一个创业者特别激动，他给我讲了一个故事。他说2011年他在从北大毕业前想找一份实习工作，在网上搜了一家小公司来面试，面试了9次，在最后一次面试的时候，面试了半个小时后，有个人推门进来，仔细一看有点儿像雷军。他说的就是小米，后来他在小米实习了半年。让他觉得不可思议的是，作为一个实习生，小米面试了他9次，面试官里还包括两位联合创始人，真的太认真、太严格了。

为什么要这么认真、严格？因为我们想做的事业很难，光能干还不够，一定要找有共同的愿景、有能力、有责任心的人，找不需要管理者盯着就能自驱动、自己干的人。因为做"铁人三项"这么复杂的模式，靠管理是管不出来的，只能靠巨大的能动性。同时，信任是极其强大的力量，我们愿意相信每一位同事，所以找人时一定要认真、谨慎。

小米之所以能采用前所未见的创新模式，是因为我们当时有 8 位合伙人，既能各管一块，又能迅速形成一个整体。同时我们还有一大群非常优秀的人才分布在各个关键岗位上。10 年前的一家小公司，什么资源也没有，仅靠一腔热血，靠一群优秀的人就开始干了。

从操作系统做起

无论多么复杂的事情，都有一个原点，要找到切入点。我们不懂硬件，就先从软件干起。操作系统很复杂，没关系，我们在开源系统上做；开源也很复杂，没关系，我们找了当时智能手机最重要的几个功能开始干。

当时智能手机刚起步，我们抓的那些核心应用都是最常用的场景，比如打电话、发短信、通讯录、桌面，这些界面的视觉和交互到今天看依然算得上漂亮、优雅。

我们做到了什么程度呢？2010 年 8 月 16 日，MIUI 发布。发布一个多月以后，在 XDA 开发者论坛上一位大神是这么推荐的："有人听说过这个 ROM（系统软件包）吗？我这辈子从未见过这么疯狂的 ROM，它运行起来又快又流畅，界面全部重新设计了，这太不可思议了！"

中关村的一家小公司做的一个小产品在国际上受到了如此高的赞誉，可以说明这个产品做得有多先进。

专注做好 4 个功能

我们选择了基于开源的安卓做系统。当然，即便是站在了"巨人的肩膀"

上，操作系统毕竟是操作系统，全面定制开发的工程量相当庞大，不是十来个人的小团队可以搞定的，因此我们就从智能手机最重要的少数功能开始做。

经过认真研究和讨论，我们发现，在智能手机刚起步的当下，打电话、发短信、通讯录和桌面是人们最常用的功能，我们只要集中精力，专注把这4个核心功能模块做好做透就行。一个极其复杂的系统工程就这样被我们高度简化了。

所以，当遇到复杂问题时，对工程师而言，最重要的是先找到"第一把扳手"，将复杂工程高度简化是一项非常重要的能力。

目标聚焦，进展就快，仅仅两个月时间，MIUI第一版就做好了，我们有信心把这4个选定的功能做到安卓领域最好的表现。但马上就碰到下一个问题：用户从哪里来？

100个梦想的赞助商

我们建立了一个论坛，吸引手机发烧友，然后招募志愿者"刷机"，就是把其他手机刷上我们的系统。当时我们还没有自己的手机，我们的系统支持的第一款机型是HTC的G7。刷机在当时是一项"勇敢者的游戏"。我早年刷机，一刷就是十几个小时，既兴奋又紧张，因为不保证一定成功，失败了手机就"变砖"了，我就失败过好几台。

招募的方式也非常简单，因为我们规定了不能利用任何过往的资源，所以，能做的就是全员去其他各种社交平台和社区发帖。对这种最基础的社区推广方式，我早有经验，在卓越网的时候，我就认真琢磨过到各种论坛、社区发帖的方法，就是给自己定了一条硬性规定，每天发300个帖子，每个帖子都要求有100字以上，而且要言之有物，能适应不同风格的论坛，不至于被别的社区管理员当成垃圾推广信息删掉，然后把这300个帖子贴到所有自己知道的论坛、社区里。

经过全员的努力，我们发了很多帖子，但到底有没有人敢相信一个从没听说过的"民间团队"？我们心里其实也没底。

让我们感动的是，居然有 100 位陌生的用户愿意冒着风险刷我们的系统，我们叫他们"100 个梦想的赞助商"，并把他们的 ID 放到了 MIUI 第一版的开机画面上。让我们没想到的是，MIUI 受到了用户的热烈欢迎。我们没有做任何推广，只是靠口碑传播，第一周 100 人，第二周 200 人，第三周 400 人……用户就这么增长起来。

400 人，看上去很少。在今天，不少创业公司有些"好大喜功"，好像没有 100 万用户就不好意思跟人打招呼。在创业最初期，短期内有太多的用户其实也没用，关键是要和你的核心用户一起把产品打磨好，做这件事一定要有耐心。

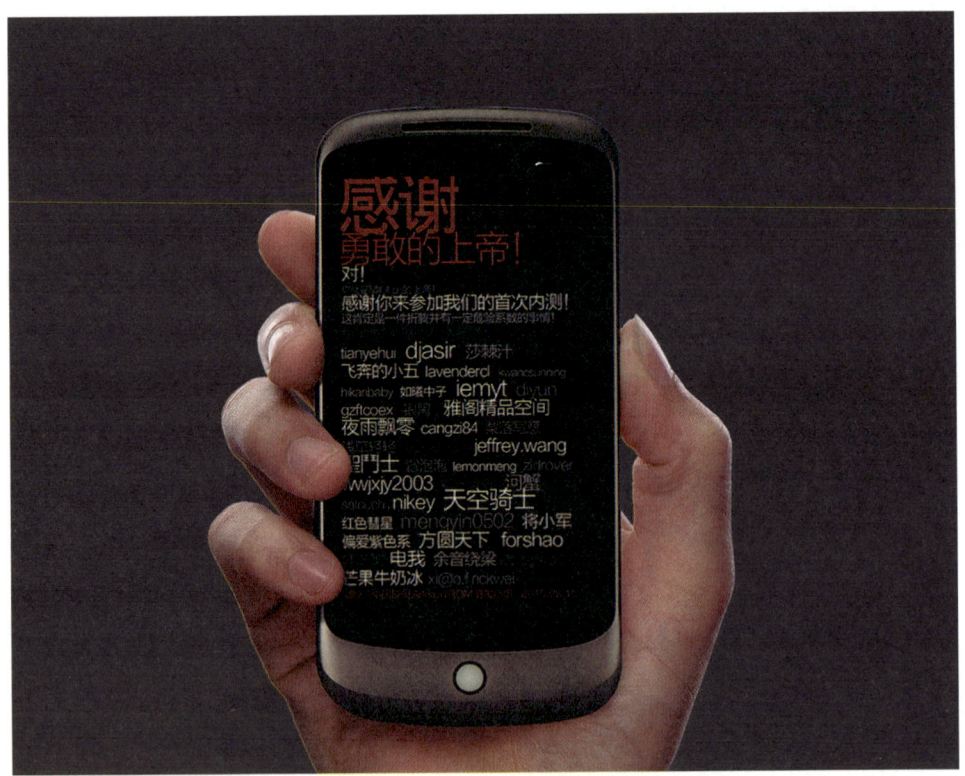

MIUI 第一版开机画面的 100 个梦想赞助商

互联网开发模式

为了能尽快满足用户需求，根据用户意见快速迭代产品，我们用了一种前所未有的"互联网开发模式"，MIUI 成了全球第一个每周更新的操作系统。这种模式一干就是 12 年，一直坚持到今天。

MIUI 的社区论坛聚集了当时中国最活跃的手机发烧友，我们要求团队全员每天泡在论坛里收集用户的吐槽和反馈。MIUI 每周更新的功能，哪些受欢迎，哪些不受欢迎，全是由 MIUI 社区用户投票产生的；新功能开发的优先级，甚至系统的默认铃声是哪首曲子，也是由用户投票产生的。这样做的结果是，每周用户都能看到自己提出的意见被采纳了，极大地调动了参与感。我们没有做任何宣传，但用户自发地帮我们做口碑传播，因为那种参与产品开发的自豪感，他们在别处是体会不到的。

用户的吐槽和建议，成了衡量我们工作成绩的指标。对每周被夸得最多的功能，负责的产品经理和团队会得到一份现场做出的爆米花，整层楼都是香气，很让人羡慕。而对每周被喷得最多的功能，就发一个《愤怒的小鸟》里的猪头，接下来一周猪头会一直挂在工位上，所以所有人都玩命打磨产品。

基于用户的参与，MIUI 后来确立了不同的产品序列：内测版实时更新，向贡献最多、专业度最高的核心发烧友群体开放；开发版每周五更新，向泛发烧友和数码爱好者群体开放；稳定版 1~2 个月更新，作为随手机发售的版本，面向大众用户。

用户的参与，加上互联网开发模式，让 MIUI 团队实际上拥有了一支 10 万人规模的产品开发团队，让 MIUI 成了体验打磨最细、改进最快的手机操作系统，被人们称为"活的系统"。

10 万发烧友的集体智慧，帮助我们的团队打造出了众多前所未见的惊艳产品，其中很多至今都被认为是产品方案最优解，成为业界标准。

比如，打电话需要录音，在 MIUI 之前需要安装第三方通话录音软件，且服务并不稳定。而 MIUI 在通话过程中有一个"记录"选项，点击后即可以便签的形式记录信息，比如电话号码；也可以点击"录音"直接通话录音。

又比如，当我们不方便接听来电时，过去要么是拒绝接听，要么是接听后让对方发短信说明事由。MIUI可以在拒绝接听前选择是否自动发短信给对方，短信内容可以事先设置好，比如直接告诉对方不方便接听电话、稍后回电或者让对方发短信，整个过程只需不到一秒即可完成。

最让当时的发烧友津津乐道的是"百变主题"功能，非常受欢迎，是用户参与创造的典范。我们把系统界面的个性化定制自由度做到了极致，用户可以模仿iPhone，可以模仿Windows，甚至还能混搭锁屏、图标、铃声等各种自定义模块，打造属于自己的独一无二的系统界面，玩得特别过瘾。

这一系列的创新让MIUI拥有了令人艳羡的良好口碑，凭借这样的口碑，MIUI的用户规模和影响力与日俱增。

小米国际化的第一颗种子

2010年8月16日，我们的第一版MIUI发布。真正大火起来，是在一个月之后，9月20日，MIUI被海外开发者中的知名KOL（关键意见领袖）推荐到了XDA论坛上，一炮而红。

从此，MIUI在全球发烧友人群中火了起来。后来，各个国家都有网友自发建立当地的米粉社区，制作当地语言包，适配各种机型，帮助我们推广并提供各种建议，形成了一场声势浩大的全球群众运动，这实际上是小米国际化的第一颗种子。多年后，当我们真正开始全球拓展时，更加真切地体会到，当初种下的口碑，力量异常持久，影响极为深远。

就这样，短短一年时间，在不借助任何外部资源、零推广投入、完全隐姓埋名开发的情况下，MIUI用户量超过了30万。这30万人就是小米手机宝贵的种子用户。

如果我们把MIUI的开发思路总结一下，条理会更清晰：

第一章 奇迹时代 | 011

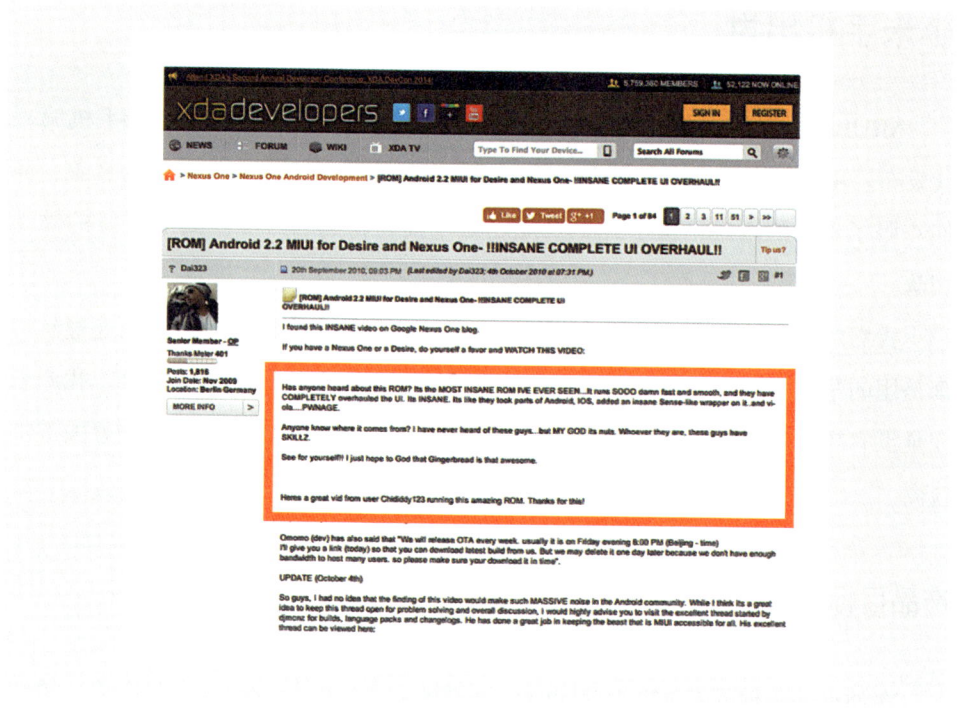

MIUI 刚刚诞生就受到全球发烧友热烈追捧

- 刚开始只做四个功能（电话、短信、通讯录和桌面），极度克制（专注）。
- 百变锁屏、百变主题，能够模拟任何手机，对体验极致追求（极致）。
- 公司全员在论坛上跟用户沟通，跟用户交朋友（口碑）。
- 在 XDA 论坛上大受欢迎，在国外火了，最早的国际化从 MIUI 开始（口碑）。
- 每周迭代，采用互联网开发模式（快）。

　　MIUI 就是用互联网方式做操作系统，是"专注、极致、口碑、快"互联网七字诀的第一次成功验证。

小米手机出世

MIUI 起步以后，我们就开始做手机了。2011 年 8 月 16 日，小米手机第一代发布。可能大家觉得我们做手机很容易，但是说实话，相比开始前的想象，我们克服了十倍的困难，费了九牛二虎之力才找到我们当时能找到的最好的硬件团队。

我们定位要做全球最好的手机，当时我们非苹果供应链不用，甚至连螺丝钉都是用的苹果供应商。可是搞定供应链，对一个外行来说真的很难很难。我原来完全没有想过供应链有多难搞，我们花了巨大的精力，才搞定一家又一家关键供应商。

产品目标决不妥协

在如火如荼地开发 MIUI 的同时，经过极其漫长的苦苦搜寻，我们终于搞定了当时能找到的最好的硬件团队，团队成员主要来自摩托罗拉。小米只有 200 名员工时便拥有了 30 名硬件工程师，终于可以拉开架势做手机了。

我们的目标也十分清晰坚定，就是要做最好的顶级旗舰手机，小米要成为世界一流的科技公司。

要做顶级旗舰手机，就要用最好的供应链。当时，我们对硬件行业了解不深，就定了一条保证不会出错的目标——非苹果供应链不用，要是没跟苹果合作过，就算是三星的合作方我们也完全不考虑。

比如屏幕，我们想用夏普的，但人家根本不理我们。我这才知道，顶级供应链不是一家创业公司花钱就可以搞定的。我动员所有关系联系夏普，在 2011 年日本"3·11"大地震之后，我飞去夏普的大阪总部拜访谈判，终于用诚意打动对方，达成了合作。我们就是用这样的态度和方法，一家一家磕下了所有的供应商，最后我们连手机里的螺丝用的都是苹果的供应商提供的。硬件工业的规则更看重订单的可信度，作为一家毫无历史信用基础的小公司，我们为了拿下这些资源，付出了远超正常市场价格的代价。不过，能够顺利配齐所有资源已经是谢天谢地，我们的投资人对我说，就当是进这个行业的入场费吧。

这些坚持，都是为了保证我们的产品目标——用最好的供应链，做性能最强的手机。

新的考验马上不期而至。我们的产品定义要求我们必须使用最新、最快的处理器，所以，我们这样一家从没做过手机的小公司找到了高通，要它首发的最新芯片。正好，高通当时出了全球最先进的双核1.2G的处理器，我们毫不犹豫就下了15万片的订单。

但是没想到的是，几个月后，2011年6月，高通又推出了更高级的双核1.5G的处理器。这个时候我们内部陷入了巨大的争论，600多万美元已经支付，15万片芯片已经放在库房里了。看着这些还没装配就已经过时的芯片，老实说，我连想哭的心情都有了。同事们也不知所措，怎么办？我冷静了一下，对同事们说，旧芯片先放一边，我们马上订购新芯片，产品立刻开始改双核1.5G的新方案，马上就干。

无论如何，做全球最强旗舰手机，这个目标不容半点妥协。

考验还没有结束。我们在2010年年底规划的单台手机成本是1500元，打算定价1499元，这已经是当时国产旗舰手机的上限定价，但考虑到我们的定价方式是紧贴成本，而且手机本身的性能和体验达到了业界最好水平，于是我们很大胆地预测能卖30万台。但到了8月底，团队经过成本再核算，发现成本"冒"了，每台机器成本大约2000元，比原计划超出了500元，因为我们好不容易谈妥的都是强势的优质供应商，所以价格实在谈不下来。

如果继续定价1499元，我们估计要亏2亿元。为此，我马上安排准备新一轮融资，为补上这个窟窿未雨绸缪。

但是，这样对吗？那个周末的三个晚上，我几乎都没睡着，一直在反复琢磨。互联网的确惯常于烧钱模式，但我认为对小米而言，从一开始就巨亏并不合理。跳出小米本身，我们希望通过小米去验证、推广的这套模式能适用于所有行业，而具体到通过增值服务和交叉补贴来常态化地承受亏损，这种战术并非每个行业都能承受。这种不具有普适性的做法,其实并不在我想践行的范围之内。而且,1999元的价格仍然只是打平,并不会动摇我们此前的产品定义。

周一一上班我就召集管理层开会讨论,最后我们决定,坚持"成本定价"的原则,为了小米的长期健康发展,把价格上调到1999元。

这时,国产手机的均价只有700元,我们定价1999元,会不会翻车?理智上,我们相信,小米手机有这样极致的性能、这样堪称特别厚道的价格,必定能够成功;但我们心里还是没有底,只能豁出去试试,做到自己能力的极限,至于用户买不买单,就等手机发布后见真章了。

赢得梦幻开局

行业内第一次知道我要做手机,已经是2011年的7月,距离第一代小米手机发布只有1个月时间。

当时,我们在北京的后海举办了一场小型的媒体沟通会,向媒体介绍了我们的计划和团队。其实,这场沟通会还有另外一个特别重要的目的,在此之前,我终于无法拒绝两位老大哥张旋龙和求伯君的再三邀请,答应了接任金山董事长。但此时小米手机已箭在弦上,不得不发,我想通过一场沟通会向金山的投资者们明确表态,金山董事长一职我必然尽责,小米我也会继续操持,免得大家误会。

一个互联网行业的老兵要重新出山做手机,行业非常感兴趣,但几乎完全没有人看好我们的前景。

当时,最乐观的行业观察者也只给出了5万~10万台全生命周期销量的预期。我参加了极客公园组织的一次沙龙,完完整整地讲了小米的"铁人三项"模式和思考,结束后主持人张鹏问,现场有多少人被雷军说服了?举手者寥寥。有一位跟我认识20多年的老朋友在现场说:"我几乎就要被他(雷军)说服了,但我还是保留意见。"

这个时候看好我们的只有MIUI论坛上的30多万核心用户。他们说,MIUI

小米手机第一代发布会现场

每周更新持续了一年多，他们和团队也打了一年多交道，他们相信这支团队能做好，早就期待小米能做出跟 MIUI 结合更好的手机，这样用得才更爽。

事实证明，我们的用户是对的。谢天谢地，我们没有辜负他们的信任。

第一代小米手机定价 1999 元，在当时是国产手机不敢想象的旗舰定位和高端价格，但依然供不应求。

在此之前，我们最乐观的预估是，小米第一代手机努努力，全生命周期有可能卖到 30 万台，这也是我们之前向供应链下单 30 万台的依据。但首次开放预订，22 小时内，30 万台手机就被全部订完了。30 万台手机背后有需求的可不止 30 万人，我们发现为了抢购小米手机，小米网的在线人数高达百万级别，甚至出现了瞬时宕机的现象。

如何承接这样巨大的热情，如何把小米手机持续顺利平稳地卖出去？我们一面加紧提升产能，一面启用了官网独家电商的销售模式。这是产品直达用户的最短路径。我们建立了小米社区,同时用微博等新媒体平台与消费者保持沟通。我们还自建电商供用户下单,类似于前店后厂的模式,只需要付出极少的运费,便可实现效率最大化,成为最理想的渠道模型。

小米第一代手机总计销售790多万台。对一家此前毫无硬件行业经验的小创业公司而言,这绝对是一个奇迹。

2013年7月,第一代红米手机发布,这款启用国产供应链的手机定价799元,获得了现象级的成功,把山寨手机扫出了市场。

在小米开展手机业务的前三年,只做了5款手机,全部是真正的爆款产品。小米手机第一代售出790万台,第二代售出1752万台,第三代售出1441万台;红米手机第一代售出4460万台,红米Note售出2743万台。正是这些爆款产品,支撑了小米的营收曲线像火箭一样蹿升。

小米手机能赢得"梦幻开局",原因只有一个:我们给用户提供了前所未见的产品力和颠覆性的用户体验。

小米手机面世3年发布5款手机,款款都是爆品

生态展开

从创业起，小米要做的并不是手机，而是个人移动计算中心。只是在这个时代，个人移动计算中心恰好是手机。有了个人移动计算中心，就可以连接起未来的智能生活。为此，我们开始了一系列尝试。

2012年，我们把电视屏幕理解成手机屏幕的外延，即电视是手机的屏幕，手机是电视的遥控器。于是我们做了小米盒子，接着做了小米电视，都颠覆了行业。同时，我们在寻找家庭中的连接中心。我们认为路由器是家中唯一 7×24 小时在线的设备，将是一个关键节点，于是在2013年做了小米路由器。

2013年年底，我们启动了生态链计划，进展非常顺利。在短短的一两年时间里，小米移动电源、小米手环、小米空气净化器等爆款产品就成为全球市场份额冠军，为小米品牌做出了巨大贡献。

另一方面，贯穿各类产品、服务的技术平台也随即建了起来。2012年，云平台团队成立，小米云服务立项，从照片/电话/短信/联系人/便签同步开始，做全量照片云存储服务，构建手机护城河。2013年11月，小米大数据业务开启。2014年，小米发布IoT模组，正式启动IoT平台业务，迅速成为全球最大的消费级IoT平台并领先至今。

第二章
低谷

2014 年第三季度,小米迎来了高光时刻。中关村的一家小公司,面对国内外巨头,用了三年时间成为中国第一、世界第三。小米登上了《时代》周刊,估值 460 亿美元,成为当时全球估值最高的未上市科技公司。

2014 年,《时代》周刊报道了小米的成功

获得 460 亿美元的估值之后,我隐约感觉到一丝危机,但没有想到,隐忧爆发得这么快。

2015 年,小米手机未能完成当年的销售目标,小米由此进入了两年的低谷期。从小米十年的营收图中,读者可能理解不到中间平缓的曲线包含了怎样的危机。而看小米手机出货量的变化图,就能看到这个触目惊心的缺口。在手机行业,销量一旦下滑,几乎没有任何一家公司可以逆转。

背后的原因是手机行业与供应链高度相关。当公司高速发展时,所有供应链都愿意鼎力支持,而一旦发展势头向下,失去了行业给予的信心,就会失去供应链的支持,进入致命的"死亡螺旋"。爱立信、摩托罗拉、诺基亚、HTC 这些曾经的巨头,销量一下滑就是兵败如山倒。

问题出在哪里?我们仔细分析后发现,真正的原因在于内外两方面的多项困难,其中最关键的是我们自身的能力不够,只是过去很多问题都被高速增长掩盖了,而一旦失速,这些问题就立即暴露出来。

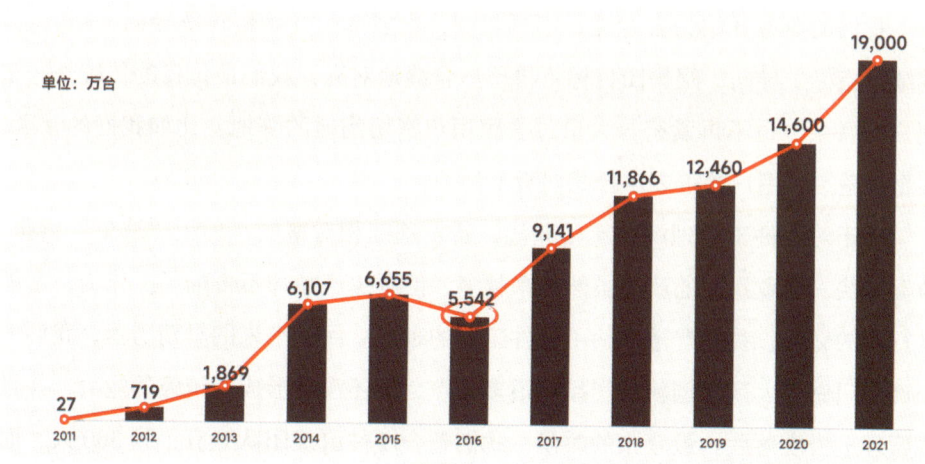

小米集团手机业务出货量成长曲线

遭遇发展瓶颈

小米遭遇的外部困难，是环境发生了两个变化。

第一个变化，小米创立时，智能手机市场刚刚起步，然而经过 5 年的发展，市场已经趋于饱和，电商发展遇到了瓶颈。当时，电商销售只占商品零售市场的 20%，这意味着还有 80% 的商品在线下流通。几乎完全依靠电商的小米，面对渠道变革的难题，犹豫不前。

第二个变化，手机市场进入了寡头化，竞争更加激烈了。经过几年的发展，整个手机行业发生了巨大变化，曾经的巨头纷纷倒下，山寨机市场也没有了小品牌的立足之地。全球只剩下六大公司瓜分了 90% 以上的手机市场，其中 4 家是中国公司，可以说中国手机市场是全球竞争最激烈的，行业竞争变成了"航母编队"之间硬碰硬的全面阵地战。

除了外部因素，小米内部遇到的困难主要来自两方面，一是心态，二是能力。

前 5 年小米成长得太快，导致我们心态出现了膨胀，包括我在内，对形势都产生了错误的判断。加上我们积累了大量的问题，管理体系又跟不上，导致小米模式在很多地方出现了动作变形。

我们的业务开始失去专注，不再克制，很多部门开始销售额导向、KPI（关键绩效指标）导向，跟集团目标不再严丝合缝地对齐；我们最优良的传统——跟用户的联系，也不再紧密，大量过去跟用户密切沟通的阵地，比如我们的社区，甚至被荒废，用户的很多声音我们听不到了。

由于对硬件工业理解还比较肤浅，研发基础相对薄弱，加上"战事"紧张，节奏加快，导致我们的产品虽然越来越多，但不少产品却不再酷了。作为一个硬件行业的新兵，我们严重低估了硬件工业的难度。回顾小米的早期历程，我们的硬件部门做了大量的创新，产品有很多亮点，但还没有形成系统级的能力，并且在管理上极度落后。最夸张的时候，我们整个硬件研发团队只有不到 300 人，而同时期我们友商的硬件研发团队却有一两万人。

小米还是一家年轻的创业公司，根基还不牢靠，唯一的办法就是抓紧补课，抓紧自救。

补课：交付、创新和质量

2016年5月，我不得已亲自接管了手机部，并且明确了要以"交付、创新、质量"为抓手，全面补课。

补课的迫切性到了什么程度呢？到2016年，我们才搞明白"交付"这个词的含义。小米产品经常缺货，这使米粉特别痛苦，甚至误解我们搞"饥饿营销"，这背后其实是我们的交付能力不足。那段时间我们全员死磕，我经常早上9点上班，到凌晨一两点还在开会，有一次我一天开了23个会。

我们具体做了哪些事？最重要的有这么几个方面：

1. 内部提拔年轻靠谱的工程师担任总监级干部，集团转岗一部分干部，同时进行外部招聘，迅速组建更具活力的新管理班子。

2. 成立专门的供应链团队，由做小米移动电源的紫米科技创始人张峰来负责，专项解决手机的供货问题。

3. 加大核心技术投入，成立了核心器件部、相机部等关键部门。在屏幕、拍照和充电等核心技术上持续重金投入。

4. 成立手机部质量委员会，我亲自出任主席，确立质量一票否决制。

经过两年的补课，小米逐渐重回正轨。2017年第二季度，小米手机出货量走出深V反弹曲线；到当年第四季度，小米手机重返全球前四。

为什么小米能够摆脱销量下滑的"死亡螺旋"？凭什么小米还能有求生的机会？抛开所谓运气因素，对价值观的坚守，自身迅速而深刻的反思、复盘、学习、迭代能力，以及与用户的紧密团结，让我们在最艰难的时刻依然拥有用户珍贵的信任和期待。

因为小米对"感动人心、价格厚道"这8个字的坚持，即便是在最艰难的时刻，我们依然拥有数以千万计的忠实用户。基于我们的一贯坚持，用户一直坚定地相信小米能够振作起来，能够不断拿出让大家惊艳的产品，因此他们愿意等待小米的改善，并用真金白银来支持。这成为小米最根本的生命力来源。

而我们也的确不负米粉期待，在最艰难的 2016 年 10 月，拿出了第一代全面屏概念手机 MIX 这样划时代的产品，指明了整个行业未来演进的方向，赢得了行业与用户的信心和肯定。第二年春天，我们又拿出了广受赞誉和认可的小米 6，奠定了逆转局势的底力。这段历程既是小米团队技术追求基因的展现，也是小米对硬件工业重树敬畏之心的过程。创新的背后，不仅仅是小米技术研发的努力，更需要供应链强有力的支持，以及更强的量产质量把控能力。与供应链伙伴关系的改善和相互加深理解，赢得他们对小米模式与方法论的认可与信任，是小米得以生存的基本条件，也是日后能够继续推动行业效率提升和生态向好转变的前提。而对于质量体系的全面理解和把控，既是小米面向用户交付的底线，也决定了小米长期发展的上限。

正是基于这些关键坚持和改善，才有了 MIX 这样一款划时代的产品。MIX 是一款完全不考虑量产性的探索性产品，立项于小米初期成功的顶峰时期。即便遭遇生死存亡的困境，面临项目能否量产的巨大不确定性，小米研发团队依然坚持投入，没有半点动摇。强大的工程师文化使得这家公司即便在生死边缘，也没有自乱阵脚或随波逐流，而是有条不紊、始终坚定地坚持探索创新，坚持补课，不断自我迭代、自我完善。

文化基因带来的强大凝聚力，再加上基于对共同的使命、愿景的追求，使得小米上下一心，成为一个坚韧不拔的钢铁军团，而不是雇佣兵或散兵游勇。一支信仰坚定、团结一致、始终以用户信任为第一追求的队伍，才能获得广大用户不离不弃的支持。

我想，这就是我们能够实现逆转的根本原因。

第三章
重回增长

2017年之后，我们已经可以清晰地看到，经过两年的补课，小米重新恢复了高速增长。世界上没有一家手机公司在销量下滑后还能逆转，但是小米做到了。走出低谷的小米收获了丰硕的成果，2018年小米上市，2019年成为最年轻的《财富》世界500强，2020年重回世界前三。同一时间，AIoT（万物智慧互联）新时代来临，小米迎来了新的挑战，也开启了新的征程。

IPO 和最年轻的世界 500 强

2018年7月9日，在创立8年后，小米正式在香港上市。这一年，中美贸易摩擦不断，国际形势风云突变，给小米上市带来了不小的困难。但小米依然创造了历史，成为港股第一家同股不同权的上市公司，跻身全球科技公司前三大 IPO（首次公开募股）之列（截至当时）。

在上市之前，我最担心的是，小米变成了一家公众公司，资本一定会逼着小米创造"超额"的利润。我自信能扛住这样的压力，但如果有一天我不做 CEO（首席执行官）了，小米管理层还能不能继续克制对高利润的追求，坚持做"感动人心、价格厚道"的好产品呢？想来想去，只有一个办法，那就是以法律文件的形式，把这一使命固化下来，永久限制硬件净利润率。我把这个想法和团队一说，管理层都特别支持。

然而跟投资人一提就炸锅了，有各种担心，尤其担心对股价有影响。有人说："你们是不是疯了，还想不想上市？"有人说："当初你们可不是这么说的，早知道如此，我就不投了。"还有人说："来不及了，别折腾了。"

我们和投资人开了好多次紧急电话会，中间有几次都要聊不下去了。我对他们说："优秀的公司赚取利润，伟大的公司赢得人心！如果你们同意，你们拥有的将是一家注定伟大的公司！"

这句话打动了大家，小米的投资人最终都同意了。2018年4月25日，小米上市前夕，小米董事会通过了一条决议：小米硬件综合净利润率永远不会超过5%，如有超出部分，将以合理方式全部返还给用户。

对于利润红线，我最初的想法是3%。考虑到小米是一家国际化公司，如果利润率太低，汇率稍有波动就会产生亏损，因此董事会最终决定是5%。对于小米的这一举动，赞赏者有之，怀疑者有之，但不可否认，这是有史以来第一家上

2018年5月，小米在IPO前夕向用户郑重做出永久的承诺

市公司以法律文件的形式约束自己的硬件综合净利润率。我认为，这具有划时代的意义。

在上市前划定硬件综合净利润率的红线，也便于上市后接受公众的监督。我们上市后，2018年、2019年、2020年、2021年4年的财报都明确披露，小米的硬件综合净利润率低于5%。但是，小米的营收和利润总额仍然在快速增长，这对我们是极大的鼓舞，它雄辩地证明了，用户利益与企业所得可以毫不对立地和谐共存。在小米的手机平均售价和利润双双提升的同时，我们依然可以恪守贴近成本定价的原则，做出"感动人心、价格厚道"的好产品。

2019年，小米成功入选当年《财富》世界500强，排名468位。此时，小米成立仅9年，是历史上最年轻的世界500强公司。

走向全球

2014年，小米在印度正式迈出了国际化的第一步。2017年第三季度，小米登顶印度第一，并且一直保持到现在。2019年，我们开始系统发力欧洲市场，用一年时间就在西班牙做到了公开市场的第一，随后又在法国、德国迅速打开了市场。我们用事实证明，不论是在发展中国家还是在发达国家，小米模式具有普适性。"感动人心、价格厚道"的好产品，是全世界消费者的一致追求。

截至2021年第二季度，小米为全球100多个市场提供产品和服务，小米手机业务在印度持续保持第一，在欧洲取得了第二，在全球62个国家和地区占据手机市场份额的前5。小米的海外市场收入已经占到整体收入的一半。

第四章
新十年新征程

重启高端市场

11年前定价1999元的小米手机，从一开始就是定位旗舰市场的。随着行业的持续演进，重启高端业务成为小米手机的重要课题。2019年，小米和Redmi品牌分拆，从红米升级而来的Redmi成为独立的品牌，接过极致性价比的标签，而小米手机则定位为追求极致技术和体验。

经过2019年一年的准备和铺垫，2020年，虽然市场仍处在新冠肺炎疫情阴影的笼罩下，但我们依然如期发布了小米进军高端市场的首款力作小米10。这款手机凭借强大的产品力，成功站上了4000元价格段。随后，小米10 Pro和小米10 Ultra成功站到了5000元价格段。2020年年底到2021年3月，我们发布了小米11旗舰系列，站稳了6000~7000元价格段，同时我们的首款折叠屏手机小米MIX FOLD成为小米的首款万元手机。

2021年第一季度的财报显示，小米高端手机出货量超过了400万台。这说明我们仅用两年时间，就在高端手机市场迈出了成功的第一步。

高端市场的进展带动了我们全球销量的又一波增长。小米在2020年第三季度重返全球手机市场前三；2020年全年，小米的手机出货量达1.46亿台；2021年第二季度，小米全球智能手机出货量第一次超越苹果，位居全球第二。我们知道，在一段时间内，全球第二的位置还会存在反复拉锯，但我们确认当下的目标是真正站稳全球第二，而且我们有足够的信心扎稳基础，向全球第一的目标不断进取。

明确"三大铁律"

2020 年 8 月，经过长达半年多的反复讨论，小米进行了创业十年的集中大反思，并由此明确了小米永不更改的"三大铁律"，以及新十年发展的"三大策略"。

"三大铁律"分别为技术为本、性价比为纲、做最酷的产品。其中"技术为本"是小米作为一家科技公司的根本和基石。小米的创始团队全部是研发背景，自诞生之日起，小米就极为重视技术研发，2017 年至今，研发投入的复合增长率达到了 40%，2020 年研发投入接近百亿，2021 年达到了 132 亿元。小米已经规划，从 2022 年起，倍增式扩大研发投入，未来 5 年内投入超过 1000 亿元，继续保持年化 30% 以上的持续增长。

同时，小米的研发团队也在不断壮大，2021 年工程师团队达到了约 16000 人，2022 年还将继续扩容，其中包括要在一年内再招募约 5000 名优秀的青年工程师，这是小米未来十年的人才基石。

不仅是小米自身，通过小米产业基金，小米还投资了近百家中国最优秀的硬核科技、先进制造公司，涵盖了芯片、自动驾驶、自动控制、装备制造、5G、人工智能等众多领域，并与它们展开了深度联合研发。

正是在这样的投入下，小米的技术基础越发扎实、深厚。近年来，小米在相机、充电、人工智能算法、语音交互、IoT 模组与平台等众多领域推出了源源不断的重大创新，不断刷新业界新技术、新工艺、新体验标准的首发纪录，成为这些领域的技术革新引领者之一。

也正是因为技术能力的有力支撑，小米才能不断推出"感动人心、价格厚道"的好产品，保障了性价比战略的长期高质量执行，做出了越来越多让用户尖叫的足够酷的产品。如 CyberDog 仿生四足机器人、全球首台量产的透明电视等，都赢得了用户的追捧和全行业的瞩目。

在"三大铁律"的指引下，小米正在稳健地执行新十年的"三大策略"，即重新创业、互联网＋制造、行稳致远。与此同时，小米继续强化组织团队建设，持续引进了一批富有经验的高管，着重内部培养提拔了几十位德才兼备的年轻管理者，并对集团组织架构进行了一系列梳理，以适应全新的发展规划要求。成立十周年之际，小米还确立了新十年的合伙人团队，并启动创业者计划，遴选核心年轻干部，激励他们以创业心态投身于小米新十年的建设，给予他们近似创业者的长期回报。

构建全场景智能生活

基于技术的支撑，在手机业务不断补课、不断提升并开始冲击全球第一的同时，小米在人工智能和 IoT 方面持续推进。2017 年 7 月，小米人工智能音箱发布。此时，小米已经建成了全球最大的消费级 IoT 平台，连接了超过 1 亿台设备（不含手机、电脑、平板），截至 2022 年 3 月 31 日，这个数字已经达到 4.78 亿。"小爱同学"诞生后，依托小米 IoT 平台飞速成长，很快成为全球最活跃的人工智能语音助理。

2020 年，小米成立十周年，我们正式发布了面向未来十年的核心战略："手机 × AIoT"。这一战略明确了以手机为核心，包括生态链产品在内的 AIoT 设备和服务围绕手机构建智能生活，做手机的护城河和价值放大器。

12 年来，智能手机始终是小米最重要的核心业务。在可预见的未来，智能手机依然是最强大的个人移动计算中心，陪伴用户时间最长、交互最为频繁的控制中心，也是市场规模最大的电子设备。智能手机是直接关系到小米事业成败的核心业务，是小米的商业模式持续成立的基石。与此同时，AIoT 业务将围绕手机核心业务构建智能生活，做小米手机的护城河和价值放大器。在智能互联进一步融合的当下，"手机 × AIoT"的核心战略会更强调乘法效应。手机核心业务和 AIoT 生态布局不再只是简单的加法，也不是简单的并列关系，而是能引起质能转换的方程式。AIoT 业务要成为手机业务的催化剂、助燃剂，渗透更多场景，赢得更多用户，获得海量的流量和数据，成为小米商业模式的护城河，真正让全球每个人都能享受科技带来的美好生活,让小米真正成为未来生活方式的引领者。

具体而言,在"手机 × AIoT"中,"手机"是指手机硬件及相关的软件和互联网体验,"AIoT"是指手机之外的智能设备,以及各个场景下的各类服务,"×"为贯穿所有场景的产品和服务的互联互通能力和体验,包括"人工智能、云、大数据"能力、商业变现能力、新零售渠道和品牌赋能等支撑能力。

2021年3月,小米正式宣布进军智能汽车领域,把智能生活的覆盖面再度扩大。我们成立了一家全资智能电动汽车子公司,在这个领域中,预计10年内投入100亿美元,首期投入100亿元人民币。用高品质的智能电动汽车,让全球用户享受无所不在的智能生活,这就是小米造车的初心。从个人设备,到智能家庭、智能办公,再到智能出行,我们将用科技的力量,全力营造全面进化的领先科技生态,为用户提供全方位、全场景的美好智能生活。

以上就是小米12年来的简要历程,无论这家公司未来能做到什么程度,都离不开它的原点与根本纲领,即公司的使命、愿景和价值观。

使命
始终坚持做"感动人心、价格厚道"的好产品,
让全球每个人都能享受科技带来的美好生活

愿景
和用户交朋友,做用户心中最酷的公司

价值观
真诚、热爱

小米的使命、愿景、价值观

但要始终坚持这样的初心、践行这样的纲领，却并不容易。由于小米的商业模式复合度极高，存在着很多乍一看"反直觉"的表现，因此多年以来小米并不被大众真正了解，甚至始终被众多误解围绕。如何描述小米这家公司？如何理解小米所有的行动目标和逻辑？我们需要从小米方法论的根源说起。

第二部分
小米方法论

  小米创业的起点，本质上是用互联网模式做智能手机，小米方法论就是互联网思维在制造领域的应用与延展。所以，我先完整介绍一下互联网思维的来龙去脉，以及我对互联网思维的理解。

第五章
我对互联网思维的理解

我的科技职业生涯起源于金山。金山作为一家老牌软件公司，在互联网时代似乎有些跟不上节奏。早年的金山也曾做过两次互联网转型。第一次是1999年年初成立卓越事业部，开始互联网业务尝试，后来又拆分成立卓越网。第二次是2005年推动金山全面互联网化。这两次变革收效不大，眼看金山就错过了互联网时代。未来怎么走，我有些迷茫。

2007年，在金山上市之后，我辞去了金山 CEO 一职，开始反思和总结。我们这一代人，对互联网有一种特别的向往与信仰。经历过早期互联网的人，无不拥有彻底改变世界的理想主义，就像黑暗中的探索者，头顶却有闪亮的星光。我们相信互联网代表着一种启迪人类走向至善至美的力量。

自出现以来，互联网一方面在剧烈地改造我们的生活形态，另一方面又在影响人的认知。它先是作为工具改变了社会中信息流、资金流、物流的运转形态，然后又推动了社会沟通方式和产品、服务交付的变革。甚至，它成了一种社会资源的重组方式，并且验证了一系列面向效率革新的普适方法。

互联网创世纪

互联网的出现，首先是基于信息的连接。没有连接，就没有协作及其带来的效率提升，以及信息、资源的共享分配。1969年，美国国防部部署启用了阿帕网，试图将一些用于军事用途的核心计算中心连接起来，最早它只连接了部署于4所大学里的 4 台大型计算机。

阿帕网的另一个了不起的贡献就是 TCP/IP 协议，这是 1974 年出现的连接分组网络协议，实现了不同设备、不同类型的计算终端的直接信息沟通。

跨时间、跨地域、跨平台、跨终端的资源的高效、合理、共享分配，从一开始，现代互联网的核心价值就显现无疑。甚至，在 1968 年，"阿帕网之父"拉里·罗伯茨提交的报告标题就叫"资源共享的电脑网络"。

这些互相连接的网络特性很快就引发了商业领域的极大兴趣。1992 年，美国的三家公司 IBM、MCI、Merit Network 联合组建了一家高级网络服务公司（ANS），建立了一个新的网络，叫作 ANSnet。随后，民用互联网开始突飞猛进地发展起来。

欧洲也为互联网的发展提供了关键力量。供职于 CERN（欧洲核子研究组织）的蒂姆·伯纳斯-李在 1990 年前后，先后发明了万维网、网页语言和浏览器等关键互联网基础设施并开源。这一系列发明的伟大之处在于，让互联网应用在网页端的展示和沟通取得了统一，而完全不必过问其提供者使用什么计算设备、什么操作系统，以及什么程序语言创建了这些应用。这些发明也使普通人使用互联网成为可能，并直接促成了基于网页应用的现代互联网商业公司的起飞。从此，普通用户只要打开浏览器，点开网页，就能看到想看的信息。

在互联网商业时代到来之前，中国已经开始接入互联网，学术领域是中国互联网应用的先锋。

"Across the Great Wall we can reach every corner in the world."（越过长城，走向世界），这是 1987 年 9 月 20 日从北京向海外发出的中国第一封电子邮件。这也预示着，互联网时代悄然叩响了中国的大门。

我第一次接触互联网，是在中科院高能物理研究所。1992 年，在一位老同学的实验室里，我第一次连接上了国际互联网。这实在是一种神奇的体验，整个世界就像都在眼前。我立刻就迷恋上了这种体验，隔三岔五就去蹭网，从网上下载技术资料和一些新的软件，同时把我写的软件代码通过网络上传到海外的服务器，跟全世界的程序员一起分享，觉得特别有成就感。

这时候的互联网更像实验室里的革命。但很快，革命的潮水就涌向世界的每个角落。1993 年，美国时任总统克林顿提出了"信息高速公路"战略，计划投入 4000 亿美元，用 20 年时间，逐步将电信光缆铺设到所有家庭。

1995 年，拥有当时最流行的浏览器 Netscape 的网景公司上市，同年 Windows 95 发布。在原生图形化的操作界面之外，Windows 95 特别加强了对互联网应用的支持，IE 浏览器成为操作系统的一个捆绑组件。

那段时间，我沉迷在一个叫作 CFIDO 的 BBS 站点中。金山软件承担建设了北京的"西点"和珠海的"西线"两个站点。我当时更多的是在"西点"上，管理"程序人生"板块，成了网络发烧友。

当时在国内网络接入还非常不方便，网友们玩的也不是基于 HTML 语言的网页，而是搭建一个交换信包的 BBS 站点，通过电话接入，用 Bluewave 等专用软件，把其他网友发的信下载下来，再把回复上传到站点上。所以，一个站点的接入能力是有限的，每个人能用的时间也比较有限。西点当时算是配置比较豪华的，拥有 4 条电话接入线路。当时活跃在 CFIDO 上的网友有马化腾、丁磊等。我们在线上讨论技术问题，也聊天灌水。一开始大家只是享受一个方便、新颖的交流空间，还有网友把大家的信包里出彩的内容打包编辑成了网络杂志，比如《龙音》杂志，时至今日，在网上依然能搜到这些早期的信包内容。后来，逐渐地有不少人开始了基于互联网商用创业的思考。比如马化腾在润迅供职期间琢磨起了"网络寻呼"的应用，这就是后来的 QQ；而丁磊则开始琢磨怎么搭建中国的电子邮件系统，后来创办了网易。

当我们沉醉在 CFIDO 的站点上时，美国的网络创业正如火如荼。1995—1996 年，我曾几次申请去美国出差，但不知道为什么被拒签了。这件事常常让我感到遗憾，如果当时去了，也许我会更早对互联网形成比较深的理解。

从 CFIDO 的小圈子到走向大众，互联网商业在中国的进展速度快得惊人。1996 年的春天，北京中关村南大门树起了一块巨大的广告牌，上面有一行大字：中国人离信息高速公路有多远——向北 1500 米。这是一家叫作瀛海威的公司的广告，它是中国第一家 ISP（互联网服务提供商）。虽然瀛海威后来没有获得商业上的成功，但这一事件成为中国互联网开始普及大潮的一个标志，而这股大潮涌起的力量当时还没有人能够想象。

那时候我们甚至还没有人能说清楚，互联网的生意到底要怎么做，能怎么赚钱。但无论如何，全世界都开始因互联网而陷入狂热，不知道怎么赚钱没关系，先从基础建设开始做，相信日后赚钱的事会水到渠成。所以，率先出现的是美国在线这样的接入服务商、网景这样的浏览器厂商和雅虎这样的一站式门户网站。而随着亚马逊在1995年成立，互联网开始进入一个全新的阶段。Email门户网站、游戏等，都是基于信息的通信、传播和娱乐消费，是一种流通、消费全程在线上完成的商业形式，而电子商务则开启了互联网真正影响实体经济发展的进程。

以上这些是互联网基础建设的进展，与此同时，关于高度互联网化后的未来图景的描绘也日渐丰富起来，形成了发展精神的高度指导。1995年，美国学者尼葛洛庞帝出版了《数字化生存》一书，对还处在蛮荒状态的中国互联网行业而言，这几乎就像一声春雷。事实上，尼葛洛庞帝本人通过风险投资和宣讲号召等形式，对中国互联网行业的拓荒发挥了重要作用。

以今天的眼光回望，《数字化生存》实际上已经在尝试预测、描绘数字经济全面落实时的科技、社会意识、智能生活形态。此外，还有三本书提供了互联网商业认知的基础架构，分别是《注意力经济》《免费》《长尾理论》。

一切都方兴未艾，一切都充满希望，不过这些风光都属于互联网行业。那个时候，我正在软件行业，陪伴金山走过最为煎熬的黑暗年代。

一个程序员的求索

我的职业生涯始于金山软件，是这家公司的第6号员工。金山成立于1988年，中国的第一代程序员英雄求伯君把自己关在深圳蔡屋围的一家旅馆里，用3个月时间写出了WPS。在此后的30多年里，金山一直扛着民族软件大旗，在通用软件领域为中国牢牢守住了一个重要的战略阵地。这个过程中有过巨大的荣光，也有过巨大的痛苦。

软件交付的是功能，就像 WPS 提供的是文字处理能力，我们卖出拷贝，用户获得能力。而且，这种交付是一次性的（至少在新世纪全面互联网化之前是这样）。即便今天微软的营收中 Windows、Office 依然占比不小，但 Office 也有 Office 365 这样的订阅服务。订阅，正在逐渐替代拷贝，这实际上是一种按需付费。

不论是受技术局限还是受意识局限，按需付费在 20 世纪 90 年代是无法想象的。那个时候，金山正在"前有微软，后有盗版"的绝境中苦苦求生。软件本身是一种工具，而工具并不是服务。同样是提交代码，通用软件和互联网有着完全不同的境遇。这也成了令我和金山长期痛苦的命题。

软件的界限

1987 年，我从湖北省仙桃市的沔阳中学（现在叫"仙桃中学"）高中毕业。当时我最喜欢的学科是化学，原本也以为自己以后会学习化学专业。高考前填志愿时，我的一个好朋友跟我说，他想报计算机专业。为了和这个朋友能有更多的共同语言，我也选择了计算机专业。

我顺利考进了武汉大学，开始了我的程序人生。我发现，写程序真的是我所遇到的最幸福的事。写程序就像写诗一样，需要想象力，需要有简练的表达能力和构建世界观的能力。出色的程序，就像诗一样简洁优雅。我把所有的热情都投入到写程序上。

我人生的第一桶金也是靠写程序积攒的。在大学里，我用两年时间就修满了所有的学分，后来就有了很多时间，有时候帮人写写程序，还能赚点钱。再后来，我跟朋友合作写过国内最早一批杀毒软件之一《免疫 90》、加密软件《BITLOK》等。

这个阶段，我接触到了一个新的文字处理软件——WPS。第一次看到它时，我不敢相信这是中国人写出来的软件，水平之高让我非常敬仰。怀着一颗崇敬的心，我尝试对它进行反编译，实现了破解，顺便加上了一点我认为有价值的功能

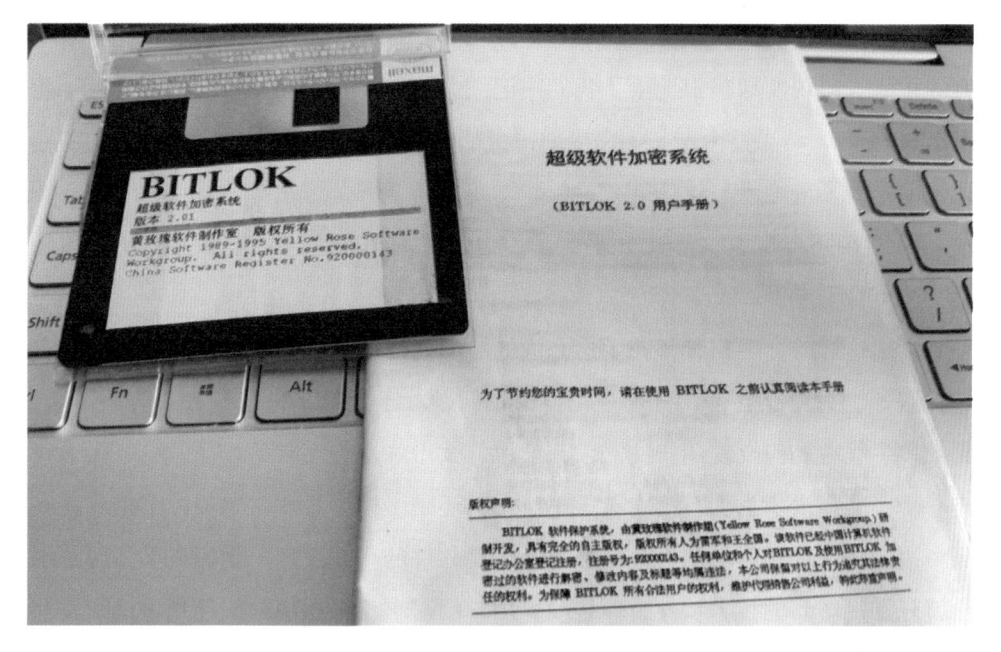

我早年的作品：BITLOK 超级软件加密系统

进行改良。我没有想到，这次尝试彻底改变了我的人生，WPS 的作者找到了我，邀请我加入金山软件。

第一次见到求伯君本人，是在 1991 年的一个展会上。当时他二十六七岁，穿着一件呢子大衣，一身名牌，走路带风，就像明星登场一样从我身边擦肩而过。那一瞬间我觉得金山的程序员真牛。第二次见到他是在一个多月之后，他约我见面，力劝我加入金山。我说考虑一天时间，然后第二天我就告诉他，我想好了，决定加入。

当时金山还很小，我成了这家公司的第 6 号员工。后来，我按照公司安排，成立了北京金山，在北京组建起一支研发团队。那是一段阳光灿烂的日子，我们的团队拥有一群顶尖的程序员，WPS 一路高歌，运行在几乎中国每一台电脑上。

直到微软来了。1995 年，我和金山都遭遇了一次毁灭性的打击。这一年 4 月，我带队花 3 年时间打磨的基于 Windows 的办公套件"盘古"上市。为了这款我们寄望极深的办公套件，金山投入了上千万元的开发成本，几乎压上了这些年来所有的积累。但现实却狠狠地给了我们一记致命的重拳，我们原本预期上市半年能卖出5000套，结果整个产品生命周期销量都没能达到2000套。血本无归的惨剧，让金山走到了悬崖边上。

到了1996年年初，金山几乎到了山穷水尽的地步，曾经上百人的研发团队中，精英骨干走了一大半。

金山这样的金字招牌，花了这么大的心血做的产品，怎么就卖不动呢？我有点不服气。我内心觉得，肯定是销售出了问题。于是，我自己带头去店面站店，到销售一线看如何发现用户的需求，学习怎么做好用户需要的产品。第一天，我连一套产品都没卖出去。第二天、第三天，还是一样。我非常绝望，于是我就站到一边，仔细观察店里的老销售员是怎么卖软件的。我发现，销售员不是看到用户就开始讲产品的技术特性，而是顺着用户的需求，根据用户的使用习惯和偏好来介绍产品，有时候，用户提出来的功能需求恰好是我们做开发时的盲点，这给了我巨大的启发。到了第四天、第五天，我终于明白如何销售了。到了第七天，我成了当天的销售冠军。

那个时候，在中国，电脑刚刚开始普及。站店那段日子，每天都有几个客户一进店就问有没有电脑入门的软件。我有点诧异，学电脑，买本书看不就行了，还要买个软件学吗？我总是很耐心地告诉他们，真的没有这样的软件。被问了很多次以后，我终于恍然大悟，既然这么多人想买，做一个不就完了吗？说实话，这种软件真的没什么技术含量，我们立刻开发了一个计算机学习软件，就叫《电脑入门》，以最快的速度推向市场，结果大获成功，进入了软件畅销榜。

顺着这个思路，金山团队还做了款播放 VCD《金山影霸》，因为用户需求切得准，也卖得很火。虽然 WPS 和盘古的销售问题还没有解决，但金山基本上解决了生存问题。

金山活下来了，我却失去了理想。当初我加入金山，就是希望创造 Windows 时代的新辉煌，缔造一家伟大的公司。理想有多美，破灭时就有多痛。对一个充满激情的年轻人来说，没有比失去理想更可怕的了。这一年4月，我向求伯君请辞，他不批准，让我先休息。于是，我开始了一段放空的生活。

在这段痛苦的日子里，我几乎天天泡在网上，在 CFIDO 的西点站点上做好一个版主。每天早晨 7 点起床后就开始上网，一直做版主的管理工作，同时灌水、解答大家的疑问，直到凌晨 2 点。这样的日子持续了近半年。

在这半年里，我有两个收获。第一个是增强了对网络用户社区的理解，比如怎么管理好一个社区，怎么做话题、活动运营能提升社区的活跃度，社区用户在意的是什么，甚至小到一个帖子怎么写才能有更多用户阅读、互动。

第二个就是对金山团队的反思。金山几乎是个纯研发公司，我们的研发技术绝对是一流的，但我们并不那么懂产品，也不太清楚什么样的产品是用户真正需要的。做产品不是炫技，如何把功能做到更人性化、更迎合用户的需求，跟技术同样至关重要。在产品之外，我们对怎么做销售、怎么做市场推广更是一窍不通。金山如果要绝地反击，这些短板必须得补上。

半年后，我想明白了，我还是有机会能把金山做好。11 月，我回到了办公室，重整团队继续死磕 WPS。就这么一心死磕，让我跟第一波互联网创业潮擦肩而过。

1997 年，金山终于推出了 WPS 97 版，两个月就卖出了 13000 套，金山又活过来了。但是，也只是活过来而已，金山的处境仍未有根本改观，我们还是处在那个"前有微软、后有盗版"的窘境，除了我们奋力开拓的政府和企业商用市场，主营业务 WPS 还是无法从大众市场赚钱。后来，我们不得不开始"以战养战"，靠开发打字教学、影碟播放、游戏等各种软件产品，来支持 WPS 主力业务，金山的团队还是拼尽一切，只为活下去。

这时，中国的互联网市场迎来了启蒙期。1997 年，丁磊从体制内辞职，当年末成立了网易；1998 年 11 月，腾讯成立。同年 12 月，四通利方与北美华人资讯网站华渊合并，成立新浪网。1999 年，阿里巴巴、8848 成立。中国互联网风起云涌的日子来了。

1998 年 10 月，我还曾经想买下网易，那时网易公司成立已经快 1 年，大概还只有 5 个人，主要业务就两个：个人邮箱业务和个人建站服务业务。我开出了 1000 万元人民币，这在当时是一个比较夸张的数字。丁磊思考后拒绝了。仅仅两个月后的 12 月，网易融了 1000 万美元，估值达到了 6500 万美元。在完全不知道怎么赚钱的情况下，什么样的业务能让一家公司在两个月内估值涨几十倍？怀着对互联网的疑惑，我和金山走进了 1999 年。

尽管金山离生死线最近的是 1996 年，但最为痛苦的是 1999 年。如果说，对于 1996 年的生死挣扎，我们事后知道我们错在了哪里，那么 1999 年的痛苦最折磨人的地方在于，我们并不知道我们做错了什么，却被抛入了最痛苦并且看不到尽头的炼狱中，而你鼓足勇气都不敢去想象的目标，却被别人不费吹灰之力跨越。

2000 年，中国门户网站迎来了上市潮，中美两国的互联网公司几乎同步迎来了第一波投资热潮，各类互联网公司的估值以超出人们想象的程度往上翻。同样是编程序、写代码，一位程序员从软件公司跳槽到互联网公司，顿时就身价百倍，为什么？凭什么？

金山又经历了一波惨痛的人才流失。坚持自研、坚守民族通用软件阵地是不是没有意义了？如果金山坚持的一切都有意义，那么这样的意义应该在商业领域体现出什么样的价值？金山的未来、软件行业的未来，到底在哪里？这些问题，每天都萦绕在我的脑海里。

我隐约感觉，尽管可能存在泡沫，但这一切必有原因。金山做的一切价值斐然，但一定是哪里我们没有意识到，缺少了互联网公司提供的某种潜在的巨大价值空间。

当时我还不明白，软件是一个工具，互联网提供的是服务，软件完全可以借由互联网的形式和渠道转化为一种面向用户的服务。而这一点，正是金山在 2010 年后的移动互联网时代重新焕发活力的题眼。

1999 年互联网的烈火烹油和金山软件的落寞，让我和金山都意识到，我们需要重新探索能让金山的技术梦想继续燃烧下去的新方法。

关于互联网的两次长考

当时，面对互联网热潮，金山团队的每个人内心都非常焦灼。我明白在这样的潮流面前，我们不能做时代的看客。虽然有十年的商业经验，但我仍然想不明白：这些公司靠什么挣钱？什么时候能挣回烧掉的钱？实在有太多想不通的问题，我决定先跳进去，边做边想。

我极力说服了公司。1999年年初，我们在金山内部种了一块"试验田"，建立了一个专门的事业部，招了十多个人，做软件下载网站，取名卓越网。很快我们做到了第一名。但接着问题出来了，做下载需要很多服务器和带宽，而当时服务器和带宽都非常贵，用户又不愿意付钱。没有任何收入，还要消耗大量的费用，这个业务如何支撑下去呢？

想了半年多时间，一直到1999年10月。有一天，我突然想通了这样几个道理：

1. 互联网就是一个工具，未来每个公司都会变成互联网公司。

2. 做电子商务最有前途。因为互联网是一个先进的生产工具，传统公司应用互联网最快的方式就是电子商务，这就是所谓的"水泥＋鼠标"。当然，电子商务也是过渡性名词，因为未来所有公司都会是电子商务公司。

卓越网团队合影

这就是我对互联网的第一轮思考。想明白这个道理后，我意识到做软件下载在当时没有前途，于是痛下决心，放弃软件下载业务，卓越网转型做电子商务。

这时的金山正准备冲击上市，董事会完全不看好我们的互联网尝试，希望关闭卓越网。我说服了金山董事会不要关闭卓越网，而是把它拆分出来单独运作。当时我非常自信，觉得自己已经想透了，一定能成功。我力主不融风险投资的钱，而是由金山股东自己投资。后来，金山主要股东投资了 1600 万元，同时金山的机构大股东也投资了几百万元。经过准备，新的卓越网在 2000 年 5 月正式上线运营。

做图书音像电子商务，我们找到了陈年。陈年当时在做《书评周刊》，是最好的书评人之一。一开始，我们就从陈年家的数万本藏书中去挑选 SKU（存货单位），每本书都必须是管理团队觉得好才推荐上架，所以，实际上，卓越网是最早的精选电商。

除了是最早的精选电商，卓越网还是最早推动自建物流和货到付款的电商公司，当时在京沪等主要城市能做到 4 小时到货，货到付款。同时，卓越网也是当时正版图书和音像制品的推动者，2 元钱的正版《大话西游》VCD 影碟，价格做到了比盗版还便宜，卓越网还是《小王子》等在中国爆红的图书的出版人和核心推广者。

那个时候，我们一边做金山，一边做卓越网。在新千年来临之际，为了能够为日后的进展打好基础，金山彻底推翻原先的技术架构，从底层代码开始重写，随后又开始了游戏项目，为 WPS 继续输血。那个时候，我每天白天忙金山的事，晚上 12 点雷打不动地跟卓越网的管理层通电话，一起复盘当天的运营情况，从每一本书的选品，到每个页面上每个 Banner（页旗）的位置，再到所有经营数据，都下足了功夫。

很快，卓越网就做到了中国 B2C（企业对消费者）电商第一。但是，我们跟卓越网的故事，只写了 4 年零 4 个月。卓越网正式上线是在 2000 年第一波互联网泡沫破灭之后，完全靠金山和股东的自有资金启动，到了 2004 年，下一波互联网投融资景气周期还没有到来，面对规模不断扩大的卓越网，我们却没有办法及时筹措足够多的资金去支撑，依然挣扎在苦海里的金山显然也无力支持卓越网继续向前。无奈之下，这一年9月，我们作价7500万美元，把卓越网卖给了亚马逊。

2004年的中国互联网刚刚度过了一个严酷的冰河期。2000年前后上市的几家门户公司，刚刚凭借增值电信服务撑过了没有商业模式、没有收入的生死关头。阿里巴巴在这一年击败了eBay旗下的易趣，赢得了C2C（用户对用户）电商平台战的胜利，而与淘宝一同出生的支付宝才刚刚崭露头角。腾讯也在这一年上市，QQ占据了国内即时消息市场的领先地位，但人们还在观望它跟微软旗下的MSN谁能在最有价值的市场笑到最后。

在摸索数年后，网游行业率先成为能够成功变现的互联网商业应用典范，当时的行业龙头盛大不仅贡献了互联网行业第一个中国首富，甚至还实现了中国互联网的第一次商业模式重大创新：他们提出了免费游戏的概念，就是今天各种"氪金"游戏的鼻祖。而百度则占据了中文搜索的领先地位，成为国内最大的流量供给者。

以今天的目光看，2004年的中国互联网正在实现从邮箱、门户式内容、工具供给到规模流量变现，再到服务付费的跨越。此时，在大洋彼岸的美国，谷歌已经成为全球互联网商业模式的典范，脸书也在这一年悄悄诞生。

而金山依然在苦海之中，仍然在痛苦地摸索出路。我不得不再次思考，互联网公司到底是什么？

金山的痛苦经历让我不得不一再思考互联网的本质。这些思考让我最终发现，长期来看，并不存在所谓的纯互联网公司，互联网的特性是一些原本就存在的商业创新或准则在新技术条件下的极致放大，互联网思维是可以应用于互联网时代所有行业的方法论。

2004年9月，我在出售卓越网的协议上正式签了字。对创业者来说，卖掉亲手创办的企业是极为痛苦的经历。我为了尽快从痛苦的情绪中走出来，决定尽量不上卓越网，尽量不见卓越网的老同事，而把主要精力用来总结卓越网的成与败，琢磨未来的发展机会。

这些思考逐步凝结成了几个最核心的命题：什么是互联网？为什么互联网公司毛利率高、增长快？未来的发展趋势是什么？

在思考求解的过程中，我一面重新梳理卓越网过去所有的决策，一面带领金山的团队重新学习"谷歌十诫"。足足想了半年多，我才觉得自己对互联网有了一点点感觉。这个门道是什么呢？其实说起来很简单：互联网是一种观念！互联网其实不是技术，而是一种观念，是一种方法论，抓住这种方法论就能把握住互联网的精髓。

当时我做了一些初步的总结：

1. 互联网首先是工具，未来不存在所谓的互联网公司。

2. 互联网是一次观念的革命，只有改变观念，才能跟上互联网时代。

再接着细细琢磨，就得出了如下的结论，今天回想起来也非常有意思。

1. 开放和合作是互联网公司成功的关键。互联网首先是一张无边无际的网，每个人都是节点，互联是互联网成功最关键的要素。任何封闭式的业务模式都会遇到很大挑战。

2. 互联网公司最厉害的是靠机器赚钱。一旦完成产品研发，用户量达到一定的规模，只要开着服务器就可以赚钱了。到了这个阶段，产品研发推广的边际成本为零，服务器带宽成本逐年下降，毛利率自然就上来了，业务增长速度也比较快。而且，机器是 7×24 小时工作的，当然运维人员要全天候确保运营质量。

3. 口碑营销和网盟是互联网公司营销的核心。互联网公司直接面对所有用户，好产品仅靠口口相传就能成功。与拥有用户的其他互联网公司结盟推广，也是有效的推广模式。

4. 互联网公司管理相对容易。首先是业务、内部运作系统高度 IT 化，这一点和传统公司非常不同；其次，很容易推动量化管理；还有，对人的依赖性并不高，很容易做知识管理，系统自动记录了大部分人的工作，人员流动对企业影响比较小。

5. 互联网公司靠提供服务来挣钱，而软件公司靠卖产品挣钱，这种模式决定了软件公司的业务不容易持续稳定增长。一定要从卖产品模式转向卖服务的模式。

6. 互联网的关键就是快。互联网产品的模式就是研发人员和用户一起开发产品，有阶段性成果就先推出去，听用户反馈，按用户意见去修改。

7. 未来 10 年的热点是移动互联网，手机上网是一种趋势。

想清楚了这些，我做了两件事情。

1. 从 2005 年年初开始，我在金山内部发布了全面转型互联网的动员令，现在金山的业务几乎全部来自互联网。

2. 2006 年年初我毫不犹豫地投身移动互联网行业，比如投资了乐讯（当时移动互联网最大的社区）和 UCWeb 等，并亲自出任 UCWeb 董事长，为移动互联网行业摇旗呐喊。这些都是我深思后的决定。

2007 年，历经 8 年努力，从 A 股到港股，再到美股，最后回到港股，金山终于上市了，但在上市之后，我却意兴阑珊。如果说金山是一个通用软件在极端不利的环境下，用最极致的努力去苦苦寻求生存和发展的空间，那么，从通用软件到互联网，我上大学时那个做一家全球知名的伟大公司的梦想在哪里？如何才能真正用技术、用互联网改变人们的生活，同时被人们所需要？对于这些问题，我依然没有答案，于是我决定辞职，就此离开金山。

深爱的地方却无法成为梦想应许之地，这当然是一种巨大的痛苦。在互联网的"前现代"，先是一个看客，后来成为一个苦苦挣扎的模仿者、追赶者，这并不是我的追求。所以，我离开了金山，重新思考未来在哪里、互联网的本质和它在下一个时代可以做到的事。

今天回过头来看，我甚至有些感激那个时候的失意，它让我提前走向了互联网的下一个时代。

我理解的互联网思维

互联网的本质是什么呢？要回答这个问题，我们首先应该回到语境的源头。

剖开来看，我们常说的互联网有几重意义：

- 作为技术基础建设的互联网：互联网操作系统、互联网协议，以及它背后的信息通信技术等。
- 作为应用的互联网：即时通信、社交平台、媒体内容、生活服务、电子商务等。
- 作为价值取向的互联网：高效、透明、公平、普惠的文化和沟通、实现方法。

基于这些思考，我对互联网的理解就是，互联网是一种工具，也是一种价值取向，更是社会意识的形成机制和社会生产新的组织机制、发展模式。它最大的价值在于广泛推动人与机构彼此赋能，从而推动信息传递、沟通，以及生产和消费的效率提升。

互联网最美好的地方，就是它可以赋能产业，赋能组织，赋能我们每一个人。当一个人连接上网络，他可以随意采摘全世界的信息，也可以向全世界贡献他的能力，而不受空间和时间的限制。

这些赋能是高效的，任何一个人都能迅速联系他想联系的人和机构，获取他所需的信息；任何一个服务提供者都能快速联系到他的每一个用户，而且同样快速准确地获得每一个用户的反馈。信息传递速率之快，环节之短，传递面之宽广，都是之前无法想象的。

这些赋能是普惠的、公平的，任何人都能获取信息，平等地表达意见。在这个时代，单个个体能获得的知识和信息是空前的，信息差也前所未有的小。比如，今天在 B 站上，你几乎能找到各种你感兴趣的教程，可以随时学习各种知识，有时候我也会在那里学习一下年轻人的潮流文化。

这些赋能是低成本的。互联网是先予后取、厚予薄取，是一种"小费模式"，就是"用了觉得好，心甘情愿付点钱"。比如我经常提起的美国零售渠道开市客（Costco），它毛利率极低，几乎是单纯靠会员费赚钱。2017 年时小米就讨论过会员费，但当时服务还没有让我们完全满意，同时我们还有互联网变现的模型，就没有操之过急。我期待，小米能够尽快达成我们理想的、骄傲的综合服务能力，那时小米才会开启会员费这项业务。

这些赋能还是跨领域的、面向未来的。比如，谷歌 AlphaGo 的启示与埃隆·马斯克的一系列商业产品实验，正在从互联网的方法论、技术基础和对社会经济运行方式的引导，甚至对人的认知开拓等诸多方面，揭示出新的时代已经来临。

其实仔细观察思考就会发现，在某种意义上，互联网思维并不是互联网原创的思维，却在互联网时代得到了显著认知，赢得了巨大的、普适的验证。

比如，边际成本递减，早已被大工业生产所应用和验证；比如，免费，它的基本原理和交叉补贴方式等在剃刀生意等领域中早已被应用（详见《免费》一书）；比如，注意力经济，在广告传媒兴起过程中，早已形成成熟的理论，甚至安迪·沃霍尔在互联网真正普及之前，就对互联网时代的传媒特点做出精确预言：每个人都能成名 15 分钟。

而且，越是在大工业生产能力强盛、标准化程度高、数据驱动、巨大市场，互联网越能体现出巨大的效率优势和创新推动力。

就像物理学家们追求的统一场论，从互联网到所有行业，也在试图寻找一套方法来统括"互联网思维"的总结表达。从 1997 年到 2007 年，10 年时间，我先后几次长考，终于得出了对互联网思维的思考总结，为了让大家深刻理解互联网，我把互联网关键词抽出来，就有了"七字诀"的原型。这个总结先后有两版。

第一版：互联、全天候、快速。

因为是互联网，所以互联非常关键。互联是互联网业务必须考虑的最关键的因素，就是说要考虑如何整合上下游，如何整合更多的推广资源；全天候：传统的业务是 5×8，而互联网必须是 7×24，必须确保任何时候业务都能正常运行；快速，更是互联网的精粹，必须快速开发、快速推广、业务快速成长等，反应速度一定要比传统业务快 10 倍，才能有更大的发展机会。

这一版的思考诞生于卖掉卓越网前后。"互联、全天候、快速"是基于狭义互联网的表征，如果更加深入地进行淬炼，就得到了更新一版的总结。

第二版：专注、极致、口碑、快。

这个版本是从互联网行业中提炼出来再抽象，它的核心表达为"效率"，体现为"信任"。

第六章
互联网七字诀

专注、极致、口碑、快，这就是我总结的互联网七字诀，也是我对互联网思维的高度概括。

专注

从商业角度看，专注就是要"把鸡蛋尽量放在一个篮子里"。这听起来似乎有些不合理，大家的第一反应可能是"风险会不会太大？"，但事实上，这往往才是正确的选择。在任何时候，任何商业实体的资源都是有限的，将有限的资源投入足够聚焦的业务线中，才可能形成最大化的竞争力，拿出足够好的产品与服务。

早在30多年前，我就亲身经历过这样的教训。上大学时，我经历了第一次创业，我跟几个同学合伙创办了一家公司，取名"三色公司"。我们看起来并不是完全没有基础，我和我的合伙人们拥有在当时的武汉算起来还不错的技术能力，我自己也有软件开发的经验，并且在当地拥有一些IT行业圈子的人脉，似乎也有些"客户资源"。但是，在这场"过家家"式的创业尝试中，从第一天起，我们就没想明白我们要做什么。"看似什么都能做"，其实就是"做什么都不知道"。我们做过装机、软件开发、倒手电子元器件，甚至连打印这样的活儿也接，但很快就陷入困局。当然，"三色公司"的问题很多，可以说几乎把零经验草根创业能犯的错都犯了个遍，但"不专注"是根本问题，毕竟只有想清楚做什么，才知道要怎么做，以什么样的组织形式、争取什么样的资源去做。

最困难时，我们只能靠派出合伙人去跟食堂大师傅打牌赢饭票度日。经历了一段时间的"惨淡经营"，"三色公司"以失败告终。

这是我的商业生涯经历的第一次挫折。从那时起我就明白了，对一家公司的生存与发展而言，没有"专注"，就没有一切。

那么，当我们谈论"专注"时，我们究竟在谈什么？我总结了专注的四个核心命题：

- 清晰的使命、愿景。
- 深刻的洞察力，了解行业，了解用户需求，找到机会。
- 明确而坚定的目标及与之匹配的能力。
- 克制贪婪，少就是多。

边界在哪儿：清晰的使命、愿景

几年前，小米内部有过一些讨论，讨论的主题是：我们的业务到底有没有边界？有人说，我们没有边界，理由是小米的方法论具有普适性，小米用户群的各种消费需求也越来越宽泛，似乎只要有用户基础，我们就什么都能做。

这样的认识是绝对错误的。一家公司怎么可能没有边界？没有边界的组织必将走向盲目和混乱。

有一句古训，叫作"有所为，有所不为"。要达成真正的专注，搞清楚哪些要为，哪些不该为，在具体事项的讨论决策之上，需要一个组织内的终极判断依据，那就是非常明确的使命、愿景，它是一家企业/机构最本源、最核心的行动指南，是观念层面的专注，是专注领域的大边界线。

我们如何定义使命和愿景？在跟不少企业家朋友的沟通中，我发现大家对使命和愿景的理解五花八门。最常见的，比如"争取卓越""用户第一""以用户为中心"是不是使命，是不是愿景？以我的观点看，这些都不是。

使命，是企业/机构存在的目的和意义，是企业/机构努力为社会、大众提供的价值；而愿景，则是基于这样的使命，企业/机构最终希望成为的样子。

使命和愿景的总结是一项非常严肃的工作，是塑造企业灵魂的过程。使命和愿景只有经过长期实践、思考和总结才会变得清晰可见，而随着公司的成长和思考的深入，使命和愿景还可能需要再修正和完善。使命和愿景并非大型公司所独有，再小的机构/商业实体都有自己的使命和愿景。比如，一家街边小超市也期望为社区的邻里提供方便的购物；一家小饭馆也会秉承"真材实料、童叟无欺"，用心给大家做一顿好饭。

暂时没有在形式上总结出确定、成文的使命和愿景的企业/机构，但凡能够获得成功，就说明它对自身的价值和愿景已经有了明确的认知与共识。小米从诞生第一天起，就有用互联网思维和方法改变制造业、推动效率革命的梦想，已经有了朴素而明确的奋斗方向。在公司发展的第五年，2014年7月，小米第一次明确、清晰地总结了自身的使命和愿景。当时提出的使命是"让每个人都能享受科技带来的乐趣"，愿景则是"做用户心中最酷的公司"。

2018年，在首次公开募股前，小米再次进行了深度的自我审视。此时，小米已经进入全球70多个国家和地区，手机年销量已经从2013年的1870万台上升至超过1亿台，小米服务的用户已经从科技发烧友人群拓展至全人群，小米提供的产品、服务也早已不局限于手机等少数几类消费电子产品，而是覆盖了人们衣食住行的整体智能生活。同时，小米团队对自身的商业模式、交付产品属性的思考和表达更加成熟。所以，小米团队经过长达4个多月的反复推敲，对使命进行了一次修订完善，更新为"始终坚持做'感动人心、价格厚道'的好产品，让全球每个人都能享受科技带来的美好生活"，同时，小米的愿景也更新为"坚持和用户交朋友，做用户心中最酷的公司"。

能够脱颖而出的创业公司一开始都足够锐利，因为做的事少，反而非常专注。但跟随直觉奔跑到一定规模后，就容易迷失方向，这时就要有意识地进行收敛性思考，把当初"为什么出发"这个在内心深处鲜明存在，但在团队中未曾说明的初心，用简练、精准的语言提炼出来，它将告诉你"公司从哪里来，又将往

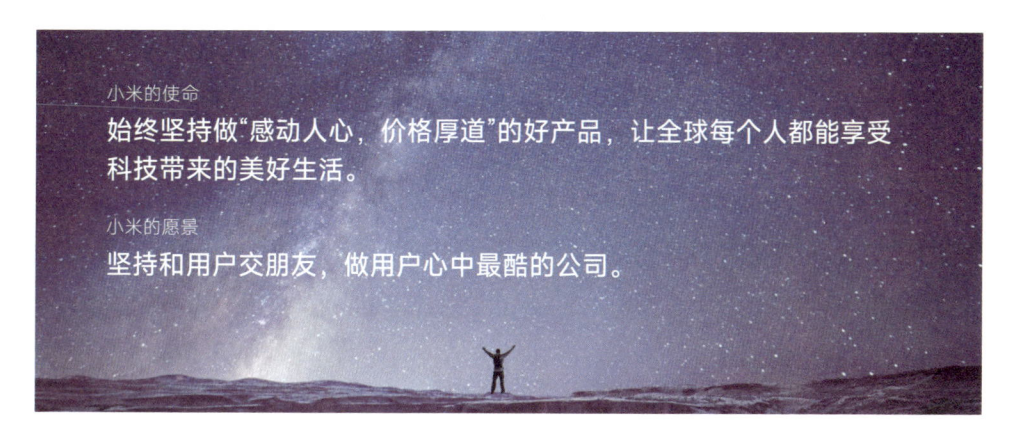

小米的使命和愿景

何处去"这一最本质命题的答案。

克制贪婪，少就是多

资源总是有限的，切口越小，压强越大，突破越有力。

所以，大到布局公司业务，小到定义一款产品，对于一个具体的业务目标，基于洞察和我们所掌握的基本能力，我们要做的就是不断收敛，专注于必要的"最小切口"。这也是我们一再强调"克制贪婪"，尽量追求"单点切入"的原因。

一次解决一个最迫切的需求

在业务选择上如此，在具体产品上也是如此。不要试图用一款产品解决太多问题，能最大化满足一项迫切需求，就是巨大的成功。

很多人问过我，产品的切口怎么选？小米内部在讨论产品时常说"单点突破，逐步放大"，一开始尽量聚焦到只解决用户一个迫切的需求，这样验证起来也非常简单。解决的问题要一句话就可以说清楚，比如小米充电宝解决的问题就是"怎样获得大容量、质量可靠又便宜的充电宝"。

我对此做了一个总结：

第一，一个明确而且用户迫切需要的产品，更容易找到明确的用户群。这样，产品研发出来后不容易走偏。

第二，选择的用户需求要有一定的普遍性，这决定了产品的未来市场前景。

第三，解决的问题少，开发速度快，容易控制初期的研发成本和风险。

第四，解决明确问题的产品，容易跟用户说清楚，推广也会相对简单。

以我们在2014年推出的一款爆款产品——空气净化器为例。2013年年初，北京的雾霾非常严重，最夸张的是当年3月，整整一个月北京的天空都是黄褐色的。当时空气净化器的价格普遍较高，进口品牌价格更是高达5000元甚至近万元，作为耗材的滤芯价格也要几千元；国产品牌但凡是正规厂家出产的，都要2000~3000元起，而且由于大多数产品是小厂出产的，所以供给能力有限。当人们受困于雾霾，对空气净化器有着迫切需求时，市场供给却严重不足。

在这种情况下，我们快速孵化了一家生态链公司，做出了设计、性能媲美5000元以上进口品牌的产品，仅售899元。因为我们的空气净化器解决的问题特别聚焦、特别迫切，也没有其他品牌如"离子香氛"等花里胡哨的功能，市场客群广泛，而且开发迅速、上市供给充足，性能、价格几乎无可挑剔，所以一上市即大获成功，小米一举成为中国空气净化器领域的第一，一直保持至今。

反过来看，试图用一款产品来解决很多需求，除了产品开发、推广难度大，未必能够凭借功能的数量优势赢得竞争优势，有时候甚至会误导开发者。消费电子业一个比较典型的例子就是索尼出品的掌上游戏机PSP，在游戏机的定义之外，它还有巨大的野心，想打造成21世纪的多媒体娱乐终端，但结果却未达预期。尤其是在智能手机崛起之后，除了严守游戏机定位、专注游戏的任天堂，其他所有的掌机都失去了生存空间。

决定不做什么跟决定做什么一样重要

"少就是多"最典型的案例就是苹果。众所周知,苹果的产品线极为精简,iPhone 每年只出一代,虽然现在也有不同的细分型号,有 mini、Pro、Pro Max 等不同版本,但本质上还是同一款产品,依然保持着极少的 SKU 数量。

这种精简产品线哲学来自苹果起死回生的历练。1997 年,苹果几近破产,就把乔布斯请了回去。一回到苹果,乔布斯就传达了一个理念:决定不做什么跟决定做什么一样重要。乔布斯跟几十个产品团队开会,对所有产品进行评估,结果显示苹果的产品线十分分散,光是麦金塔电脑就有无数个版本,每个版本还有一堆让人困惑的编号,从 1400 到 9600 都有。花样繁多的产品,在乔布斯眼里大部分都是垃圾。

"我应该让我的朋友们买哪些?"乔布斯问了个简单的问题,却得不到简单的答案。他开始大刀阔斧地砍掉不同型号的产品,很快就砍掉了 70%。

几周过后,乔布斯还是无法忍受那么多的产品,在一次产品战略会上发飙了。他在白板上画了一条横线和一条竖线,画了一个方形四格图,在两列顶端写上"消费级""专业级",在两行标题写上"台式"和"便携",然后说:"我们的工作就是做四个伟大的产品,每格一个。"说服董事会后,苹果高度集中研发了 iMac G3、Powerbook G3、Power Macintosh、iBook 四款产品。

当时苹果距离破产也就还有不到 90 天的时间。在此危难时刻,乔布斯只用了一招撒手锏——"专注",就力挽狂澜,让苹果从 1997 年亏损 10.5 亿美元,变成 1998 年赢利 3.09 亿美元,起死回生。

用尽量少的产品满足用户最关注的需求,是一种超凡的能力。少就是多,背后是极为精准的行业发展与用户需求洞察、极为清晰的产品/战略思路,以及基于强大产品力的超凡自信。

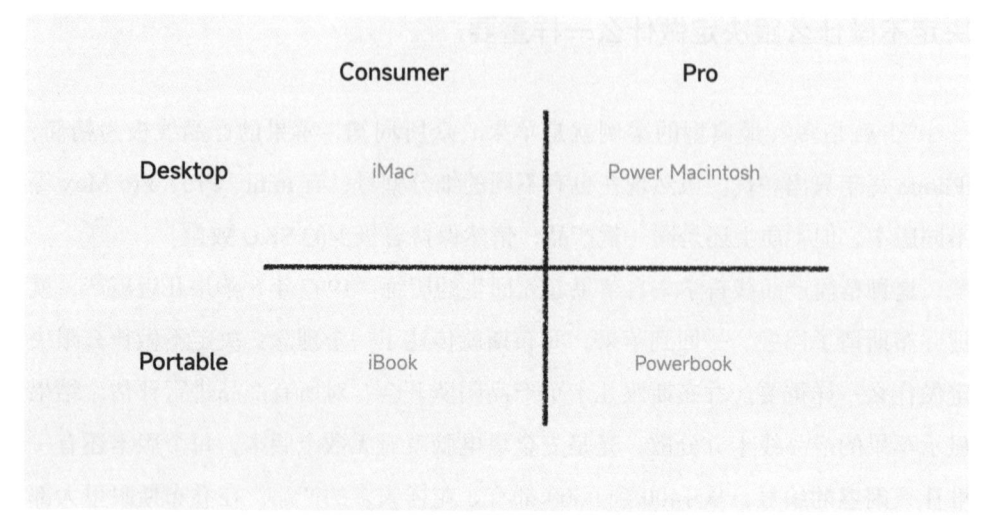

	Consumer	Pro
Desktop	iMac	Power Macintosh
Portable	iBook	Powerbook

1997 年，乔布斯重返苹果划定的产品规划四象限

全局"对表"，实时校验

"克制贪婪，少就是多"，听起来是特别显而易见的道理，但在进入业务扩张期的公司的实际运营中，想要一直做到这一点极不容易。

当我们聊专注时，通常会集中在一家公司的创业阶段或一个产品品类的开拓阶段。但专注只针对初创企业吗？显然不是。

那么，业务扩张与保持专注矛盾吗？并不一定矛盾，关键看四个判断标准：

1. 是否符合公司的使命、愿景和战略。
2. 能否与公司核心业务形成显著的强协同并形成闭环。
3. 能否为用户提供一致性的价值与体验。
4. 公司的资源是否支持。

我们曾经看到，很多强有力的企业在推进业务多元化，看起来有用户、有资金、有推广/渠道资源，但往往不甚成功。比如曾有房地产巨头进军饮用水行业，但因无法形成协同闭环，最终失败，这并不意外。

曾经有很多人问，小米一开始只做手机，后来做的领域越来越多，以至有一种声音说小米不再专注了，做成"杂货铺"了，这是不是真的呢？

从根本上看，这种说法是错误的。小米始终坚定地坚持着专注目标：从终极使命看，坚持做"感动人心、价格厚道"的好产品，让全球每个人都能享受科技带来的美好生活；从运营模型和产业抱负看，始终坚持探索、追求在更多产业环境下更高的生产、流通效率，推动整个商业领域持续推进效率革命；从业务布局看，始终坚持围绕用户关于科技应用的消费需求，构建全场景的智能生态。最关键的是，小米的主业一直足够聚焦，更多的品类是帮助、支持生态链兄弟公司来做（关于生态链模式，后文将有详细介绍）。

只有贯穿长期目标、始终围绕用户真实需求出发、与核心业务构成强协同的业务拓展，才能真正驱动企业发展的飞轮。而且，每一项新业务的拓展都以之前业务坚实的发展模型和预期为基础，这样才能保证每一个发展阶段都能集中精力，专注地开拓一项业务。

小米正是这么做的。生态链业务的崛起，是在手机业务一度站到世界前三、中国第一的基础上，而 IoT 业务的爆发则是站在生态链快速推进的肩膀上。

但在具体执行中，过去几年，小米的确在专注方面出现了问题。在一些业务中缺乏克制、业务失焦，既浪费了公司资源，也无端消耗了公司品牌资产，拖累了公司战略的聚焦推进，同时也对用户体验形成了伤害。

解决这个问题的关键就是"对表"，从上到下统一思路，既要有统一的专注目标，还要进行"校验"，时时检查保证不走偏。

时时反问自己三个问题

管理领域有一条公理，即组织一旦成立，就有无可抑制的自我成长的冲动和诉求。对一家公司而言是这样，对这家公司内部的任何一支团队而言也是如此。组织的成长，通常都源于设立的各类项目，还有与项目相匹配的人力、资金等各类资源的要求，以及最为关键的一点：营业额或利润的增长。营业额、利润一涨，往往马上会带动组织成长欲望的"局部正循环"。

但是，任由这样的"局部正循环""野蛮生长"，往往并不能带来"全局正循环"，而是会指向一种近乎失控的状态。这里的关键问题就是，局部组织的行动方向与公司整体方向是否严格对齐？如果放任偏差，哪怕只是失之毫厘，最终也一定是谬以千里。

下面有两种公司核心战略的表达，你如何看待它们之间的区别？

第一种是 2019 年年初，我们内部提出的一项新的战略总结："手机 +AIoT 双引擎"。它非常直观地表现出公司的两大价值集群，并体现了两者共同推进公司成长的战略表述。但是，在宣布实施一年半后，我们发现这项战略是错误的，甚至对公司业务产生了比较严重的误导。

错误的本质在于，用加号连接并列的"二元业务核心结构"使得公司的战略执行出现了失焦。手机业务的增长和 AIoT 的增长似乎成了两件事，让 AIoT 相关业务群更加倾向于独立的用户数和连接数的提升，以及网站成交金额的增加，迷失了"手机"和"AIoT"共同构成的"智能生活"体验的核心目标。

比如大家电业务，一开始从 1999 元的 10kg 智能滚筒一体机切入，凭借领先的智能体验、精美的设计、扎实的做工和性能，取得了成功。但在团队内部制定目标时，由于急于实现规模增长，很快做出了诸如售价 799 元的非智能波轮洗衣机等一批传统产品。

799 元的传统波轮产品好不好？当然好。但是，这样的产品是我们需要的吗？相比其他同行，这款产品在性能、体验上差不多，只是价格稍微厚道一些，用料品质好一点，但这对增进用户使用体验、为用户提供独特价值，以及建设科技生态有帮助吗？甚至，这是不是对公司品牌资产的一种稀释与浪费？

一款产品的上市不只是可能多一份销售额，每增加一个存货单位，开发成本、市场成本、客服/售后成本、仓储物流成本、销售运营管理成本等一系列成本都有增加。在公司总资源有限的情况下，我们的团队把力气花在这样"用户价值增益"不明显的产品上，显然是不值得的。

这就是部门增长目标与集团整体目标发生了背离。分开看，每个团队各自都

2020年8月，小米正式升级新十年战略"手机 X AIoT"

挺专注，但合起来一看，离专注就十万八千里了。

我们在内部战略复盘中对此进行了集中反思，并重新进行了深入的调研和推演。2020年8月，我们对这项战略做了新的修正升级，改为"手机 × AIoT"，明确智能手机依然是核心业务，其他业务需要围绕智能手机展开，以构建智能生活的强大生态。

把加号改成乘号，是首先突出核心业务，同时强调不再是"简单相加"，而是乘数效应。

所以，公司的核心业务和核心方向、核心目标一定是一元的，不存在二元甚至多元的可能。无论是创业阶段的"单点切入"还是业务扩张，都是围绕一元核心展开增长飞轮的不同阶段而已。

容易实现的增长未必是高质量的增长，可能是资源的不合理消耗；成交金额增加未必是公司体质增强了，也可能是虚胖。在公司内，对于每一项业务，我们要反复问自己三个问题：

1. 我的业务增长为公司核心战略贡献了什么样的价值？

2. 我的业务增长是否带动了公司包括核心业务在内的其他业务持续连带增长？

3. 我的业务消耗了公司哪些资源？

要保持整体专注，就要进行目标分解和持续校验。分解和校验的过程，也是对能力体系的检验和指导过程。每一个宏大愿望在实现过程中都必然经受巨大的考验，承担巨大的痛苦。合理设定一系列"关键进展目标"，一步一步地向前，是不断获得正反馈、保证始终专注不偏航的非常好的方法：分解的颗粒度合适，就能极大减小跑偏的风险，也是对专注能力和方法的一次又一次训练。

创业之初，团队规模小、极度扁平，沟通成本很低。但在公司发展到一定规模之后，针对复杂的业务结构、庞大的团队组织，就需要用好相关的管理沟通工具，以协助高效对齐。这也是小米从创业第 11 年开始引入 OKR（目标与关键成果法）机制的原因。这套工具由英特尔公司创始人安迪·格鲁夫发明，并由约翰·道尔引入谷歌。1999 年 OKR 在谷歌发扬光大，后来在中国也被不少公司引入。它的好处，在于全员参与、逐级分解、互相协同，每一层的 O（目标）都对应分解为阶段性的几个 KR（关键成果），而上一层的 KR 又将有效指导下一层团队的 O，而且可以跨团队组织印证协同，不同层级、不同部门之间可以依照 OKR 系统实时"对表"。

此外，我还有两点提醒：

第一，工具再好，用不好也是白费。专注意识真正成为集体共识并被认真践行，才能真正聚焦。

第二，反对一切教条主义，专注边缘要有灰度。专注是目标一致，而不是教条地钉死有限目标。在核心方向一致的情况下，要留有适当的灰度和空间，这样才能释放创新潜能，在业务边缘始终留有创新的空间和活力。这一条的实现，需要靠价值观和组织文化，在本书后续"工程师文化"相关章节中再述。

极致

提到极致，人们往往会想到互联网创业者们的一系列口号。很多人都提出了对它的理解和描述，比如"玩命死磕""不惜代价投入""做到超乎想象"等等。这些对吗？可能都对，但不全面。极致既是一种产品观，又是竞争策略，还是经营策略。

这三类都包含其中的总结，我首先想到的是"谷歌十诫"，我当初曾要求金山的每一位员工都能背诵。时至今日，我还能很轻松地背出来。这十条中我印象最深的是"把一件事情做到极致"和"仅仅优秀是远远不够的"。仔细揣摩一下，就可以理解为什么从谷歌搜索到 Gmail，再到谷歌地图等，当年谷歌几乎每个产品都让用户癫狂——因为极致。

那么，什么叫极致？我的理解是，极致就是做到自己能力的极限，做到别人做不到的高度。

在实践中，"极致"有两重含义：
1. 心智上的无限投入，不遗余力争取最好。
2. 无限追求最优解，认知触达行业和用户需求的本质。

做到自己能力的极限

极致首先是一种精神与意愿，表现为心智上的无限投入，不断挑战自己的极限。为了获得最出色的结果，有极强的主观能动性去探索、发现、总结。在自己专注的核心领域和方向上，不要"差不多"，没有"够好了"，要的是"再努一把，能不能更好"。过去有句话叫"高标准，严要求"，那么极致就是"始终更高标准，玩命更严要求"。

先有一颗不妥协的心

追求极致，说起来很容易，做起来很难。难的不是创造极致的过程，而是能发现很多司空见惯、熟视无睹的不美好、不完善，同时对这些不美好、不完善决不妥协、决不容忍。

比如说，我们有多少人用笔记本电脑？有多少人用苹果笔记本？我永远弄不明白，为什么有些笔记本电脑的充电器又大又难看，还那么难用？为什么没有一家公司把充电器改得像苹果电脑的充电器一样漂亮？我们以前的时髦是每天带着笔记本上班，却还要装一个难看又难用的充电器，真的很痛苦。

小米决定做笔记本电脑后，我就提了一个非常明确的需求：在保障性能、安全、可靠性的前提下，尽量把充电器做小、做轻、做好看。终于，在 2020 年小米十周年之际，有了一个让我满意的优雅的解决方案。得益于材料科学的进展，我们的研发团队跟上游合作伙伴一起，经过几年的尝试，终于做出了足够优雅、精美的笔记本充电器。

这就是我们推出的 GaN（氮化镓）充电器，它的尺寸甚至比很多手机充电器还小，但它的充电功率高达 65W，这是个什么概念呢？对一般手机而言，用它充满电只要 50 分钟左右；而对于搭载了支持 65W 以上快充技术的手机，充满电则只要 40 分钟左右。它不仅能给手机充电，还能给平板电脑、笔记本电脑和各种 Type-C 充电口的消费电子产品充电。这意味着出差时你只需要携带一个充电器，就能满足所有的充电需求。

这是目前最小巧精致的笔记本充电器，得益于 GaN 这种半导体材料效率高、发热小的特性，小米的工程师经过长期研发，能够把它的创新应用技术提升到足以放进如此小的体积内，并且能够大规模量产的程度。随着我们的大力推动，仅

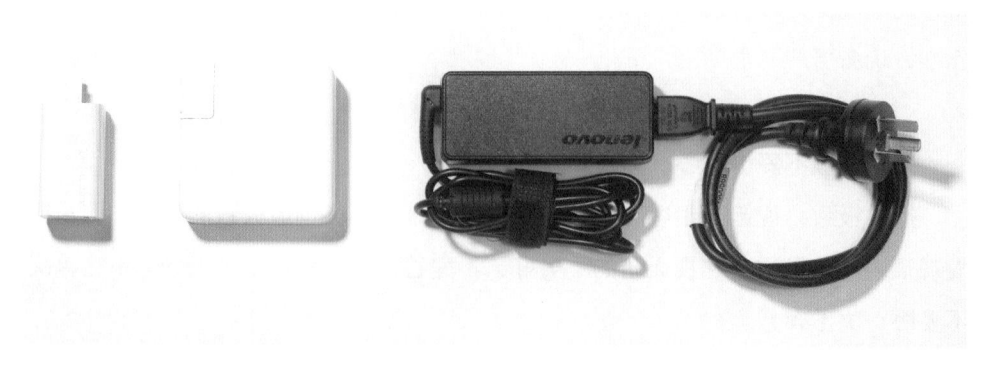

传统笔记本充电器和 GaN 充电器（左一）对比

用 2 年时间，GaN 技术就在全行业高端产品线中迅速普及。但让我骄傲的是，小米推出的设计、制造方案，依然是全行业最为精巧、优雅的。

我非常乐意向我的朋友和客人们推荐这款产品，这是真正能让生活变得美好的产品，是真正让我满意、让我自豪的产品。

对不完美不妥协，对一切丑的、难用的产品和服务细节不容忍，并且有巨大的热情和动力去改变，这是极致的前提。

哪怕只好 1%，也愿意多投入 100%

对专注的核心目标不惜心力、不惜代价地投入，是实现极致突破的关键。比如眼下年轻人喜爱的气泡水，我曾问过一家本土领先品牌的高管，在同类健康饮品中胜出的关键是什么？对方回答说，是率先应用新的代糖工艺和在口味调试方面下功夫。

在气泡水流行之前，主打零糖概念的碳酸饮料早已存在，国际巨头可口可乐、百事可乐都推出过不含糖的可乐，但在中国市场都算不上特别成功。其中一个关键原因是，这些饮料使用的甜味剂是人工合成的阿斯巴甜、安赛蜜等，其特点是产量大、成本低、使用广泛，但缺点是口感跟人类天然倾向的蔗糖、果糖差距比较大，不好喝。而这家新兴品牌为了追求 0 糖的同时更好喝，选择了一种之前没有被应用过的天然代糖"赤藓糖醇"，但缺点是贵，贵多少呢？是阿斯巴甜等的至少 50 倍。当然，保障天然代糖的供给，研发它在气泡水中的应用工艺，再反复调试口味，背后都有大量艰难的工作，但对极致口味的追求，奠定了一家现象级公司崛起的基础。

在小米的研发过程中，也有很多这样的经历。众所周知，旗舰手机最大的一块成本来自以 SoC（CPU 等构成的核心芯片组）为首的核心元器件。而一款售价 1999 元的顶级性能旗舰手机，除了 SoC、内存等核心器件，仅仅一个金属中框的成本就占了 400 元。这听起来简直不可思议。

但小米真的这么做了。2014 年 7 月，小米发布小米手机 4，第一次在手机产品中引入了不锈钢中框。

有必要做一点解释。中框是手机结构的基本骨架，主板、各类元器件、屏幕和后盖等都是安装依附在中框上。过去，行业内使用最多的中框材料是塑料，高端机型会用铝合金，用得比较多的是 6 系航空铝，它架构更强、质感更好，少部分更讲究些的会用 7 系航空铝，但从未用过不锈钢。

无论是结构强度、耐腐蚀程度还是质感，不锈钢的表现都更胜一筹，但也更贵，而且加工工艺难度高了好几级。这块 309 克的钢板和 19 克的边框采用的是奥氏体 304 不锈钢，经过 40 道制程、193 道工序，经过锻压成型、8 次 CNC 数控机床打磨而成，加工过程长达 32 小时。这样的工艺方法和流程，是小米的工程师跟富士康一起做了大量联合研发后才敲定的。

采用这样复杂工艺的直接后果是，一块钢板的加工成本，在富士康就达到了每台 400 元，而铝材的加工成本只有每台几十元。由于行业里没有先例，小米不得不多投入了 19 亿元，用于采购最新的生产设备。小米手机 4 发布近一年后，富士康的制造成本还是难以下降，这让小米不得不在后期把这个工艺转给了另一个代工厂比亚迪，而比亚迪反复调试后的成本也只降了 80 元。

小米手机 4 在业内率先采用了难度极高的不锈钢中框工艺

小米手机4的不锈钢机身带来的坚韧和质感是无与伦比的。在很长一段时间，业界仅有小米和苹果使用不锈钢机身。当然，这项工艺小米自身也传承了下去，小米十周年之际发布的顶级旗舰手机小米 10 Ultra 就沿用了这一工艺。

小米为这类尝试付出了艰辛努力和巨大代价，但是小米的工程师们有一句非常实在的总结：哪怕只好 1%，我们也愿意多付出 100%。

小米手机 4 获得了巨大成功，销量接近 2000 万台，更重要的是，它让小米成功地踏出了探索材质、工艺创新的第一步。

别人看不到的地方也要非常好

在沃尔特·艾萨克森所著的《史蒂夫·乔布斯传》第 12 章中，记载了一个让所有产品人都灵魂震颤的故事：

> 乔布斯从父亲身上学到，充满激情的工艺就是要确保即使是隐藏的部分也被做得很漂亮。这种理念最极端也是最有说服力的例子之一，就是乔布斯会仔细检查印刷电路板。电路板上是芯片和其他部件，深藏于麦金塔的内部，没有哪个用户会看到它，但乔布斯还是会从美学角度对它进行评判。"那个部分做得很漂亮，"他说，"但是，看看这些存储芯片，真难看。这些线靠得太近了。"
>
> 一名新手工程师打断他说这有什么关系，"只要机器能运行起来就行，没人会去看电路板的"。乔布斯的反应和往常一样："我想要它尽可能好看一点，就算它是在机箱里面的。优秀的木匠不会用劣质木板去做柜子的背板，即使没人会看到。"几年之后，在麦金塔电脑上市后的一次访谈中，乔布斯再一次提到了当年父亲对他的教导："如果你是个木匠，你要做一个漂亮的衣柜，你不会用胶合板做背板，虽然这一块是靠着墙的，没人会看见。你自己知道它就在那儿，所以你会用一块漂亮的木头去做背板。如果你想晚上睡得安稳的话，就要保证外观和质量都足够好。"

这样的想法在乔布斯回归苹果后真的被直接展示在用户眼前。1998年，第一次看到iMac G3果冻色透明外壳，看到内部精致的电路板结构时，我是真的被震撼了。怎么会有这样的产品？那种难以想象的精致告诉你，这款产品跟所有的桌面电脑都不一样，这就是这个世界上你最想拥有的产品。

这种敏感和能力，在每个领域的登峰造极者身上都能看到。很多人都听说过，日本的"寿司之神"小野二郎不仅会给章鱼按摩，还会根据客人是男是女来决定握寿司的手法。他在工作时甚至不跟男性握手，因为男性的体温要更高一些，握手以后再去捏寿司，会导致寿司的口感不好。

我虽然对不少"匠人传说"的细节有"是不是玄学"的疑虑，但精益求精到如此细节的程度，而且能找出令人信服的解决之道，的确令人敬佩。（在我的理解中，匠人文化跟工程师文化有着显著差异，本书第三部分将有论及。）

只有对细节的敏锐感知和对完美状态的孜孜以求，才能实现真正的极致，创造出超凡的作品。

改改改改再改改

极致只属于天赋异禀的天才吗？我完全不这么认为。相反，我始终相信，极致是可打磨、可训练的。要有一颗始终不满足于现状、不安于平庸的心，以及在枯燥痛苦的持续改善中始终追求完美的耐性。

我们的一位联合创始人阿黎（黎万强），早年就在金山负责UI/UE（用户界面/用户设备）设计，是国内互联网软件行业最早一批专职的UI设计师之一。在金山的时候，阿黎的团队就以疯狂打磨设计著称，经常拿着设计稿，在公司里到处找人测试、要反馈，从5楼找到1楼，最后连金山食堂的大厨都被他拽着不放。

到了小米之后，无论是带MIUI团队，还是带小米网电商团队，阿黎的团队依旧疯狂反复打磨，甚至在产品上线前几天还会把方案全盘推翻重来。

以小米手机包装盒为例，我们的包装盒不仅外观设计风格极简，还选用了当时全球结构强度最好也最贵的牛皮纸作为原材料。2012年，我们做过一次测试，两个体重加起来超过350斤的同事叠在一起站在盒子上，包装盒毫无损坏、稳如泰山。从此，叠罗汉踩盒子成了用户测试我们的包装盒的一个经典玩法。

这背后，是整个设计团队历时 6 个月，经过 30 多遍结构修改，上百次打样，做了一万多个样品，最终才有了小米手机包装盒令人称道的工艺和品质。这个风格的包装盒我们沿用了很久，后来在推进新零售战略时，为了适应线下渠道货架展陈的需要，我们才改变了外观设计，但坚固的品质传承了下来。

熟悉小米的用户可能知道一个梗，那就是"发布会前，雷军连夜说服高管调低价格"。这其实是事实，不是编的故事，当然价格只是其中一个话题而已。

其实，发布会前夜都不一定是"最后期限"。通常而言，对于产品是否发布、工厂后续产线安排的细节调整、产品销售运营策略和发布方法，可能直到发布当日的午间，我们还在做最后一次集中讨论修改。

我印象中最挑战极限的一次，是在 2013 年米粉节的发布会前。距离开场还有几分钟，我和团队在后台，大家突然觉得有必要再做一次讨论和关键内容修改。讨论完，业务团队马上通知后端执行的同事，市场部的同事马上改对应的 PPT 内容，我闭上眼深呼吸几口，然后走上台，发布会正式开始。

我们的设计团队曾经做过一张在小米内部非常著名的海报：改改改改再改

改改改改再改改

改。不断修改和打磨对小米的团队而言已经成为一种习惯，不到最后一刻，绝不停止思考和打磨。

这些年来，我跟很多做出过精彩、伟大产品的团队交流过。尽管行业千差万别、个性各有不同，但都有一个相同的特征：了不起的极致产品不是只靠一个天才的想法、一个突然出现的灵感就能做出来的，而是要经历长期痛不欲生的修改，一点一点打磨出来。

事实上，产品的发布不是终点，产品的发售也不是终点。互联网方法论告诉我们，产品卖出去时，才是跟用户关系的开始。产品也需要持续更新，一代一代迭代改善，改改改改再改改，是一条没有止境的路。

全身心投入，不留余地

在这些年的投资经历中，我发现了一个有趣的现象：有过创业成功经验的团队二次创业的成功率往往不高。对创业而言，资源太多，反而是一种拖累。

这不是故弄玄虚。创业者一旦在创业之初就想着有多少资源可以借用，往往就不能在产品、体验和创新上百分之百地投入。没有其他资源，创业就是背水一战，反而更容易做出极致的产品。

"人若无名，便可专心练剑"，对于张艺谋导演的电影《英雄》里的这句话，我非常有感触。在开始创办小米时，我隐姓埋名了一年多时间，所有入职的同事也必须签保密条款，不让人知道小米是雷军的创业公司，严禁使用任何外部资源。这么做只为一条准则：一切靠产品说话，一切只靠产品说话。

前面说过，我们创业的朴素初心是"做全世界最好的手机，只卖一半的价格"。小米刚刚起步，我的设想是，只做一款手机，要做就要堆料堆到无以复加，性能上率先用全球顶级的芯片，配备超过当时主流容量一倍的大内存，同时所有的元器件非"苹果供应商"不用。

在我"躲起来"创办小米的时候，我的一个朋友听说我要做手机，但还不知道我的具体计划，就给我发消息说："如果你真的想做手机，那就只做一款。"因为，如果一款打不过，做一堆，还是打不过。

事实的确如此。做小米第一代手机时，小米还非常小，无论是资金还是行业资源，都完全承受不起失败。事实上，在发布前，几乎没有人相信小米能做成，但我们还是相信，虽然我们完全没有硬件工业基础，但产品和体验的很多原理，是跨行业相通的，只要我们真的全身心投入，一定有机会。

所以，我一直主张，在开发一个新项目、准备一个新产品时，先不要想你可以去外部找什么借力，或者同时做几款覆盖多少档位的后续产品，只考虑一件事：如何激发团队的全部能力，把这个新项目或新产品当作一局定生死的唯一机会，全身心投入，看看极致能到什么程度。

2011年时，我的一个创业者朋友在凌晨两点给我发了一个短信，说"终于明白啥叫'极致'了，极致就是把自己逼疯，把竞争对手逼死"。"把自己逼疯，把别人逼死"，我虽然不太喜欢这种过于强调竞争博弈的表达方式，但这种不给自己留余地的精神，就是极致的精髓。因为不留余地，所以必须惊艳，否则就是死路一条。

无限追求最优解

什么才是极致的产品，我理解有两个条件：一是产品要惊艳，设计要惊艳，成本也要惊艳；二是超出了用户预期，真的能让用户尖叫。

要满足这两点，就要无限追求每个产业发展阶段的产品最优解。最优解就是当下的最大化用户价值，也是绝对的竞争优势。

最优解是绝对竞争优势

在产品设计上追求极致的重要性在于，先行者占有很多优势，如果有极致的想法，往往能做出唯一答案。

这是一种能让竞争者绝望的优势。在指纹解锁技术成熟之前，小米的研发团队曾经设计了652种解锁方案，最后发现还是比不上苹果的滑动解锁。在那个时代，那个方案是唯一的解，是绕不过去的，是最好的，是最极致的。

最优解通常出现在哪里？我们发现，最优解本身往往并不在于性能指标（按照摩尔定律，性能指标总是会不断提升的），而是源自基于用户需求的更简化或者更集成的实现方法。

举个简单的例子，当用户需要发短信给某个联系人时，一般系统需要6步操作，而MIUI只需要3步，这就是一个最小单元的最优解——因为通过精心设计，其他竞品已经没有办法精简到更少的操作步数了。

又比如，索尼在CRT（阴极射线管）显示时代的巅峰，源于特丽珑阴极映像管（又称单枪三束管）的独特设计工艺，而其他竞品中最接近的也要使用三根电子枪，这使得索尼的方案色彩表现力出色，而且色纯度和色平衡容易调节，这种极致的工艺给索尼带来了长达数十年的最优解地位。

而更集成的方案，是把复杂多样的需求先行解构，再重新结构化，用完备而可扩展的功能体系来满足用户多样的需求。事实上，日本的消费电子业界在迈向全面数字化的过程中，因为在架构的"系统体系性"方面丢掉了曾经的优势，导致无论是随身听还是数码相机等曾经辉煌的电子产品，最终都在以智能手机为代表的一体化、数字化浪潮中消亡。

小米MIUI的开发团队早年经历过很多需要突破最优解的痛苦，但最后都拿出了很多最优解方案，比如在系统个性化方面的产品架构。

相比偏向封闭的iOS，安卓最大的特性是定制化程度高，这就使得用户更容易实现系统个性美化。小米的MIUI系统把这一点发挥到了极致，我们做出了"百变主题"的方案，不仅建立了中国安卓定制系统领域中最庞大、最精彩的第三方设计主题生态，甚至还能按照桌面、图标、解锁方式、铃声、音效等来自不同主题包的方案进行自由搭配，让每个用户都能轻松做出只属于自己的独一无二的系统界面。这就是更集成化最优解的典型案例。

这套产品方案在2011年小米第一代手机发布前就做出来了，时至今日，仍然是安卓生态中系统个性化的最优解。

正是凭借做出了大量这样的"最优解"创新，MIUI一直引领安卓定制系统生态的风潮，有用户开玩笑地称"万物基于MIUI"，这也成为小米手机长期以来

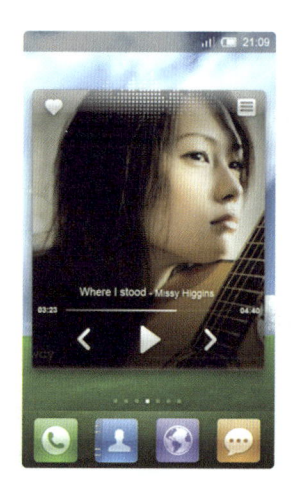

百变主题

的强大卖点。

我们几乎可以确信，在每一个技术世代，在产品设计方面，对应每一个品类、每一种需求，都存在一个最优解。如果你专注的领域中还没有发现公认的最优解，那么恭喜，你还有非常大的机会不断接近它，直到找到它，并建立起强大的竞争优势。

再不起眼的产品都有最优解

也许有人会怀疑，真的是每个品类、每个需求都存在最优解吗？在很多产品形态几年甚至十几年、几十年没有变化的领域，也是如此吗？

以一个小到大家会觉得很不起眼的产品——小米 MIUI 系统自带的计算器 App 为例。乍一看，这个产品太过稀松平常了，自手机自带计算器以来，几乎就没什么可折腾的空间，能应付日常加减乘除不就够了吗？再讲究点儿，加上科学计算器功能，似乎就到顶了。毕竟，科学计算器平常又有多少人用得到呢？

不过，当移动互联网时代到来，在有着强烈互联网意识的团队眼中，计算器就不再是一个简单的系统工具，而是一个互联网服务入口。

MIUI 系统的计算器非常好用，可以一直跟踪显示连续运算中的每一步，其中任何一个数字都可以被调用复制或修改。这意味着，进行一串复杂计算时，你随时可以复查任何一步的数字输入是否有错，并且马上修改。

到这里，这个 App 的强大已经秒杀了市面上所有的手机系统计算器 App，对经常演算的用户来说，这就解决了一个巨大的痛点。但这只是开始。

我们在日常生活中跟数字和计算打交道最多的需求是哪些？我们做了个统计，无非是各种汇率、度量衡的换算，再复杂些的还有个税和房贷的计算。基于移动互联网 LBS 和各类服务接口的功能，这些需求 MIUI 的计算器 App 都能满足。

我们还集成了一项"亲戚称呼计算"的功能，比如"爷爷的哥哥的女儿叫什么？"，输入后马上就有答案——"堂姑"。这个功能在过年走亲戚时特别有用，被认为是最神奇的计算器功能。

MIUI 计算器 App 的截图

这么一款不起眼的系统 App，MIUI 团队就挖掘出如此强大的新应用场景，而且还在随用户的需求变化不断更新，让开发的同事们可以自豪地说：这就是最优解。总结一下，首先，这款产品不是一个纯数字计算工具，而是一类基于数字计算和换算的互联网服务入口；其次，它把相关功能梳理为"计算""换算""税贷"三类，做到了整类应用的结构化建构。

我相信，只要是还没有出现被公认最优解的地方，就有巨大的机会和空间。而要追求和实现极致，就要持续追求最优解，一次性把事情做对，不要"来回拉抽屉"反复干。

没有永恒的最优解

替代一匹快马的，不一定是一匹更快的马，而有可能是蒸汽机车。

经历过 CRT 电视机和显示器时代的人，还会记得一个特别响亮的名字："索尼特丽珑"。和随身听一样，特丽珑显像管是索尼对整个世界影响力最大的技术发明之一，也是 CRT 时代电视机和显示器最佳品质的同义词。截至 1994 年，索尼卖出了超过 1 亿台电视机，是当时绝对的王者。

不过，所有的最优解都有极强的时代性。特丽珑是显像管时代的技术顶峰，但显像管也有功率大、体积难以做轻薄、分辨率提升难度巨大等一系列局限。当技术发展进入下一世代，前代的最优解价值就烟消云散了。事实上，索尼正是因为对特丽珑的最优解优势太过贪恋，才在平板显示时代到来之际落后于竞争对手的等离子、LCD（液晶显示屏）技术，丢掉了全球电视机和显示工业的绝对领先地位。

而前面说到的苹果滑动解锁的最优解，也随着指纹解锁技术的成熟而消亡了，被屏下指纹技术+结构光人脸识别技术所取代。

对所有的后来者而言，前人的优势再完美，也总有机会弯道超车；而对曾经的极致创新者而言，如何保持持续追求最优解的能力，就成了对"极致"的本质理解。

任天堂为什么是"世界的主宰"

极致的最高境界就是认知领先于全行业，率先洞察、抵达行业和用户需求的本质。毕竟，人无法做出超过自己认知的产品。只有认知始终领先，才能保障长期不断产出极致产品的能力和环境。

最典型的例子来自游戏行业。

游戏的本质是"创意"和"乐趣"。任天堂前社长岩田聪在 GDC 2005 论坛上做的一次堪称经典的主题发言，我至今都记忆犹新。他谈的最重要的观点就是"玩者之心"。一家游戏公司成功的关键在于，必须营造热爱游戏的文化，每一个人都必须是游戏玩家！这样的公司才能获得持续长久的成功。

- 在我的名片上写着，我是一个公司总裁。在我自己看来，我是一个游戏开发者。在内心深处，我实际上是一个玩家。
- 你是否曾经为了一款自己都不愿意玩的游戏而辛苦开发呢？
- 即便我们来自世界的不同地方，即便我们说着不同的语言，即便我们吃着不同的食品或者饭团，即便我们在游戏中有不同的体验，但今天我们在座的每个人都有一个非常重要的相同点。这个相同点就是我们都拥有同样的"玩者之心"。

当被问及如何看待和其他公司的竞争时，他回答：我从来不觉得任天堂在和其他公司竞争；任天堂应该做的不是和其他公司竞争，而是关注玩家的感受；任天堂的敌人是"不关心玩家"的思想。

因为这样的投入与认知，任天堂持续拿出了无数的最优解，比如 FC 游戏机确立了游戏设备上的"十字按键"标准，比如 1983 年出品的《马里奥兄弟》定义了平台跳跃游戏的一系列范式，比如在 N64 设备上的《超级马里奥 64》定义了 3D 游戏的视角等众多操作实现方式，比如 Wii 开启了全家参与的家用游戏。此外，任天堂最新的游戏机平台 Switch 创新性地开创了家用游戏机和掌机的融合形态，而它的首发护航游戏《塞尔达传说：旷野之息》赢得了业内顶级大奖 TGA（The Game Awards）2017 年度游戏、最佳游戏设计和最佳动作冒险游戏。在这款自由度惊人的开放世界游戏中，玩家们可以自由借助游戏中的各类场景，创造出点火产生上升气流飞天、砍树搭桥过河等各种超出想象又无比真实的玩法，从而产生"这里是个真实世界"的前所未有的沉浸感。如此的创意，实在是令人惊叹。

任天堂拥有百年历史，从做纸牌起家，后来也做过玩具、游戏场生意，对"娱乐"的理解算是刻在了这家公司的灵魂里。从以"Game & Watch"这样一块电子印刷屏掌机和"大金刚"这样的街机产品进入电子游戏行业开始算，任天堂在游戏行业沉沉浮浮 50 年。论体量，它的市值远不如索尼、微软；论游戏机性能，在新千年之初的 GameCube（任天堂出品的一款游戏机设备）之后，无论是家用机、掌机，还是如今融合了家用机、掌机的 Switch，任天堂的硬件产品都远逊于同时代的竞争者。比如在掌上游戏机领域，任天堂的 NDS 系列在性能、画质、多媒体能力方面远逊于索尼的 PSP，但前者的全生命周期销量是后者的近两倍，软硬比（即硬件销量与软件销量的比值，软件销量越多越成功）更是遥遥领先于 PSP。

正是因为对"创意"和"乐趣"的深刻认知，任天堂的产品在"游戏性"方面做到了同时代产品的极致，尽管任天堂在 20 世纪末也曾遭遇危机，但都迅速再度辉煌，至今依然屹立不倒。电子游戏行业有一个非常著名的说法："任天堂是世界的主宰"，这是对一家极致公司的最高褒奖。

极致不是自嗨和自我感动

极致是一枚尖锐的钉子，我们铆足了劲儿敲钉子时，要小心钉错了地方。

追求极致切忌"盲目自我感动"，需要基于对行业、用户需求的深刻洞察，以"专注"的方向为指导，时时校验，防止跑错方向。

小米创业的前 5 年可谓所向披靡，但那时我们的基础还很不扎实，对制造业的理解也不够深入，曾经闹过不少笑话。

2016 年我接手手机部，发现小米手机的螺丝钉供应商只有一个，价格比同行贵 5 倍。找到那家供应商的老板一问，才知道是因为我们选料特别夸张，用的比别家好无数倍，而且每个螺丝钉上都铣出个小米的标识。我又问，您怎么进的小米供应链？他说因为我以前是苹果供应商。我说您现在还有哪几个客户？他说："我现在只服务小米，我的东西好到连苹果都用不起了，只有小米能用得起。"

我哭笑不得，我们真的需要在螺丝钉上搞个小米标识，然后花同行 5 倍的钱吗？反正小米是傻乎乎地用了很多年。

类似的事情还有很多，比如手机包装盒中附带的卡针，同行中比较讲究的用铝合金，大多数中端及以下产品都是用塑料材质，成本不过几分钱。但从 2011 年起，不论什么样的手机产品，我们用的都是不锈钢铣出来的，成本要 2 元，甚至我们当时售价只有 499 元的红米入门机用的也是这样的卡针。2 元在业内听起来简直是天价，尤其是当时一年出货量以五六千万台计时，就是一个很惊人的数字。

有同事曾追问我，苹果不是也追求看不见的地方也要做得很好吗？为什么我们用这样精雕细琢的螺丝钉就不对呢？我们不是一直都说要极致，要不惜成本吗？

我回答，区别还是挺明显的。把电路板做得特别工整，展现出的是对产品品质的溢出式的追求，虽然看起来是"溢出式"的，但实际上保证了整体设计和品质一定是过硬的，这对用户而言是有直接价值的。而卡针基本上是"一次性"使用，不少用户家里都有不止一个，花溢出的价值就几乎全是浪费，至于我们花成本在螺丝钉上铣小米的标识，对用户而言有一分钱的价值吗？这不是自嗨是什么？我们不要在自嗨上浪费宝贵的成本，应该用到真正对用户有用的地方。

如果追求极致的努力不在用户需要的正确方向上，或者不在公司专注的方向上，那么花的力气越大，离题越远，此时的投入和努力只能沦为一种"秀情怀"的噱头，或者是一种无用的"炫技"，抑或是一种盲目的"自我感动"。

我们不仅反对"自嗨"和"自我感动"，更要反对把"极致"做成华而不实的噱头。比如 10 年前的消费电子行业，有人在手机机身镶嵌宝石作为核心卖点，有人把数码相机机身采用所谓"哥窑瓷"等作为核心卖点，这些不过是为了炫耀所谓的"极致奢华"来谋求溢价，但产品本身却稀松平常。缺乏诚意的产品显然只会迎来失败。

乔布斯所说的橱柜的背后用料扎实、做工精美，前提是这个橱柜整体设计非常出色且质量过关。如果一个橱柜的全部亮点只是背面做得精美，无疑是一个蠢到家的笑话。

把噱头当极致，是自欺欺人的行为。用户不傻，他们会用脚投票。

所以，当你撸起袖子准备大干一场时，我建议你反复问自己三个问题：

- 我们追求的极致是不是用户真正需要的？
- 我们追求的极致是不是能成为产品/服务的核心竞争力？
- 我们追求的极致是不是能形成长期可持续的竞争壁垒？

所以，把钉子往哪儿钉，决定了"极致"的价值。钉的地方对了，像苹果率先拿出触控电容屏技术，支撑起了现代智能手机形态和交互方式；而如果错了，就像索尼当初力推的 MD（Mini Disc）Player，无论它的机械结构多么精巧迷人，索尼的工程师们对它有多迷恋，都难逃迅速被 MP3 播放器淘汰的命运，消失在历史的黄沙中。

追求极致的本质是投资未来

将"哥窑瓷"工艺作为核心卖点的数码相机，被看作是"拿噱头当极致"，那么，小米也出过一系列以陶瓷机身为卖点的手机，这是自相矛盾吗？

不矛盾。首先，小米的产品，无论选择什么样的工艺，都是基于产品本身同档最强性能，这是任何消费电子产品的定义属性；同时，作为这个时代"人最亲密的伴侣"，我们一天要拿起手机上百次，拿着手机的时间长达几个小时，材质、工艺带来的手感，是手机体验最重要的组成部分之一。

坚固耐磨、触感如玉、光泽优雅的陶瓷，显然是一种非常优秀的材质，但过去为什么就没人在手机上试过呢？因为它的缺点也非常明显，一是硬度超高（达到莫式硬度 8，仅次于刚玉和金刚石）；二是工艺难度太大，要做成手机中框和背壳这样的大小、强度和精度，良品率太低，工程师说，一开始，烧一炉陶瓷出来全是碎的，心也跟着碎了；三是成本更高，是金属材质的 3~4 倍。所以，这种特殊的陶瓷过去只被用在高端烤瓷牙上，因为尺寸足够小、成型足够厚、价格足够贵。

初期没有太多进展的烧制试验几乎就是在烧钱，工程师们有点儿绷不住了，就来问我还要不要干。我反问他们，你们觉得这么干有多大价值？工程师们认定，陶瓷材质将在未来持续提供无可取代的独特体验。我说，那就干吧，再烧 5000 万元，如果不成咱们再说。研发团队一下子又有了信心，驻场坚持反复试验，终于在小米手机 5 时代实现了量产。

第一道门打开，后面的路上就有了光。工程师们果然兑现了他们描述的未来，从小米手机 5 的陶瓷背壳，到小米 MIX 陶瓷"中框+背壳"、小米 MIX 2 的 Unibody 一体化陶瓷（中框跟背壳的一体化成型）、小米 MIX 3 彩色陶瓷机身，再到小米 MIX 4 轻量化陶瓷工艺，一路进化，现在陶瓷已经成为小米最高端手机产品 MIX 系列最具辨识度的代表性元素，在手机业内也独此一家，被认为是手机领域最好的材质体验。在这个过程中，小米团队不仅把陶瓷工艺吃得越来越透，做得越来越好，更重要的是，对新材质工艺也有了更全面的理解和经验。后来，苹果在 Apple Watch 上也应用了同样的陶瓷技术。

2007 年年初，乔布斯在台上激情澎湃地发布划时代的第一代 iPhone 时，在台下的台湾触控屏厂 TPK 的老板和技术负责人激动得放声痛哭。iPhone 的多点触控电容屏彻底改变了智能手机的模样，但在这背后，苹果和 TPK 一起历时 5 年，经历了 9 次濒临放弃又重新坚定信心的奋斗，才拿出了这款划时代的技术。

触摸屏已经诞生超过 20 年了。从 Palm OS 的设备，到 WinCE、塞班、Windows Mobile 等系统，早就搭载了触控屏，甚至在 20 世纪 80 年代，IBM 就发售过带触控功能的 CRT 电脑显示器。但是，这些都是基于工业应用思维的单点触控电阻屏，只能一下一下地用笔或指甲点戳，跟苹果的手指点划的自然交互逻辑不可同日而语。苹果率先天才地提出了新交互的构想，并且以毫不放松的苛刻的要求，以及无比的耐心和坚持，实现了这样前所未有的体验。

看到未来的新可能，再以超越常人的投入把它实现，这样的路注定充满痛苦。但真正有意义的事，通常都不容易，做到别人做不到的高度，才算极致。小米工程师的"心碎"、TPK 老板的痛苦，都是这条路上的常态，也都值得。

经历过这样试炼的团队，将收获更有力的竞争优势、更广阔的业务视野、更雄厚的产品能力和研发技术积累，对产品和用户将有更深的理解，团队成员也将更有经验、自信和雄心。这一切产生最大价值的时候，不是获得成功的今天，而是拥有更多可能的明天。

所以说，今天对极致的追求，其实是在投资明天的竞争力。一家有强大生命力、创新活力、荣誉感、自尊心且有追求的企业，不会只盯着眼前一时的利益，而是能接受更长远的"延迟满足感"，这样才会有对极致的追求。

口碑

用户口碑是所有产品成功的关键因素，这是不言而喻的公理。

资源永远有限，对于创业公司尤其如此。只有专注，才能集中所有资源做一件事情，才能把这件事情做到极致；只有极致，才能从内心深处打动用户，用户才愿意口口相传，从而形成良好的口碑传播效应。

良好的口碑从何而来？我的理解是，好产品不一定能带来口碑，便宜的产品不一定能带来口碑，又好又便宜的产品也不一定能带来口碑，只有超过预期的产品才能带来口碑。

- 口碑的产生基础：和用户交朋友，倾听用户意见，深刻了解用户需求。

- 口碑既是品牌策略，也是增长策略。产品/服务有口碑，就能自传播、自转化。
- 产品、服务和沟通等与用户所有触点的表现总和，才是口碑。
- 口碑的阈值是不断提升的，是用户价值长期稳定提升的倒逼机制。

销量第二，口碑第一

这一节的标题其实还有一种写法：口碑是衡量产品、服务的终极标准。也许你会有这样的疑惑：为什么不是销量或者利润呢？有一些产品叫好不叫座，难道说这样的产品也是成功的吗？叫好不叫座的产品的确存在，销量和利润当然也非常重要，这是两个不同维度的事。什么样的产品叫好不叫座？比如一些艺术电影。但这类产品本身不是面向大众的，通常一部艺术电影的目标是艺术院线的观众，不会也不应该有面向大众卖座的预期。同理，任何领域的产品和服务如果出现了这种情况，就说明产品定位和规划出了问题。

之所以强调口碑第一，是因为口碑总是领先销量或利润一步，是与产品和业务形成正循环的要件。

我们分析一下正循环的构成：和用户交朋友，认真倾听用户的意见，深刻了解用户的需求，才能不断做出真正满足用户迫切需求，甚至是用户自己未能察觉的需求的好产品，才能赢得口碑；而口碑一旦形成，就能自传播、自转化，对于产品改善、业务推进具有强大的推力，而且这些推力完全是免费的、可裂变的。

很多人可能更多地把口碑视为一种传播红利和流量来源。但实际上，口碑不仅能自传播，更能自转化，基于朋友、熟人圈的推荐，具有无可替代的坚实背书能力和裂变能力。近年来，KOC（关键意见消费者）投放、私域流量运营成为业内热点风潮，很多企业为此投放了不少资源，但实际上，口碑本身就是最有效的私域流量和转化资源，我们大可不必舍本逐末、舍近求远。

退一万步讲，不管什么原因导致产品虽有口碑，但销量不算大，在短期内也是没关系的。毛主席说过，"存地失人，人地皆失；存人失地，人地皆存"。口碑就是业务的有生力量和群众基础，只要有生力量不灭，群众基础不毁，下一款产品操盘得当，依然能够获得成功。

所以，我们在业务决策中，一定要把口碑放在第一位。甚至要做好心理准备，部分产品只要口碑出众，哪怕销量有限甚至亏损也在所不惜。

关于口碑，小米历史上最典型的例子是小米 MIX 的第一代产品。这款产品的故事我们在后面的章节中还会提到，它来自一个我们完全不考虑量产性，更遑论销量、利润的概念机追求——探索"5 年后的手机是什么样子"。它是全面屏手机的开山之作，史无前例的 91.3% 正面屏占比被业界评价为"指明了未来手机发展的方向"。同时，它还史无前例地使用了中框 + 背壳的全陶瓷机身工艺，却坚持小米价值观，定出了超乎人们想象的 3499 元起的厚道价格。

这样一款产品一经发布，立即震动了全球业界，赢得了巨大的口碑。以此为起点，小米 MIX 也出人意料地实现了量产，销量超过 40 万台。客观地说，这样的销量依然摊不平巨大的研发成本，从单一型号项目看是亏损的。但它带来的巨大口碑价值却是无法估量的，以此为起点，小米 MIX 作为小米最高端手机的产品线立住了，并且开启了围绕屏幕极致创新的持续进化延展。

口碑第一，就是用户感知第一。无论一款产品、服务做得多用心，无论用户的评价是不是完全公允（事实上，从长期、宏观看，口碑一定绝对正确；但从短期、微观看，一定会有局部的失真），无论面对产品预期与用户口碑的偏差时开发者有多委屈，我们都得确认一个评判原则：用户的口碑评价永远是对的。

5 年前，我们的一家生态链公司发布了一款自有品牌的高端 1.5 匹变频空调，价格高达 4000 元。他们不惜工本，倾注了大量心血，体验也相当出色，自以为做了一款会赢得满堂彩的产品。但始料未及的是，用户口碑却崩了，销量自然也不出彩。当时闹到什么程度呢？甚至有米粉和我的朋友给我发消息，问我"小米怎么会做这样的事？"。

这家公司的团队负责人跟我说："我们的产品是高端的，我们的利润设置相比同行并不过分，为什么还会被骂？"对不起，当用户觉得一款产品的表现不及他的预期时，你没有更多道理可讲，错了就是错了。这款产品的问题在于，它通过小米的平台出售，但它的产品力相比它的定价低于了用户的预期。用户对小米平台的"厚道表现"有一贯的高预期，生态链公司自有品牌在没有完全证明自己、赢得用户的充分信任之前，突然定出一个远超同业同标准主流产品的价格，就会挑战用户对小米平台的信任。

印象是无数事实累积验证得出来的，用户对产品的印象一定大过开发者讲的事实。我们一直希望赢得用户的信任，让用户相信小米平台上的商品可以"闭着眼睛买"，然而一次"破功"就会伤害用户对我们的信任，所以这是一个非常严重的错误。

从 2019 年开始，小米手机的高端化之路稳步前行，逐渐被用户信任和接受，才有了显著的进展。我一直主张，我们要像相信真理一样相信口碑的力量。这就是互联网七字诀中"口碑为王"的信仰。

超预期才有口碑

10 年前，我经常问大家一个问题：去过海底捞吗？海底捞真的比五星级酒店的餐厅好吗？

说到豪华酒店，我曾经去过一次迪拜的帆船酒店，据说那是全球最好的酒店，一走进去果然金碧辉煌。但是，我觉得无比失望，第一反应居然是"怎么这么土啊！"。毋庸置疑，帆船酒店当然是全球最顶尖的酒店，但是我的期望在此之前被吊得太高了。

那海底捞呢？比如夏天在海底捞吃完饭，服务员端上来一个果盘，客人没吃完，问能不能打包带走？服务员说不能带走。当客人结完账，服务员给了他一整个西瓜，说切开的西瓜不卫生，如果想带走我们给您打包整个西瓜。结果，一个西瓜就把那个客人感动得一塌糊涂。

很多人说口碑就是好吃、好看、好用，口碑就是因为服务丰富，而且有趣，价格也合适。其实不然，这与你事先的预期有关。海底捞通常都开在很一般的地方，当我们走进去的时候，它的服务超越了我们所有的期望值，我们就会觉得好。当我们去五星级餐厅的时候，我们的期望值很高，超越的难度就不可同日而语了。

我也是琢磨了好久才想明白这个道理：好产品不一定能带来口碑，便宜的产品不一定能带来口碑，又好又便宜的产品也不一定能带来口碑，只有超过预期的产品才能带来口碑。

我们需要了解，预期是一个相对值。每一位消费者在购买产品/服务时，都有一个相对于社会产品/服务价值平均表现的心理预估，这无关这个具体产品/服务的绝对价值或定位，有高端的、中端的，也有入门级的，带来满足感的是这项服务超过了用户预期。所以，无论我们提供什么样的产品/服务，都要致力于超过可比档位的行业或社会普遍预期值。

概括来说，口碑的来源，是始终保持对同业的显著比较优势。

对立志做最好的产品和服务的企业及机构而言，包括小米这样的，显然从一开始就选择了一条艰难而绝不容半点放松的道路——绝对体验要向最高标准看齐，同时相对预期还要想尽办法胜出。

做全栈口碑

全栈是个工程开发概念，全栈工程师是指掌握多种技能、胜任前端与后端、能利用多种技能独立完成产品的人。要做成口碑，实际上也需要借鉴"全栈"思路，实现全面覆盖，不留缺口和短板。

好的产品只是口碑的一部分。产品（包括性能、设计、工艺、定价等）、服务和沟通，一家公司与用户所有触点的表现总和，才是口碑。

从诞生之日起，小米就极其重视用户口碑，哪怕是在产品之外，我们都做了大量的事情，在每个细节上都下了很大的功夫，一点一点地建设、巩固我们的口碑。

小米第一代手机刚发布时，税务所根据经验只给了我们 5 本发票，因为谁也没法相信一家刚成立没多久的小公司需要那么多发票。结果，我们一周就卖了十几万台手机，我们在网上卖的手机没有发票，就有网友投诉我们偷税漏税，我们真的是冤枉得不得了。后来跟税务局协调了好几个月，才允许我们使用机打发票。当我们拿到机打发票的时候，已经欠了用户几十万张发票。我们搞了十几台税票打印机，连续打了两个星期，甚至打坏了两台。这些发票打完后，我们都是用 EMS 快递给用户的，还附了一张致歉卡和贴膜作为礼物，用户收到后非常感动。

类似的举动，12 年来我们做了很多很多，其中大多数都是由一线的同事提出想法并很快决策的。这样的操作需要一个前提，就是有一支互相信任的团队，以及资源前置、关怀决策权前置的原则，让听得见枪声的前线拥有炮火呼叫权。

实际上，一家公司中的所有人都与用户有着直接或间接的接触，每一名员工都应该是公司口碑的维护者。全员参与，挖掘更多与用户的触点，并不断打磨触点中的细节，就是在为产品/服务争取更多的更具象、真实、全面的反馈，同时为公司争取更多自传播、自转化的机会。

我曾听到一种声音，认为公司为了尽量藏拙，或者为了保持所谓的品牌高级感、距离感，应该刻意减少与用户的直接接触点数量。这样的想法简直匪夷所思。互联网经验告诉我们，高频场景的增长潜力始终高于低频场景，如何从低频转向高频，是所有经营者竭尽全力的追求。况且，如果真有拙，在这个社交媒体高度发达、信息透明度越来越高的时代，怎么可能藏得住？对一家志存高远、认真打磨产品的公司而言，如果有更多点、更高频地与用户接触，谋求更多口碑自传播、自转化的机会，肯定求之不得，又怎会避之不及？

不要刻舟求剑，也不要坐井观天

口碑如同流云，因势变幻莫测，风云际会就是风起云涌；口碑如同涧水，一开始静水流深，汇聚入海就是澎湃巨浪。

因为相对值的本质，以及比较优势变量，口碑无论是风评结论本身，还是评价的标准都在不断变化。所以，从来没有一劳永逸的口碑，也没有一成不变的获取、评估方法。辩证唯物主义早就告诉我们，要用发展的眼光看问题，对口碑的看法也是如此。

口碑的阈值是不断提升的

一年多前，有一家前来交流的企业分享了一个案例。通过调研监控，该企业发现用户对产品的满意度和推荐度陡然大幅下跌。数据反馈到产品和质量部门后，这些部门也是一头雾水，从原材料质量管控到产线品控标准都丝毫未变、稳定如山，甚至在产品定义和设计方面更下功夫，产品整体呈上行趋势并持续向高端进发，怎么会出现这样的怪事？

他们赶紧在各地进行了一轮用户访谈，再结合内部更细致的运营数据分析，才弄明白：问题恰恰出在原材料质量管控到产线品控标准的那个"丝毫不变、稳定如山"。因为产品走向高端之后，用户的预期发生了变化，原本用户不以为然的细节，如今就要被"吹毛求疵"了。

这就是典型的"刻舟求剑"式的刻板经营带来的问题。事后可能会觉得这简直有点可笑，原理如此简单，但发现问题的过程居然如此大费周章。这件事值得我们严肃且深刻地反思：我们在日常的经营活动中，因为疏于思考和想当然，到底犯下了多少错误？

除了上面提到的产品线升级维度的用户预期口碑阈值提升，在客群拓展中，还会遇到由不同群体预期不同带来的阈值差异。

2021年小米发布了第一款万元级别的手机MIX FOLD，这也是小米第一款量产的折叠屏手机，主要针对高端商务人群。MIUI系统团队针对折叠屏做了大量的专项体验优化，还特别做了"三指横划进入PC模式"的功能，就是能像操作个人计算机一样，通过类似"开始"菜单和"文件夹"的交互逻辑来操作手机。想法很好，但开发量的确大，短时间内无法打磨到足够精致的程度，于是MIUI团队就习惯性地按照以往的操作方式，先发布功能，在手机上市后再通过OTA升级的形式，把这项功能交付给用户。

但出乎团队意料的是，这个"习惯性动作"却对口碑造成了严重伤害。先发布后升级交付并持续优化，这是互联网开发的常见模式，小米的核心用户发烧友们都比较习惯，甚至觉得这是团队"有雄心、有想法、有担当"的表现——提前披露创新功能是对开发能力的自信，经过继续打磨再交付会带来更好的体验。但对非发烧友的商务用户而言，这就有些无法接受了——发布会上承诺会有的功能，居然还要等？尽管事先有说明，也不违反相关法规，但根据"口碑第一"原则，用户不接受的，显然就是错了。

这样的"会错意"对经营者而言，同样是一件"刻舟求剑"的蠢事。对从诞生之日起就坚决信奉"口碑第一"的小米团队而言，这是极其严重的错误。MIUI团队对用户的一系列不满反馈进行了深刻的反思，并制订了详尽全面的整改计划。

相比以上两者，更常见也更严重的是消费需求升级、行业整体变动带来的口碑阈值跳升。

口碑阈值的不断上升，其实是对用户价值长期稳定提升的倒逼机制，经营者需要不断拿出更好的产品和服务，才能维持良好的口碑。而规避"刻舟求剑"式失误的方法就是，不要犯观察与思考方面的"懒惰病"，要重视对行业动向、用户需求变化的洞察，注重对口碑变化的追踪与分析。

小心"信息茧房"

观察、追踪口碑的变化，要小心"信息茧房"。

互联网最大的特点，就是与用户直接接触，实时获得用户反馈变得更加容易，也更加深入，究其根本是互联网的信息高透明度与去中心化特征。

提升商家与用户之间的信息透明度、对称性，是小米一直倡导的。小米起步时，智能手机业的信息还处于高度不透明状态，从没有企业会明明白白地把精确的配置信息、性能参数和工艺明细披露出来，这使得用户在购买时往往不能获得准确的信息。

为什么智能手机行业不能像个人计算机行业一样，把配置清清楚楚地标出来，让用户明明白白地购买？而且，个人计算机行业还有大量的基准程序测试，所有用户都可以非常方便、直观地了解自己所购设备的性能。手机行业需要自己的基准程序测试，也需要更多的像《消费者报告》这样的独立评测团队。

这些在十多年前的手机业界还暂付阙如，于是我打算先推动这样的生态的诞生。

具体怎么做呢？首先，通过我个人投资或者关联公司投资的方式，支持有志于此、能力出色的个人或者团队，比如王自如的 Zealer、安兔兔这样的团队。让我没想到的是，这成了过去对我的重大误解之一，就是认为我早期投资个别评测机构是为了获取营销支持。

事实并非如此。实际上，除了最早的投资，我们跟这类机构的沟通接触与其他同行并无二致，这类机构对小米也没有特别的照顾，他们认为要批评的地方也从没有手软过。后来，我们从资本结构上退出了一部分这样的机构，因为随着国产手机业的发展，这样的生态、业态也已蓬勃发展。今天，活跃在微博、知乎、B 站等平台的专业数码评测机构和个人已有数百家之多。

小米还在业内率先提出跑分概念，就是基于安兔兔等的基准程序测试，用最直观的数据来展现衡量设备的综合性能。也有部分人批评"跑分评价"，诚然，跑分并不能全面覆盖对一款智能手机的综合体验，但它至少是最核心的基础和前提。"不服跑个分"从此成了国内手机业最深入人心的性能评价方式。

详细配置/参数披露、基准程序机构评测、网上用户口碑，是手机行业透明度提升的四大要件，是用户口碑及时、准确反馈的重要保障。但我并不认为这只适用于消费电子领域，所有面向用户信息透明度不高的行业，都可以通过类似的方式来增强对用户权利的保障，推动行业正向进步。

但是，随着互联网资讯产品形态和业态的变化，行业信息透明度和对口碑的观察、反馈也受到了新的挑战。

随着各类信息流资讯产品推荐算法的演进，观察者可能会被某一种算法重复加强的倾向或局部视野阻挡视线。同时，与业务发展同步，随着用户群体规模和多样性的不断提升，很多以前我们长期采用的简单观察方式也面临着"局部失真"的风险。比如我们经过长期观察发现，在特别的企业方微博（包括企业官方微博、企业加 V 认证的个人账号）下，以长周期来看，绝大多数互动行为（包括转发、评论、点赞）来自特定数目且相对固定的用户群体。固然可以认为，这些最活跃的核心用户代表了企业基本盘用户群体中的一些突出的声音，但具体到某个事项中，这些口碑反馈未必能代表整个基本盘用户，遑论更广大的大众用户群体的意见，因为在如今的公开社交媒体中，大众用户往往已经成了"沉默的大多数"。

还有一种最危险也最可憎的现象，就是不正当竞争中的"水军行为"。如果说互联网产品机制和用户行为的变化给口碑观测带来了客观上的迷雾，那么"水军"则是直接冲着破坏信息透明度来的。小米创业以来，一路上遭遇过很多诋毁，而因为小米坚持的"性价比战略"不符合当前人们的判断直觉，所以更助长了这些"诋毁"的传播。在公司发展早期，我们无视且放任了这种危险的声音，没有采取系统的有力应对措施，而且早年我们也缺乏品牌建设体系，结果被人贴上了很多负面的标签，在后续发展中付出了非常惨痛的代价。

失真的口碑观察和反馈，可能会对企业改进和用户选择产生巨大的误导，必须引起我们的高度重视与关注。

口碑验证的三条原则

有一家公司的创始人跟我分享过这样一个现象。

他们发布了一款被寄予厚望的年度旗舰产品，发布时热度非常高，预售和首销也非常热烈，媒体、关键意见领袖和社交平台上的用户反馈都极其正向，整个团队额手相庆，觉得这次算是大成了。但开卖3周后，却突然发现口碑崩坏，风评一路下跌，客服收到了大量投诉，开发团队一时间晕头转向，手忙脚乱地开始补救。

经过内部评估才发现，直接原因居然是公关团队太过用力，在发售初期，在公司最为关注的几个平台上的舆论风向沟通处理方面做得太过，以致第一波评价看似好评一片，实际却严重失真；客服、售后部门心存侥幸，没有及时上报投诉出现、上升的苗头；而质量管控部门也掉以轻心，放松警惕，没有及时跟进和搜集客服等系统的真实用户反馈。

当然，产品方面的瑕疵是口碑崩坏的根源，那么如何避免口碑监测、验证的系统性失灵，如何给产品和业务更准确的反馈和指导？根据实践经验和教训，我总结了三条关于口碑的验证原则。

第一条，注重口碑的多路交叉验证。

多路交叉验证就是为了打破"信息茧房"，排除各类主动或被动产生的干扰因素，尽可能多地捕捉口碑变化的真实细节。

我一直主张，从 CEO 开始直到基层，每一级管理者都应该到与用户接触的各类一线场景中（包括自有的用户社群、微博等公开社交平台、线下销售场景等），直接倾听不同用户群的声音，亲眼观察口碑的细微变化。每个人的手机里都应该有不同类型、不同背景的各类典型用户的联系方式，经常保持沟通交流，获得关于口碑的实时信息。

同时，口碑监控、反馈需要公司各部门产生一套交叉验证体系，从而避免单一渠道的片面性带来的系统性失真风险。就像前面提到的案例一样，产品团队、市场公关团队、客服售后团队、质量管控团队等相关团队的观察、监控集合汇总到一起，才能获得相对完整的全景观察。

在大量基于个人感知和主动向公司反馈的评估信息之外，还要定期通过净推荐值（NPS）、用户满意度、用户第一推荐度等指标关注口碑变动的量化指标，去努力听到"沉默的大多数"的真实声音。

第二条，区分对口碑的关注点。

对核心用户群，关注"意见点"。相比对公司 / 产品整体印象带价值判断的言语，主要关注他们对具体产品、具体细节的评价与反馈，比如一款产品具体好用在哪，哪些地方还要修正。因为核心用户大多是产品的"半个专家"，他们对产品力的评价、对具体产品设计的得失、对业界整体水准的了解、对竞品的改进变动的敏感甚至能超过部分经营团队成员。但也正是由于钻研较深、相对专业，导致他们对公司 / 产品的整体评价往往未必能代表大多数用户的看法。

对大众用户群，关注"印象面"。多关注他们对公司产品整体印象的变动，多关注来自他们的概括性认知和价值判断。他们未必具备专业知识，表达意见时通常也比较模糊，但朴实的反馈更能衡量用户价值的实现情况。当然，所有侧重并不意味着绝对偏废。大众用户群口碑反馈中高度聚集的产品点意见，具有最大的指导价值。

第三条，直面真实的口碑。

面对口碑，尤其是面对口碑的负向变化，一定不能讳疾忌医、掩耳盗铃。可怕的不是口碑负向变化，而是口碑彻底消亡；就像可怕的不是骂得凶，而是已经没人骂了。愿意追着骂你的，骂你骂得最凶的，要么是铁杆，要么是"水军"。

坦然面对口碑，要做好准备挨最惨的骂，然后做最快的改善动作。其实，态度真诚，改进迅速，也是一种口碑。

我们要看到，口碑是个标量，而不是矢量，可以帮助衡量评估产品/服务，在微观上也可以作为改善与提升产品/服务的指导参考，但宏观上来看它是产品/服务的成果衡量标尺，而不是前进方向的指挥棒。

品牌建设是口碑的沉淀固化器

口碑是流动的、不稳定的，是离散的、混沌的。那么，如何将正向口碑赋予公司的价值沉淀下来？如何将作为标量的口碑对公司业务的参考价值形成矢量的指引？这就需要系统性的品牌建设，这是公司最核心的顶层设计之一。

关于品牌的定义有很多不同的解释，我的理解是，品牌是用户对一个企业提供的产品、服务、渠道、传播等全流程体验的综合认知。

品牌建设对企业发展有着不言而喻的关键意义。品牌是信任积累的载体，能够显著提升业务增长与拓展的效率；品牌是一种影响极为深远的文化，是企业与用户之间共同的信仰，是企业得以持续、健康发展的能量之源。

关于品牌，最常见的是将其理解为传播战术。实际上，品牌远不只是传播战术，它还是所有业务方向重要的共识，是企业最重要的核心资产之一。品牌战略就是面向大众认知的、外化可感知的集团战略。

我们可以这样理解，品牌战略、技术和产品战略，以及用户经营战略是公司整体战略在不同领域的投影，当且仅当这三大战略高度统一、"三位一体"时，公司才能持续高速稳健地发展，取得长久的成功。

事实上，小米早期的巨大成功，也是品牌建设的巨大成功，呈现出完美的"三位一体"：团队都是超级发烧友，产品是追求极致的发烧级旗舰，受众也是一群发烧友。发烧友懂发烧友，深刻理解这个用户群的需求、喜好，知晓他们的痛点，知道如何做到超预期。所以，尽管早期我们并没有引入类似IPD（Integrated Product Development，集成产品开发）的管理体系，但产品定义和决策都极为精准。

当我们的用户群从发烧友拓展到大众用户，再到高端人群时，需要在更广的维度中重构契合当前发展需求的新"三位一体"架构。2019年，我们开始了对小米集团品牌体系的系统性梳理和建设升级。

首先，在产品品牌层面。小米与Redmi的品牌拆分顺利完成，小米专注于探索前沿科技，更激进大胆地导入先进技术、先进工艺，更专注于全面的旗舰级综合体验，专注高端及超高端旗舰市场，覆盖融合了线上线下的新零售渠道；而Redmi专注于做极致性价比，主攻电商市场。由此，两大品牌不再纠缠在一起，目标用户群更为聚焦。

其次，我们在2021年发布了全新的小米标识，同时新增了Xiaomi字母标识，这是品牌体系建设里程碑式的一步。为了进一步强化品牌资产管理，我们还成立了小米集团品牌管理委员会，对小米集团品牌资产进行统一的维护、管理、监督，并将品牌规范使用纳入各业务部门年度考核。

同时，小米重点引入了IPD管理体系，通过管理工具拉通品牌与业务流程，建立品牌主张、产品定义、目标用户"三位一体"的管理体系，可以将所有部门的思想、行动最大限度地统一起来，真正做到"力出一孔"，高效地为用户提供超出预期的价值。唯有如此，我们才能不断积累、强化用户的口碑，持续赢得用户的青睐与信任。

此外，我们还引进了一系列可量化的指标来衡量品牌建设的成果，其中包括NPS和BHT。NPS是用户净推荐值体系，它能分解量化显示用户对品牌各方面的满意度，指出品牌表现的具体优点和缺点；而BHT是品牌健康度体系，包括认知度、偏好度、第一提及率等，它体现的是用户对品牌的感性认知、品牌对用户心智的影响力和占据水准，以及用户下一次购买的偏好考虑等。

品牌建设是公司发展的千秋大业，绝不仅仅是品牌部门、传播体系的事，而是公司所有团队、所有员工都要承担的责任，必须是全员工程。同时，品牌是公司的使命和愿景，以及创始团队气质的延伸和外化，所以品牌建设必须是"CEO工程"。每一个有志建立百年企业、有长期主义精神和引领行业雄心的公司及其管理者，对品牌建设工作再怎么重视都不为过。请务必建立一支专业、强大的品牌策略和管理团队，同时给予团队足够的管理权限、足够的资源支持和足够的耐心。

快

我们期待非常多的快，比如研发进展快、库存周转快、资金回笼快等等。但在这里，我们集中讨论的是公司在业务发展和面对用户反馈时，洞察、反应、决策、改善的速率问题。我相信，这是一家公司的底层核心素养和能力。有了这些"快的素养"和"快的能力"，研发进展、库存周转、资金回笼等各种"快的结果"自然纷至沓来。

快是成长效率

我们通常把"快"理解成一种竞争策略。《孙子兵法》中谈"风林火山"，就强调"其疾如风"，要靠超高的机动性，抢先赢得战机。

相信经历过2010前后互联网行业变革的人，都能理解这个行业的焦虑。当意识到移动互联网并不是个人计算机时代互联网的简单延伸时，市场的参与者们都急于寻找一张"船票"。这是中国互联网行业第一次集体意识到狭窄的时间窗口和关键"船票"的意义，"快"成了压倒一切的诉求。

当时小米刚刚成立，按照"硬件+软件+互联网"的"铁人三项1.0"模式，在做手机系统、筹备手机硬件团队的同时，小米在国内率先启动基于智能手机的即时消息项目"米聊"，一度获得显著的先发优势。

当时我有个判断，如果腾讯在一年之内没有反应，米聊将有50%的胜算；如果半年之内有反应，米聊基本没机会。但结果，腾讯在一个月内就做出了反应，腾讯广研院迅速推出了微信，并获得了腾讯集团力量的大力支持。

凭借千万人同时在线的高并发后端技术沉淀和在社交关系链方面的优势，加上公司体量等综合资源的巨大优势，微信逐渐实现了对米聊的赶超。小米作为一家初创小公司，无法同时支撑移动互联网即时消息和智能手机这两个千亿美元级市场的投入，于是我们放弃了米聊，把全部精力都投入智能手机领域。

在竞争背后，"快"更重要的意义在于企业/业务本身的成长效率，以及用户价值的提升预期和速率。

对企业而言，快是更低的机会成本、更快的改善成长速度。对用户而言，快关联着迁移成本与持续获利预期，在互联网领域中，由于产品多是免费的，用户的迁移成本很低，所以对快的强调到了无以复加的地步。对创业者而言，创业的每一天都有巨大的机会成本，这就需要保持极快的速度，开发产品时一定要想清楚能不能在两三个月或者最多半年内做出来，测试用户的需求和反馈能不能很快有一个结果，收到用户的反馈以后能不能很快去改。移动互联网时代的用户其实不怕产品不够完善，怕的是他提了意见你却没有改进。如何跟用户快速沟通、快速反馈、快速修正，这几个问题非常关键。

出于行业特点，硬件工业等实体商品领域无法像纯互联网行业那样在用户选择上毫无成本，产品周期也更长，没办法在线实时更新，但道理是相通的。用一切办法，尽可能了解用户需求、尽快获得用户反馈，尽快更新改善，这就是我们采用互联网开发模式的原因。而用户也更相信一家效率更高、改善更快的公司能拿出更好的产品/服务，为他们持续提供更多的价值。

所以，对企业而言，快是一种持续进化成长的素养。

"天下武功，唯快不破。"我对此的理解是，一家更快的公司通常都有更高的效率，也必然拥有更强的洞察力、更好的行业适应性、更坚韧的生命力和更持续的创新能力。

关于快的四种能力

"快"作为一种素养，它的实现本身更是一种突出的系统能力。我们可以把快的四种能力总结为：洞察快、响应快、决策快、改善快。关于这个话题，我有两个小故事可以分享。

第一个故事是关于"王朝覆灭的缩影"。很多年前，我曾经跟一家手机公司的高管做过一次交流。当时，这家公司的全球市场份额处于鼎盛时期，我使用过它的很多款产品。我跟对方讲了很多产品改进意见，一不小心就一口气说了将近两个小时。那位高管非常耐心地听完了我的话，做了很多记录，反复表示感谢，并非常诚恳地说这些问题的确存在，他回去后会推动产品和研发部门尽快改善。

很可惜，之后的两年多时间里，这些问题中的大多数依然存在，改善微乎其微。

我毫不怀疑那位高管听取我的意见的诚意，我也完全相信，他会在内部传递这些意见。但是依然没什么改观，这或许只能说明这家公司内部的某些系统出现了失灵。

这家公司的手机业务在巅峰时期曾占据全球市场份额的 40% 以上，但在此后一年多的时间里，以光速坠向消亡。当一家公司持续出现系统失灵时，无论它当时多么强大，一旦遭遇技术世代的变迁，距离覆亡可能就只有咫尺之遥。

第二个故事是"还有这样的操作？"。

2011 年，有几位微软的高管来小米跟我交流，他们百思不得其解："你们的 MIUI 操作系统是怎么做到每周更新的？"

他们说，微软的版本更新周期特别长，因为微软的装机量极大，一旦更新失败，他们承受不起，所以都是很长时间更新一次，就这还提心吊胆的。

我告诉他们，其实我们是在手机系统里做了两个分区，装了两套操作系统，一旦更新失败，自动回滚到上个版本。微软的高管震惊了，第一次听到这样的解决思路。

这个秘诀说起来的确非常简单，但是需要有内测版、开发版、稳定版的产品线区分设置；需要建设一个聚集发烧友的社区，通过四格反馈报告、用户意见投票等运营产品提供支持；需要有一群视团队为朋友，真心参加共创设计开发的发烧友群体的支持；再加上一支充满激情、自驱力极强、技术能力出众的团队，以"不吃饭也要先优化"的热情打磨产品，才能够实现。

这就是传统工程开发模式和互联网开发模式的巨大区别。

总之，快不是凭空冒出来的，不是喊口号和讲道理喊出来的，也不是光靠想快起来的意愿就能实现的，它来自充满进取心和热情的团队，来自严整而持久的流程和方法支持，来自创新的思路和工具，来自与用户亲密无间的接触和反馈。

本质上说，快是一种独特的全局能力，要实现快，需要把实现快的机制当成一个创新产品来做。以快的四种能力为对标，去衡量改造相关团队的组织和流程，这样才能真的让公司提速。

给丁磊做台 98 英寸电视

2019 年 10 月，我在乌镇参加商业大会，白天的会议议程都很满，到了晚上，朋友们闲下来会三三两两聚在一起，小酌一杯聊聊天。

有一天晚上，丁磊在吃饭时突然跟我说：雷总，你能不能帮我做一批超大尺寸的电视机，比如 100 英寸左右的。

我问他，为什么？小米目前还没有这样的产品，如果你家里用，直接买几台市面上有的产品不就行了。

他说，是打算放在办公室里，开视频会议、播放 PPT（演示文稿）等用的。看了下这类产品，最便宜的也要十几万元，实在太贵了。你那套方法能推着一个领域快速成熟起来，把价格做下来，而且你们的设备交互体验更好，互联网应用的支持度更高。你要是做出来，我后面陆陆续续把网易的会议室里都装上。

丁磊的话让我脑子里突然闪过一道亮光。小米进入电视行业 6 年，2019 年登上了国内行业销量第一的位置，我们很清楚，电视重在身临其境的体验，一直在追求更大、更清晰，100英寸左右的超大尺寸符合未来趋势，有机会成为我们"高端产品大众化"的下一款爆品。

同时，丁磊的需求给了我们一个新的思考方向：超大屏电视会是办公场景的高潜力需求。之前几年我们也想过，但那个时候需求看起来还不明显，现在丁磊这么提了，这种需求是不是累积到了即将成熟的程度？

丁磊问我能不能做，价格能不能做到5万元以内？我马上给小米电视部门总经理打了个电话，他告诉我，巧了，之前已经有这样的考量，跟上游面板厂一起已经有了一定的预研基础，98英寸的尺寸符合要求，但BOM成本（元器件成本的累加）再怎么压也还有25000元左右，有机会把零售价做到5万元以内。

值得干！我让同事们马上正式立项这款产品。BOM成本25000元，另外由于98英寸电视体积过于巨大，每安装一台都要出动吊车和一组工人，送货和安装的成本非常高，我们按照每台平均2000元计。我们相信，前期虽然会有亏损，但随着销量提升，依然有机会迅速打平成本，并且实现盈利。

2020年年初，新冠肺炎疫情暴发，远程办公需求暴涨，通过大屏电视进行电话会议再也不是低频场景。我们的团队在此前预研的基础上加紧开发调试，2020年3月24日，这款Redmi 98英寸超大屏电视终于发布面市，定价19999元，引发了行业轰动。

这时，距离丁磊提出需求不过5个月的时间。

特别有意义的是，在生产备货过程中，基于对市场需求和产品力的信心，我们的面板订单量远超面板厂的预期，加上面板厂对产线的调整改良，我们成功地实现了BOM成本的近乎打平。上市之后，这款产品受到用户的热烈欢迎，随着销量的增加，加上配送安装等综合成本的持续降低，当年就实现了成本全面打平，并有微利。

5个月时间，我们为整个业界打开了超大屏幕电视的市场。在小米下场之前，全行业98英寸及以上电视在中国市场平均月销量不过78台，到2020年下半年，光小米的产品月销量就已经达5000台，并且带动了一批企业跟进。到2021年6月，98英寸电视已成为国内电视品牌集中竞争的一个新热点。随着规模的不断提

引爆98″行业出货量增长近150倍

Redmi MAX 98″ 2020年发布至今

- 2018年：—
- 2019年：0.04万台
- 2020年：2.72万台
- 2021年：5.87万台

98 英寸巨屏电视的市场总份额变化图

升，综合成本也在不断摊薄，到 2022 年，我们的 98 英寸电视的售价已经下调到 16999 元。

2022 年 3 月，我们发布了 100 英寸的 Redmi Max 电视。随着巨屏电视市场的持续打开，以及我们和上游面板厂的持续努力，不仅超大尺寸面板切割效率不断提升，推动成本持续优化，屏幕的素质和技术指标也持续提升，增加了对 HDMI2.1、4K120Hz 刷新率、120Hz 动态防抖的支持。尽管尺寸增大、质量提升，但价格仍设定在 19999 元。在我们发布之前，这个尺寸的电视，全国一年的销量不过 700 台左右，我们不妨拭目以待，到 2023 年年中，这个数字会增长几倍。

100 分钟必有回应

做产品要洞察快、决策快，而面对用户的反馈时，我们要做到响应快和改善快。

小米的客服有一个"100 分钟必有回应"的原则，指的是从用户发布微博到接入系统客服回复第一句，要在 100 分钟内达成。这个速度目前在手机行业内处于领先地位。

我们设置了一系列响应与解决指标，来确保我们迅速应对用户的反馈，比如异常问题 1 小时解决机制，所有出现的产品、销售等突发异常问题，跨部门的 1 小时回复解决率要在 80% 以上。这些指标包括热线电话与在线客服的接起率、24 小时结案率、热线满意度、在线满意度、社交媒体回复时效、3 分钟处理率等等。

除了客服，我们还继续改善、强化我们的用户社区，通过用户反馈、在线解答、归档同步产品研发流程等各种方式来加快解答用户疑问、根据用户反馈意见改善产品的速度，并快速分析以形成对产品研发准确有效的指导。

有了这些能力体系和指标体系的支撑，"快"才能长期有效地实现。

有时候局部的慢才是全局的快

在互联网思维中，快是一项准则，而不是目的。所以，在具体执行时，我们要防止本末倒置，要以"口碑"为先，以核心目标为先，而不是一味追求表面上的、局部的快。

以极致产品和过硬口碑为导向

前面提到了"100 分钟必有回应"原则，其实，小米早年更快，在我们的产品只有少数几款手机业务时，我们执行的标准是在微博上 15 分钟内进行首次答复响应。

现在看起来标准"放松"了很多，为什么会有这样的调整？小米的业务范围比早期广阔了很多，在客服沟通中，相比投诉和反馈问题，咨询使用方式和技巧的比例大幅提升。我们团队希望能够为用户提供更好的沟通服务，更细致完善地帮用户解决问题，同时也避免微博首次响应过快，吸引过多用户在微博反馈导致渠道形成拥挤，反而降低响应之后沟通和解答服务的效率与品质。

在这种情况下，我们会选择慢一点，把包括微博、电话、官方在线、社区等全平台服务的品质做得更好。当然，按照新的沟通服务品质标准，小米的客服团队也一直在努力缩短"100 分钟"标准。

这样的选择，12 年来，小米每每遇见，次次坚定。

2012年时，我们应政府主管部门的要求立项红米手机，目标就是优选国内产业链，做国民手机。当时的国内产业链还不成熟，我们做的第一代产品内部测试体验并不理想，我非常不满意。到这时，我们在这款产品上的研发费用已经投入了4000多万元，开发团队经过讨论，一致同意，之前的4000多万元研发费用就当交学费了，整个项目推倒重来。

所以行业内看到的红米手机第一代，其实是我们研发的第二代，代号是H2。2013年7月31日，红米手机正式发布，震动整个业界，第一代单款产品卖出了4460万台。从那一天起，中国山寨手机业态迅速消亡。

不要用战术上的勤奋掩盖战略上的懒惰

绝不能为了追求快而疏忽重要的战略思考。当公司处于创业初期时，每一个举动都可以很快。但是随着业务的成长和拓展，可供选择的岔口就多了，这时绝不能因为一味图快而含糊、轻率地跨过重要的战略决策点。很多当下看似都对的选择，日后却可能引向截然不同的道路。

在这个问题上小米曾经付出过惨痛的代价。小米前期超高速成长，掩盖了非常多的问题，到2015年年底，问题一下子全部爆发出来。究其原因，小米手机发布3年就赢得中国第一、全球第三的领先位置后，因为对"快"的片面追求，而没能下决心及时对团队进行调整，解决当时已经存在的硬件研发团队管理问题，由此造成了产品规划、交付等系统能力的严重落后，这是我们犯下的最严重、最致命的错误。所幸，小米的补课很快取得效果，从"死亡螺旋"中挣脱了出来，重回高速发展道路。

另一个沉痛的教训是，小米早期忽视了品牌的系统性建设，一些关键决策做得比较轻率。比如，红米手机的命名，在2018年我们进行复盘时，发现这是个极其严重的错误。

小米手机从一开始就定位于旗舰手机，性能参数和用料瞄准全球顶级，虽然是基于BOM定价，但也是国产品牌中最高的。红米的命名，混淆了小米和红米的界限，虽然定义是不同的产品线，但客观上将小米早期的发烧、高端品牌形象拉向了单一的低价标签，造成了品牌认知上的混乱，加上红米系列诞生后3年1.1亿台的巨大销量，事实上混淆了小米品牌的大众认知。

同时，红米还是小米旗下第一个"×米"式的命名，做了一个非常不好的示范。在此之后，小米生态链中大量的公司和产品品牌沿袭了这种命名方式，造成了很多认知上的混乱，严重稀释了小米的品牌势能。

这些错误的本质在于，为了新产品线的高位起步和尽快增长，在没有足够深刻思考的情况下，轻率地选择了直接消耗小米的品牌资产，实际却得不偿失。2019年小米开始对品牌架构进行梳理，红米改为与小米品牌并列的Redmi独立品牌，同时也禁止再使用"×米"命名等无端消耗小米品牌资产的行为。

磨刀不误砍柴工，快与耐心并不冲突，在重大节点方面，还需要有更长远的眼光，宁可慢一些，想明白了再做决策，在战术执行上快的同时，战略上要走得更稳。不稳、不扎实，一定会造成不必要、不理智的急躁，迟早会出问题。所以我认为，"战略积累快不得，战术演进慢不得"，为了更底层的坚定原则和更长远的发展，有时候，有局部的、阶段性的慢，才有全局的快。

第三部分
小米方法论的实践

"专注、极致、口碑、快"是我思考并提出的一套方法论。它是抽象的、概括的，我相信它也是普适的，可以运用在各类商业和非商业的经营及创新活动中。

在这套方法论的指导下，结合在制造行业具体的探索与实践，小米创业历经12年，我们总结出四个关键词，"专注、极致、口碑、快"几乎贯穿每一个关键词始终。

- 技术：技术为本、工程师文化。
- 用户：和用户交朋友，一切以用户为中心。
- 产品：爆品模式，产品是王道。
- 效率：高效率模式，软件、硬件和互联网跨界融合，全链路拉通提效。

在这四个关键词的基础上，我们做了进一步的思考、延展和实践，在很多具体领域中推进了一系列模式的探索。比如在效率模型下，我们在零售领域开展了新零售模式的探索，对小米方法论和小米商业模式进行了实战验证，形成了对小米效率模型的闭环保障。

这四个关键词的集合，就是小米过去、现在及未来所能获得的所有成绩的来源。

第七章
技术为本

小米方法论在实践中面对的第一个命题，就是小米公司的属性，即小米是一家什么样的公司。"小米是一家以手机、智能硬件和 IoT 网络为核心的消费电子和智能制造公司"，这是小米对自身的完整定义。这个定义，决定了小米作为一家科技公司的第一属性，也决定了小米的第一关键词——"技术"。

科技公司的本质属性

小米早年就提出了"铁人三项"，即"硬件、软件、互联网"并举，后来又更新为 2.0 版本，即"硬件、互联网、新零售"（关于"铁人三项"，后文中会进行详细阐释），其中包括研发、产品定义、生产、用户沟通、零售交付等诸多内涵。那么，小米到底是一家什么样的公司？是一家科技公司，还是一家高效率向用户交付科技产品的公司？这两个属性定义之间有着显著的区别。

其实，答案从一开始就特别明晰，小米既是一家研发、生产领先科技产品的公司，又是一家高效率向用户交付科技产品的公司。唯有如此，才能真正实现"铁人三项"；也唯有如此，才能凭借技术实现全链路的高效率。所以，归根结底，小米是一家科技公司。

技术是根本驱动力

什么是科技公司？就是以技术创新为先导，以技术进步为根本驱动，以技术支撑产品和交付以赢得用户的公司。

世界上有很多优秀的公司，不同行业、不同类型的公司的核心驱动力各有不同，有的是基于强大的渠道能力，有的是基于出色的供应资源整合能力，有的是基于内容或创意能力。对科技公司而言，这些能力都非常重要，但最终的长期发展保障还是归于技术。小米是一家科技公司，这就决定了它的安身立命之本和长期发展之源，必须是技术。

技术是关键成长的核心推力

2010年刚诞生时，小米的手机硬件研发团队（主要来自摩托罗拉）就拥有了当时业界堪称一流的技术能力，这也是小米能够快速驾驭高通旗舰芯片全球首发的原因。从创业之初，小米就在美国圣迭戈派驻团队跟高通总部研发团队进行联调开发。

同时，来自微软、谷歌、金山的团队形成了业界一流的互联网和软件能力，MIUI的体验产生了巨大的标杆引领作用，甚至其中的不少交互体验创新和底层机制创新（如强力控制App间"链式互相唤醒"的"对齐唤醒"机制）被安卓原生系统吸收采纳。

这些技术创新让小米的第一代手机产品立刻赢得了数码发烧友的青睐，极大地鼓舞了国产手机品牌与国外品牌正面竞争的信心。

事实上，从2012年开始，5G Wi-Fi、Wi-Fi 6、NFC的应用及公交卡、门禁卡、银行卡等应用生态建立，Type-C接口应用，高精度双频GPS，安卓领域的结构光人脸识别技术及应用，大功率高速快充（包括有线快充、无线快充及无线反向充电），以及GaN技术在充电技术领域的应用等众多用户高度关注的体验功能背后的技术研发和应用，小米都是主要推动者。

在工艺领域，小米率先研发、启用并积累了不锈钢、曲面玻璃、全陶瓷机身等工艺技术。

在手机形态领域，小米MIX率先开创"全面屏"，并构建了由屏幕、声学、小型化摄像头和机身工艺等构成的完整的技术体系，指明了当代智能手机的发展方向，并在屏下摄像头等众多演进技术中率先研发出代际领先的方案。

在交互形态领域，小米更是率先在人工智能语音应用的整体体系方面提供了从智能音箱、手机、平板、个人计算机到电视等跨终端的完整体验，带动了一系列设备及服务应用的体验进步和快速普及。

在小米历次重大成长跃进背后，技术研发都是最为关键的驱动力。比如，小米第一代、第二代手机的巨大成功，源自对发烧性能旗舰的实现；小米4的成功，源自对不锈钢工艺的率先探索，以及手机与手环等IoT设备互联交互技术的领先；小米5、小米6的口碑二次起飞，源自屏幕、影像和陶瓷、亮银等机身工艺的加持；小米MIX彻底重新激活小米，源自全面屏技术体系+陶瓷机身工艺石破天惊的创新；小米10开始的高端化进程，让小米取得了目前国产高端手机市场领先优势，则源自影像、屏幕、充电、电池、通信优化、材质工艺、声学等全方位的技术研发进步。

坚定持续加大投入

时至今日，基于庞大的业务布局，小米已经建立起一个覆盖极广、跨度极大、深度极深的技术体系。其中，最基础、最关键、技术密度最大的有五大板块。

第一个板块是硬件及驱动板块。小米手机等产品中应用的相机技术、显示与触控技术，以及领先业界的快速充电技术、无线充电技术等，都属于此类。小米还在芯片领域进行战略布局，发布了两款自研芯片——影像芯片澎湃C1和充电芯片澎湃P1，实现了芯片在高端手机上的量产交付。未来在芯片布局方面小米还将加大力度。此外，小米还在底层系统软件（BSP）优化方面大力布局，做到将强大的芯片做出业界最好的调校，优化CPU、GPU等的性能及功耗的核心体验。

第二个板块是系统及基础软件。小米成立之初的第一款产品是MIUI，也就是深度定制的安卓系统。小米从成立到今天，已经建立了数千人的操作系统深度定制和开发团队，在操作系统方面有很深入的研究。在2020年小米开发者大会上，小米发布了Xiaomi Vela物联网嵌入式软件平台，在开源和物联网操作系统方面迈出很大的一步。小米还将操作系统提升到应用开发框架的层面，由小米牵头完成的移动应用开发框架快应用已经被业界广泛认同，目前国内的主流终端厂商都是快应用联盟的成员。

第三个板块是通信技术。小米在信息通信技术方面很早就开始布局核心技术的研发。在蜂窝网络通信方面，小米目前有专门的5G/6G标准化团队，负责3GPP主流蜂窝网络技术的预研工作；此外，在Wi-Fi和蓝牙技术等局域网通信技术方面，小米也做了大量的技术和产品的研发。小米是第一个在中国市场推出Wi-Fi 6路由器的厂家，目前在小米的产品体系中已大量布局Wi-Fi mesh和蓝牙mesh等先进局域网技术。

第四个板块是人工智能。在人工智能领域中，小米在声学、语音、计算机视觉、自然语言处理、深度学习、知识图谱等领域都具备很强的自研能力。以小米智能生活助手"小爱同学"为例。小爱同学是一个集声学、语音、自然语言处理（NLP）、搜索推荐、知识图谱等人工智能技术为一体的综合应用场景，覆盖了手机、音箱、电视等多种硬件，做到了端到端技术的全部自研。

第五个板块是设计。设计也是一个纵观所有领域的技术板块。小米在结构设计、外观工艺和工业设计，以及交互设计领域建立了强大的团队，并在业内开了众多新工艺、新设计、新交互技术和应用的先河。

在小米广阔的技术布局版图中，深度的底层技术创新正在不断涌现。这一点从2020年开始的小米"百万美金技术大奖"的获奖名单中就可以看出来。

2020年年初第一届大奖的获奖项目，是全球第一款环绕屏手机MIX Alpha。这款手机以环绕机身360度的显示屏幕，提供了无与伦比的视觉震撼。在这样的震撼背后，是七大项业内首创技术和近百项专利。其中最为关键的技术类别有三项：屏幕固曲分层贴合技术、5G高整合度LCP天线方案、环绕屏软件解决方案，这三项技术都为业内首创。尤其是小米自主研发的屏幕贴合技术，被认为是决定整个项目生死的关键。研发团队创造性地把屏幕结构拆分到可能的最小单元，然后把各层分别按照前所未有的曲面形态进行贴合，降低屏体内的残余应力，从而获得了震撼、空前的环绕视野。

MIX Alpha 可以被看作跳出正面屏占比的一次大胆尝试，其研发团队囊括了架构、屏幕、天线、系统框架、触控指纹等压感技术、结构设计等技术专业，要解决的问题几乎没有任何经验参考。MIX Alpha 探索了显示、结构、天线设计等技术的极限，同时也回答了行业内的一个问题：屏占比的终极是什么？不是将屏幕做大，而是折叠。尽管由于形态太过超前，量产难度过大，MIX Alpha 最终没有大规模量产，但小米研发团队仍然将"环绕屏"作为长期探索的方向之一，孜孜不倦地追求技术与交互的最优解。

2021 年年初，第二届技术大奖评选到最后，两个团队的成果不分上下。于是我就支持小米集团技术委员会的决定，给两个团队各发 100 万美元大奖。

其中一个项目是 MIUI 隐私保护项目。2020 年的年初与年末接连发布的 MIUI 12 和 MIUI 12.5，用激进的隐私保护措施引发了行业内外不小的震动。2020 年 4 月，率先登场的 MIUI 12 推出了隐私保护三叉戟：照明弹记录系统所有事件并通知用户应用的敏感行为，把知情权交给用户；拦截网和隐匿面具则把选择权和管理权交给了用户，让用户对应用的权限管理更加有力。MIUI 12 的隐私保护功能一经上线，就受到了行业的高度关注，引发了全行业对隐私保护的讨论。这种将系统中隐藏的隐私权限毫无保留地展现给用户的坦诚，不仅收获了用户的好评，还在全球范围内获得了一系列权威隐私认证，开了业内先河。同年 12 月发布的 MIUI 12.5 将隐私保护再次向前推进了一大步，其中包括全球首个基于差分隐私的融合模糊定位和安卓系统首个默认开启的隐私隔离沙盒，将敏感隐私信息独立隔离，以有效保护照片和社交信息。

另一个项目是业内首发的 120W 有线秒充技术。这项技术在硬件架构上至少实现了 5 项行业首次：首创 120W 有线充电 +50W 无线充电 +10W 无线反充的三重快充架构；首个 4∶2 直充架构，采用自主定制充电芯片；首创蝶式双电芯结构电池；首个 6C 高性能石墨烯电芯体系；首个量产的高性能 120W 充电器。这项技术不只在硬件上取得突破，在充电算法上也实现了突破。小米秒充团队在行业内首创充电仿真评估方法，可以提前预估 120W 充电性能，并针对瓶颈问题优化设计。最终，120W 有线秒充技术成为 2020 年最受用户认可的小米硬核技术之一。现在，这条技术路径已经迅速进化到行业首发的 120W 单电芯秒充技术和 200W 有线充电技术。目前，小米申请的充电技术全球专利已经超过 1400 项。

2022 年年初的第三届大奖更是让我惊喜，这一年的大奖得主是 CyberDog 四足仿生机器人团队，9 人核心团队中有两位 2020 年校招的应届毕业生，而且这两位年轻的工程师在团队中扮演了核心贡献者的角色。作为一个全新的探索性项目，我们的四足机器人是采用相对成熟稳定的 ROS 系统，还是激进地选择更新但成熟度低、工作量更大的 ROS 2 系统？在项目初期，团队均认可 ROS 2 的技术优势，但是考虑到项目的开发进度与工作量，对是否使用 ROS 2 有争议。正是年轻的工程师在工作群中撰写了超过 3000 字的长文，从技术角度论证并说服团队坚定地采用 ROS 2 系统，并担纲起研发主力角色，进行了大量的创新开发工作，奠定了这个项目技术架构的先进性和可扩展性。

这个项目并不是公司根据业务需求规划出来的，而是工程师们凭借对技术的追求和对酷产品的向往，自发组织、自主立项做出来的，凭借极小的团队，用一年多时间就做出了世界范围内堪称先进的四足仿生机器人产品，赢得了业内和发烧友群体的广泛赞誉。同时，其中的视觉追踪技术还应用在了手机核心产品上，成为小米 12 系列广受用户好评的计算摄影新技术"万物追焦"功能。在这个项目上，小米申请了超过 100 项全球专利。

这样的技术创新近年来在小米正呈现井喷的趋势，小米在五大技术板块积累起了可观的专利体系，全球专利授权数超过了 2.5 万件，另外有 2 万多件专利申请正在审查阶段。2019—2021 年，小米连续 3 年进入"德温特全球创新百强"榜单。2021 年度，小米进入 PCT 国际专利申请量全球前 50 和欧洲专利申请量全球前 30。

这些积累来自小米不断加大的研发投入和小米研发团队的持续努力。我自己就是工程师出身，小米的 8 位联合创始人中，6 位是工程师，2 位是工业设计师，全部都是研发背景。小米如今的管理团队和研发团队都有着极强的研发经验和对技术的热诚。小米自诞生以来，一直坚决地持续加大研发投入。作为一家成立仅12年的公司，小米的研发投入超过了几乎所有科技巨头公司同时期水平。2021年，小米研发投入132亿元，位列所有中国科技企业研发投入前20（据2020年12月17日欧盟委员会发布的2020年欧盟工业研发投入记分牌），同比增长42.3%，近6年复合年增长率超过了40%。为了给工程师提供最优良的工作环境，我们在4个国家的10个城市建立了研发中心，目前使用和在建的实验室有430多间。其中，在小米科技园就有128间实验室，建筑面积达1.2万平方米。这些实验室拥有最先进的设备，涵盖了几十个学科领域的实验能力。

2021年年底，我们再度更新研发投入计划：未来5年，我们的研发投入将超过1000亿元。同时，小米的研发团队也在不断壮大，2021年，小米研发团队规模约1.5万人，占员工总数的44%。

对科技公司而言，技术之所以如此重要，是因为深入地理解、掌握技术，不仅是当下出色性能、优秀体验的核心基础，更是持续优化性能与体验、交付杰出产品及服务，以及持续洞见未来技术、产业发展方向并保持领先的关键保障。

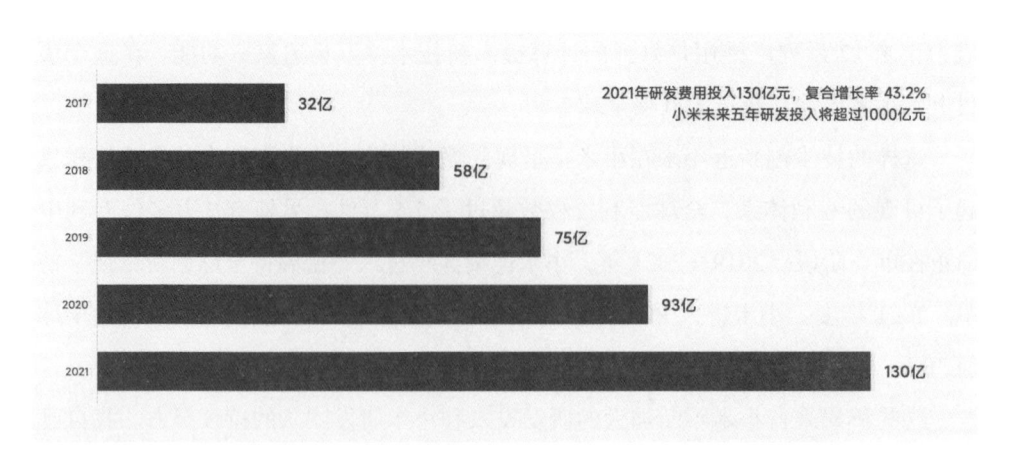

年份	研发费用
2017	32亿
2018	58亿
2019	75亿
2020	93亿
2021	130亿

2021年研发费用投入130亿元，复合增长率43.2%
小米未来五年研发投入将超过1000亿元

小米的研发费用保持大幅增长

小米稳定性实验室内部

我们大致可以把技术创新分成三类：

- 集成式技术创新：通过把各个已有的技术单项有机地组合起来、融会贯通，集成一种新产品或新的工艺生产方式。
- 自主技术创新：拥有自主知识产权的独特的核心技术，在此基础上实现新产品的价值。
- 面向未来的颠覆式技术创新：颠覆式技术创新需要前两者的高水平实现和底层核心技术的强大自研能力，门槛高，未来价值更大。

与技术创新对应的，是产品与技术之间的相互作用关系。一种关系是产品驱动技术，就是产品有需求，技术给出解决方案。这时候可以集成第三方或自研的技术方案，以形成完整的产品需求解决方案。如果在相应领域内，自研技术积累还不够，那么在受约束的时间内往往以集成第三方技术的集成式技术创新为主。

而另一种关系则是产品和技术互相驱动,因为技术更新速度非常快,通过技术反过来推动需求也成为一种趋势。特别是,当自研技术得到充分积累之后,这些充分积累的技术反过来推动产品立项,从自主研发技术创新跃进到面向未来的颠覆式技术创新。

小米的技术体系发展就是从集成式技术创新起步,很快进入自主式技术创新,并持续深入底层核心颠覆式的技术创新。只有真正理解技术、掌握技术,建立持续深化演进的技术体系,才能提供性能和体验出众的产品和服务。

吃透、主导关键技术环节

技术实现至关重要,而技术实现背后的理解和把握,则更加重要。这也是"科技公司"与"交付科技产品的公司"最本质的不同:技术实现,不是合作伙伴那里有什么就拿什么,给什么就用什么,缝补拼贴将就着用;而是真正有思考、有积累,知道自己要什么,知道怎么实现要的结果,并且通过自己的能力要么独立实现,要么主导牵引合作伙伴一起去实现,并能提供独特的、性能体验的最优解。

从业态看,小米是一家以面向终端消费者提供产品和服务为主的公司,要实现产品交付有很多种方法,如整合供应链资源、外包研发方案等等,但如果小米要建立自己的技术能力,并不断拿出颠覆性创新成果,就必须实现对关键技术环节的掌握和主导。

近年来,大众对技术的构建和使用存在一种刻板的印象,即依据是否自产关键零组件来判断是否有技术含量。实际上,无论是像三星这样的"垂直整合"模式——几乎所有元器件都是自产的,还是像苹果这样深度整合全球供应链,都无碍于对技术的理解和掌控,从而交付出令人赞叹的体验。

所以,是否大量自产零组件并非关键,自身技术构建的体系性、对关键技术环节的把控力才是关键。把控力的体现,就是关键技术要么有领先同业的自研能力,要么和合作伙伴有超越同业的深度合作,并有足够的把控力和牵引力,本质上都是吃透关键技术领域,对技术方向、设计方案、关键技术细节、制造方案有足够的主导性。

关键赛道的重点突破

技术版图辽阔，就更要集中力量重点突破。在关键赛道持续投入，集中攻关，形成足够的持续压强，就有机会实现快速突破成长。

其中最典型的例子是影像战略。小米早期优先追求绝对性能，随后是工艺，对影像领域重视程度不足。从 2016 年发布小米 5 起，小米开始注重影像体验，从率先使用 4 轴防抖开始重点投入影像赛道。当年，我接手手机部之后，设立了核心器件部，相机、屏幕是其中最关键的团队。小米 6 又在"光学变焦的人像拍摄"方面取得了关键突破，赢得了出色的口碑。

随后，我们将相机团队从核心器件部中独立出来，成立了相机部，并持续投入大量的资源，早期只有一位工程师负责相机调教，现在小米相机部研发团队已有约 2000 人，研发中心遍布全球 10 个城市，在光学设计、镜头模组开发、色彩影调调校、计算摄影算法等多个领域重点攻关。在拥有先进、完整的技术体系的同时，小米相机部联合三星、索尼等上游合作伙伴，使用我们的技术，按照我们的设计方案和指标，以及调校方法和标准，联合研发、调教定制元器件和相机系统，短短数年就取得了重大突破，在人像拍摄、夜景拍摄、极速抓拍等最受关注的场景中提供了杰出的体验。

从 2018 年开始，在专业相机评测机构 DXOMARK 的榜单上，小米持续位居前列，2021 年有超过三分之一的时间占据榜首。我们对移动摄影的深刻理解，以及积累的技术能力与经验，还吸引影像领域百年传奇品牌徕卡主动伸来合作橄榄枝。2022 年 5 月，双方正式宣布达成影像战略合作协议；2022 年 7 月，双方推出了联合研制的首款作品 Xiaomi 12S Ultra，被认为是第一次让专业徕卡色彩影调来到了手机上，为移动摄影开启了全新的时代。

在这些努力的基础之上，小米宣布影像战略升级，将影像作为小米"从性能领先到体验优先"的战略变革的关键高地，小米相机部也据此制订了 5 年影像战略规划，基于系统的影像技术布局提出了"超越人眼、感知人心"的核心理念，以及两大未来手机影像技术演进方向。

一是"超维融合光学",就是在原先小米优良的光学体系下,将每一帧镜头无限趋近极致的光学标准,在此基础上建立融合光学架构,将光学维度扩充为空间、时间、光影三大维度并"无感融合":从平面增加像场空间深度信息,扩充为空间融合光学;从普通单帧/多帧画面采集,增加"全新动态视觉采集",实现每秒上万帧的运动采集能力,扩充为时间融合光学;从普通环境光采集,增加16通道多光谱采集,扩充为光影融合光学。

二是"仿生色彩引擎",即基于小米此前的色彩影调体系,拟合人类感知,通过复合传感器检测+采集,实现超越人眼的色彩空间映射,以及海量机器学习实现人脑感知的色貌还原。仿生人眼采集+仿生人脑处理,最终真正实现人脑想要"看"到的颜色,以此得到人类感知的"真实"。

形成强大的自研技术体系,并据此形成独特的技术理念和对未来演进方向的研判,构建创新的技术池,以此主导、牵引我们跟技术伙伴的联合研制合作,这不再是简单的技术"拿来主义"拼贴构成的黑箱,而是基于完整思考和创新的技术体系掌握。

屏幕显示团队也是一样,我们从小米9开始,在业内率先启用了"原色屏",就是凭借自身的技术积累和对关键显示技术的把控,投入重金,跟优秀的上游供应商一起,根据我们提供的技术方案及相关指标体系,联合研发定制极高色准、能极致还原真实色彩的屏幕,再对每一块屏幕进行校准,将 Delta E 值控制到小于1(这个值越小越好)的水平,达到了专业显示屏幕的顶级水准。

和相机、屏幕类似的领域,还包括充电技术体系、声学技术等。在这些领域中,小米凭借对技术的深刻理解和掌握,迅速建立起厚实庞大的自研体系,并持续赢得一系列关键突破和长足进步,为小米产品体验的显著提升提供了强有力的核心支撑。

基于自身技术体系的长期积累和研判,预见新世代技术浪潮即将涌来,也是选择关键技术赛道并迅速投入的核心决策依据。以小米 AI 实验室为例,2016 年左右,基于对 AI 技术的理解和判断,小米迅速集中兵力投入 AI 赛道。作为小米 AI 技术的"试验田"和"弹药库"，小米 AI 实验室目前拥有计算机视觉、声学、语音、自然语言处理、知识图谱、机器学习等 6 个研究方向的团队，近年来自研的一系列 AI 技术达到了业内一流或领先水平，并且已经广泛应用到小米的手机、AIoT、新零售、互联网等业务和产品中。据不完全统计，近 3 年来，小米 AI 实验室面向小米全集团业务交付的算法和功能超过 1000 项。在大量交付的同时，实验室也不断地预研迭代，提高自己的技术水平。除了在 ACL、SIGIR、INTERSPEECH、AAAI 等著名技术会议上发表数十篇学术论文外，实验室还在国内外权威技术竞赛中获得 16 项冠军，展现出很强的技术能力，申请专利 400 多项。2021 年度，小米 AI 实验室入选《麻省理工科技评论》中国人工智能创新研究院榜单。

小米在 AI 等方面的大力投入和广泛落地，也给公司带来了一系列荣誉。2019 年，小米入选科技部智能家居国家新一代人工智能开放创新平台。2020 年，小米获批国家博士后科研工作站。

这些集中压强、重点突破的赛道，在小米整体技术体系的构建和完善中，很快发挥出强大的支撑牵引作用。所以，在做技术等体系规划建设时，相比全面推进，不妨先分析权重，寻找支点，这样往往能撬动更高的效率。

志存高远，不好高骛远；脚踏实地，不忘仰望星空

关于研发，很多人认为团队越大越好，目标越高越好，投入越多越好，进展越快越好。但在实际执行中并不一定如此，这里面有三个关键因素需要考量：

- 技术发展和研发积累的客观规律。
- 与公司当下战略推进步调和资源合理分配的匹配程度。
- 长期演进的整体技术体系构建需求。

举个例子，关于芯片，小米早年就曾犯过错误。2014 年，小米开始了造芯的努力。我们从小米手机硬件研发团队中派出了一支小分队，组建了松果公司。

最初只有不到20个人，一开始就瞄准芯片领域的顶端——以 CPU 为核心的手机 SoC。经过3年多的努力，投入约10亿元人民币，团队建制达到了200多人，终于拿出了第一款芯片澎湃 S1，小米由此成为全球仅有的4家能造芯的终端手机品牌之一（在此之前有苹果、三星和华为），公司上下都兴奋不已。2017年年初，我们正式发布了这款产品，搭载在一款特别机型小米 5C 上。但随后，芯片业务进展不顺，开始陷入僵局，第二代产品 S2 迟迟没有发布，最终松果公司进行改组，分拆出一家独立新公司，业务转向了 IoT 芯片。

这是个令人遗憾的结果，让很多人，包括忠实的米粉、用户不解，也让我们承受了很大的压力。并非小米对芯片业务三心二意，缺乏持续投入的定力，而是因为我们对芯片业务理解不够深刻，错误估计了业务的难度，选择了错误的前进路径。

小米没有放弃芯片业务，只是改换了方式，从 ISP 自研影像芯片和自研充电芯片等领域做起，让团队不断练手、积累经验，与小米集团关键技术环节的技术能力建设相匹配，同步前进，以战养战，脚踏实地又架构严整、目标明晰地前进。在自研芯片的加持下，小米在影像、充电等领域的技术积累迅速提升，交付的体验也持续大幅跳升，赢得了用户的赞许。比如2021年发布的澎湃 C1 芯片，提供了强大、稳定的图像处理能力，配合自研的图像处理算法，能够在黑暗场景中提供更快、更精准的对焦性能，以及更精准的白平衡算法，精准还原复杂环境光环境。此外，随着自研芯片供给规模的提升，相关业务的成本也得到了有效的优化，形成了有效的良性互动。未来，大家会看到澎湃芯片家族更加全面而强大的阵容。

为保障技术研发目标明确、步调稳健、路径清晰合理，小米集团技术委员会设定了研发工作的不同层次：

- 面向当前产品的研发：以按时高质量交付为目标。
- 面向1~3年后产品的预研：以先进性为目标，打造下一代产品的差异化竞争能力。

- 面向 3~5 年及以后的预研：以极度创新性甚至颠覆性自研为目标，为集团建立未来竞争优势。

在分层次研发之外，小米不断对研发体系进行梳理进化，在前面提到的五大板块的基础上，小米正在推进整合构建更具一体性的集团整体技术架构。

小米技术架构

- 感知层：光学技术体系、声学识别、毫米波雷达技术和各类传感器技术等。
- 通信层：5G/6G 通信技术、Wi-Fi 6、Mesh 蓝牙、NFC 等及基于以上通信技术的互联互通通信协议。
- AI 层：小米大脑，形成统一的 AI 能力架构，为各业务在各场景下的 AI 算法、算力需求提供支撑。
- 系统层：手机、IoT 设备、智能座舱与智能家庭的系统融合及与云技术的紧密融合。
- 计算层：芯片集群，包括我们的合作伙伴提供的芯片和自研芯片的技术能力。
- 输出层：屏幕显示技术、声学技术、机械臂等自动控制技术。

通过构建这一体系架构，我们把原先散布在全集团各业务板块中的研发项目和研发资源整合在了统一的框架下，形成了一个完整而有持续协同演进能力的整体，并能为全集团业务在全场景中的需求所调用，大大提升了研发效率。比如，人形机器人上的光学感知技术可以复用到相机抓拍功能和汽车业务的场景感知，四足机器人（CyberDog，花名：铁蛋）中的机械臂技术也可以用在扫地机上。而这一切不断进化的技术能力，都可以被我们科技生态中的合作伙伴和用户共享。

更重要的是，基于此，我们将推动小米科技生态的升级进化，不再只是实现"万物互联"，而是推动"以人为中心，实现人与万物的连接"。科技的终极形态是形成一个完整的、懂人性的技术拟生命体，而基于我们今天正在推动构建的技术框架，就是它的骨架轮廓。在这个科技生态框架中，我们的用户可以用任一交互方式，通过任一终端入口，与它进行沟通，接受它调用所有能力提供的服务。这也就要求我们未来的技术研发框架，要为未来科技生活的场景而思考，为潜在的新兴细节体验而思考，为"连接人与万物"实现的长期演进而思考。

当然，这将是一个长期持续的积累过程。更何况，我们还有很多当下的问题需要解决。长期以来，人们对小米一直有着极高的期望，但小米到今天才只有12岁，我们还处在技术积累的初期，相比科技领域最顶尖的公司，我们的技术体系能力差距还非常大，技术积累还相对薄弱。我们要补的课很多，要走的路也还很长，但相比所有了不起的科技公司同样12岁时的基础，小米的成绩充分证明了自己的学习能力和创新潜力。我相信，只要小米一如既往地持续加大研发投入，小米的研发团队持续保持对技术的狂热追求，小米的技术理想就一定能实现。

工程师文化就是鼓励创新

自从2011年小米发布第一款手机至今，我讲了11年的发布会。2020年有一次跟米粉交流时，我问他们，在发布会上我讲过的话中，大家印象最深的是什么？不少米粉说，除了直接讲产品的内容，印象最深的是2017年我在小米6发布会上讲的一段话。

（为什么我们要去做小米6亮银探索版这样难又没有经济回报的产品？）

因为我们是工程师。小米在8年前，就是由一群工程师创办的。我们一直渴望做出极致的作品，与众不同的作品，伟大的作品。要达成这样的目标，我们一定要不怕困难，不畏艰难险阻，执着前行。在整个探索的过程中，不是鲜花，不是掌声，全部是汗水，全部是辛苦。只有你抵达成功的那一刻，你才可以享受来自消费者的掌声。那么，我们为什么做呢？因为我们是工程师。工程师是一群什么样的人？他们看起来很闷，他们不善言辞，就像我一样。但是我们的内心，非常的狂热。探索技术的时候，我们是苦行僧；打磨工艺的时候，我们是受虐狂；谈到体验的时候，我们吹毛求疵；做产品的时候，就野心勃勃。我相信，就是这样的野心勃勃，就是这样的勇气，才会有可能拿出一个又一个的好产品。如果没有这样的勇气，连试都不去试一下，你没有可能做出好产品。

这段话是我的真情流露。对任何一家科技公司而言，最宝贵的资产永远都是人才，是杰出的工程师团队。小米模式中真正的中坚力量就是工程师团队，再了不起的公司、再了不起的爆品，也都是出自这些工程师之手。也只有一群特别纯粹、特别有探索精神的工程师，才能保证一家公司的初心：一心一意地锤炼技术，不断打磨出更酷的产品交付给用户。

所谓"技术为本"，所谓"一切以团队为实现基础"，核心就是要发扬工程师文化，塑造一家科技公司的灵魂：信仰技术、追求技术，尊重技术的探索者、实现者——工程师群体，并持续加大投入，为工程师们创造最好的条件，支持他们最疯狂的想法，这样才能保证技术持续的厚积薄发。

来自金山的源流：程序员是老大

从大学到现在，我经历了三次创业，身份不断变换，但我最喜欢的还是工程师。

我小的时候是个动手能力很强的小孩，特别喜欢拆装收音机、电视机。小时候我培养了对无线电的兴趣，大学时还亲手焊过几块电路板。让我没想到的是，我这项技能在小米还派上了用场。我们在讨论小米2的产品设计时，硬件团队和ID（工业设计）团队就堆叠问题争执不下，我说"别吵了"，我现场给大家画堆叠方案。

我相信，在一家真正的科技公司里，工程师理应拥有崇高的地位。在小米早期最为知名的工程师言论，就是 MIUI 的工程团队负责人孙鹏说的"MIUI 能不能发版，雷总说了不算，我说了算"。事实也的确如此。工程师是产品的实现者，对于产品，他们最有话语权，观点也最纯粹。重视工程师，尊重工程师，用工程思维来指导公司的工作，才是不断实现创新的保障。

这样的想法，源头可以追溯到我早年在金山受到的熏陶。

大学里我学习了计算机，对于程序的世界无比着迷。我曾经写过一篇《程序人生》，表白我独爱编程，程序员的工作我愿意一直干下去。毕业后我加入了金山，更加热爱这个职业了。

那时求伯君是全中国程序员的偶像，我应他的邀请加入金山，成为第 6 名员工。作为工程师，我在金山度过了一段很难忘的岁月。在金山期间，我们把技术立业确定为核心战略，上市前的金山拥有 1000 人的技术团队，占全员的 60% 以上，直到现在，金山的工程师人数占比还保持在惊人的 65% 以上。金山的创始团队全是程序员，因此拥有浓厚的程序员文化，程序员在金山广受尊重、地位极高，金山有一句话流传至今："程序员是老大"，大多数人都愿意做程序员而不是做部门经理。像我这样走上管理岗的，在同事们看来属于"误入歧途"。这样的文化尊重技术、尊重人才，培养了一代又一代杰出的工程师，也造就了一款又一款好作品。

这种文化深深地影响了我，所以在创办小米时，我的计划就是高举"技术为本"的大旗，打造一家以工程师文化为主导的公司。

相信工程师，放手让工程师干

1912 年，经济学家约翰·熊彼特率先提出了"创新理论"，并且把创新定义为"创造性的破坏过程"。从那时起，创新就被视为经济发展的第一推动力。在科技迅猛发展的今天，创新对于一家企业就显得更加重要了。

我研究了一下，发现只有两件事叫创新：一是做别人没有做过的事情，二是做别人做过了但没有做成的事情。这样的事情肯定不好做，99% 的结果是失败。

我们用什么来保证创新呢？还是要依靠工程师们持续的探索尝试。鲁迅先生说："在未有天才之前，须有培养天才的土壤。"天才和创新一样都是小概率事件，天才需要土壤，创新需要氛围，这个氛围就是要能包容失败、包容错误。我们要有这样一种文化，即不以成败论英雄，支持每一个疯狂的想法，尊重每一个探索未知的勇士。工程师文化，就是鼓励创新的文化。

包容失败、包容错误，不以成败论英雄，实践起来并没有那么容易，这需要付出真金白银的代价。没有一支对技术有着超强向往的团队，没有对工程师文化的强烈追求，很难办到。

2014年，我们的手机业务刚刚登顶中国第一，全球第三，正是小米最辉煌的时候。我们的工程师在讨论什么呢？2014年年初小米的几个工程师闲聊："未来的手机是什么样的？"经过反复讨论，大家得出了一致结论：手机正面全是屏幕。这个想法在当时可谓石破天惊。

当他们带着这个想法找到我时，我也非常兴奋，同意直接立项：这是了不起的想法，尽管去干，不要考虑时间，不要考虑投入，更不要考虑量产，你们想怎么干就怎么干，几年做不成也没关系，直到做出来为止。

这一干就是三年，中间恰好遭遇了小米最困难的两年，但项目没有动摇。2016年小米MIX发布，震撼全球，全面屏时代由小米拉开帷幕。世界三大设计博物馆也收藏了小米MIX。芬兰国家设计博物馆馆长评价说："小米MIX指明了未来智能手机的发展方向。"

从商业角度看，MIX的发布给了市场、用户、业界和公司团队巨大的信心，吹响了小米从下滑谷底逆转的第一声号角。

不仅仅是MIX，小米内部大量的技术创新都不是规划出来的，大量让人激动的研发项目都不是作为工作指令委派下来的，而是工程师们凭着热爱和探索的激情，在日常工作之外脑力激荡出来的。

2020年深秋一个周日的晚上10点半，我开完一个会，在小米园区看到了一位同事。他坐在户外的桌子前，架着一台手机，正对着一台电脑在调试代码。当时已是10月底，夜里已经很冷了。我问他在做什么，他说，他是相机部的工程师，正在调试优化夜景模式。我问他叫什么名字，他跟我说，这重要吗？当时我真的被感动了。他的工作内容，就是后来获得巨大口碑的小米新一代"超级夜景"中的关键支撑"夜枭算法"。

小米的文化氛围，吸引了越来越多优秀的年轻工程师加入，并让他们在这里找到了一种如鱼得水的归属感，迸发出很多闪亮的创新想法。

小米 MIX 4 搭载了 120W 快充功能，仅用 15 分钟就能充满，而且充电时发热量显著降低，赢得了用户的一片赞誉。这个项目的研发主管给我介绍了一位年轻工程师做出的贡献，让我印象特别深刻。

这位 2020 年毕业的年轻工程师，当年 7 月加入公司后，参与了小米 10 至尊纪念版充电模块的最终调校工作。这款产品发布后大获成功，业内首发的 120W 快充技术尤为引人注目。在前往项目庆功宴的路上，司机师傅跟这位工程师说，你是小米的？小米充电挺快的，就是充电时经常发烫，感觉不太安全。这时，他的内心就有一团火升腾起来，想要找出同时满足充电快和温控的方法，让所有人都认可小米的充电技术。

在接下来的几个星期里，这位年轻的工程师在业余时间自行做了大量的调研，最终得出结论：关于充电温控策略，手机行业既有的技术路线和经验已经无法应对当前高速充电场景下的新需求，必须摒弃传统控制方案，进行全面创新。他另辟蹊径地想到把原先用在工控领域的 PID 控制算法引入手机快充技术中。PID 算法的好处是不仅能实现对温度的分档控制，还能实现自动调节。

新技术思路有了，但算法还要重新开发。经过两个多月在日常工作量之外的独自研究，他形成了一个基本算法思路，初步验证了可行性。他还说服自己团队内的技术导师和另外一位同样是应届毕业的工程师伙伴一起推进开发，最终落地了一套自主开发的新算法。当年 11 月，推动部门正式确认了开发立项，开始注入工程资源。在技术落地过程中，工程师们相继解决了多场景充电和非标充电器兼容等多个问题，并结合多档充电的理念，采用新充电技术实现了双档充电。双档充电是指有恒温充电和极速充电两种模式，用户可以根据自己的需求进行自主选择。随后该技术又被确定将搭载在高端旗舰小米 MIX 4 上，成为第二代 120W

快充的核心改进点，让充电温控更加灵活，用户再也不会有烫手的不安全感了。这项技术最终赢得了消费者的巨大口碑，在净推荐值调研中，充电体验得分同行一般在 50~60 分，而小米的 MIX 4 第二代 120W 快充体验得了 90 以上的惊人高分。这个项目也斩获了当年小米最高技术奖项"百万美金技术大奖"的二等奖。

"老板要求做"和"我自己主动要做"，二者的创造能量有着天壤之别。只有自驱动、自组织这样的自发创新文化和探索氛围建立起来、传承下去，工程师们的创新动力和技术才华才能真正得到激发。

所以，不妨充分相信你的工程团队，给他们足够的空间，他们一定会给你意想不到的回报。

投资工程师就是投资公司的未来

2019 年 4 月，小米正式成立了集团技术委员会。集团技术委员会的任务就是梳理全集团的技术资源和技术路线，统筹研发工作，以及最重要的——营造更好的工程技术氛围、培养工程师，让工程师团队既有获得感，更有成就感。

为此，我们在内部设立了"百万美金技术大奖"，每年评定并重奖做出技术贡献的工程师和团队。2020 年年初评出第一届，9 位工程师分享了 100 万美元的股票；而到了 2021 年年初，第二届评选到最后，两个团队的成果不分轩轾，于是技术委员会决定，给两个团队各发 100 万美元大奖。

每届"百万美金技术大奖"的颁奖仪式都按照公司内的最高规格举办。不要只让工程师做幕后英雄，应该让每一位工程师都成为耀眼的明星。

物质上的奖励只是一个小的侧面，更重要的是要创造各种条件，让工程师们放开手脚，大干一场。持续加大的研发投入和实验室建设，正是为了给工程师们提供更好的支持。

除了研发投入，我们还加大了人才的引进力度。2021 年，小米计划招聘 5000 名工程师，这一数字几乎是小米当时员工总数的五分之一。2022 年，小米将继续招募约 5000 名优秀的年轻工程师，继续强化小米的工程师团队。

其实，投资工程师就是投资公司的未来。在薪资之外，工程师最在意的就是可以作为的空间。小米现在花大量的精力在内部举办各种培训和竞赛，鼓励工程师转岗尝试各种新技术领域，每年在预研方面投入数十亿元，就是为了让工程师更好地成长，让他们有足够的空间大展拳脚。甚至，对工程师们怀着技术造福社会的朴素情怀，志愿投入的各类公益类项目，如视障人群的无障碍应用、地震预警系统等，我们都愿意持续投入，并在业内率先树立了相应领域的产品技术和体验标杆。

工程师越成长、越快乐，涌现出的创新才越多，公司的未来才越明亮。

工程思维不是"工程师专属"

重视技术、重视工程师文化，除了可以在研发成果和体系方面有持续收获，还会给整个公司带来额外的巨大收益。

很多人可能也注意到了，今天，不仅是小米，很多科技公司都在强调工程师的重要作用。与传统的商业巨头不同，快速崛起并持久保持领先的互联网科技公司的创始人大多是工程师出身。拉里·佩奇、埃隆·马斯克等都是工程师出身，并且醉心于用技术改变世界。在国内，网易、百度、腾讯、美团、字节跳动等，也全部是由工程师创办的企业。

这不仅仅是因为这些创始人直接从自己的开发工作开始创业。我相信，今天的商业成功，不仅有赖于工程师所创造的技术成果，还要仰仗工程师所具备的工程思维。

什么是工程思维？工程思维又叫工程学思维，学术定义很复杂，我们可以简单理解为：创造性地运用科学原理，系统化地解决各种问题。这也是相比"工匠精神"，我更推崇"工程思维"的原因：匠人更多的是反复锤炼一种技艺，而工程师则能创新地解决很多系统性问题。

在过去，工程师要解决的问题被局限于一些工程学上的专业问题。随着时代的变迁，工程思维不再只是工程师专用。它在管理、经济甚至文化创意等领域也得到了应用，比如伟大的剧作家罗伯特·麦基的《故事》几乎就是一本工程学图书，只是它并不是关于建造房屋或是开发软件的，而是关于编剧和故事创作的。

我提倡工程思维，是因为我始终相信，这是一种能够高效解决复杂系统性问题，并能够预见尚不存在的"结构"，从而做到跨越性创新的思维方式。从创办到现在，小米一直在用工程思维来解决问题，我总结其中最重要的经验有如下几条：

- 找到一个使命。
- 从第一性原理出发。
- 理解并重构系统。
- 找到第一把"扳手"。
- 反复验证、快速迭代。

事实上，工程思维的内容非常丰富，远不止上面的这些，如果要讲清楚可能需要专门写本书。这里我只简单介绍其中三条。

工程思维之一：找到一个使命

工程师通常都很朴实，所以一上来就谈使命，可能让人感觉有点虚。但要成为一名工程师，首先就要找到自己热爱并擅长的事情，并为之奋斗一生。

我在上大学时读了《硅谷之火》这本书，被计算机改变世界的梦想引燃了胸中的一团火，久久不能平静。那时我就立下了创立一家伟大公司的梦想。在40岁的时候，我重新审视了自己，愿意再为梦想拼搏一把。这也是找到使命的第一个重大作用：确定目标和方向。这保证了你在问题和困难面前不迷航。

这是使命对个人的作用，为什么对商业成功也有帮助呢？因为使命可以聚集人才和资源。

我前面讲过，小米要找"四有新人"，其中一条就是有共同的愿景，所以加入小米的人都认同，我们的使命是做"感动人心、价格厚道"的好产品，让全球每个人都能享受科技带来的美好生活。《孙子兵法》中说：上下同欲者胜。一支被使命和愿景召唤的团队，其战斗力将远超一支由商业利益集合起来的团体。

使命还是企业和用户之间引发共鸣的纽带。一家企业的成功离不开用户和伙伴的支持，小米从小到大，由弱到强，从低谷到复苏，始终有一群相信小米、认同小米的米粉、用户和合作伙伴在支持我们。

工程思维之二：从第一性原理出发

第一性原理因为马斯克而被大家熟知，其实这就是典型的工程思维。

工程学就是要创造性地运用科学原理，而科学则是对世界本来面貌的发现。第一性原理，就是指我们要从事物的基本原理出发进行推理，而不依照已有的认识和经验进行"黑盒子"对"黑盒子"的类比。当马斯克被告知电动车电池的成本无法降低时，他从物理学和化学的基本原理出发，认为组成电池的材料成本和售价之间有巨大的差额，所以一定有办法降低电池成本。

我在创办小米的时候，也有过类似的第一性原理思考。我当时反复思考的一个问题是，用户对于商品最本质的期望是什么？其实就是八个字："感动人心、价格厚道"。所有不符合这条原理的商业活动都无法长久。我们要解决的核心问题是什么？是提升商业效率。如果小米所有的活动都能在原有的基础上实现效率的提升，就能够长盛不衰。

工程思维之三：找到第一把"扳手"

在实际工作中，我们需要工程师解决的问题非常多，但工程师遇到的问题永远只有一个：我们面对的问题很复杂，我们拥有的资源很有限，但我们必须马上着手解决。对此，工程师永远是抄起离自己最近的那个扳手，从马上能解决的问题入手。

如果大家想要了解工程师是如何在资源有限的情况下开始工作并解决复杂、棘手的问题的，我特别推荐大家看一部电影《火星救援》。这部电影中的所有人几乎都是在用工程思维做事，不幸的宇航员要想办法在火星上活下来，地球上的宇航局要想办法把他带回来。宇航员解决问题的方法一点也不华丽，有的甚至很简陋。但这都无所谓，工程师的思维就是抓到什么用什么，有效地解决问题才是王道。

小米刚成立的几个月里只有三四十号人。这样一个小团队，既要做操作系统，又要打通供应链，还要搭建电商网站，怎么看都不可能。但是时间不等人，我们不可能等所有岗位都招齐了人才开始做手机，于是我们的工程师决定从做系统开始。

后来，我们一点电商经验都没有，却要从零搭建一个电商系统，要怎么做呢？我们的工程师做了一个"大卖部"，给内部员工提供"1块钱抢可乐"的服务，进行"最小可行系统"的测试。工程师把会议室改成仓库，走廊上堆满了可乐箱，然后工程师们自己进货，自己当配送员，每天在楼道里飞奔忙碌，就这样提前发现和解决了很多系统问题。一个月后，系统上线，成功进行了小米手机的首销，并且短短几年就成为中国几大电商平台之一。

在解决具体问题方面，工程思维还包括"理解并重构系统""反复验证、快速迭代"等，这里就不一一展开了。正是基于这样的工程思维，我们解构了产品"设计、制造、流通"三环节中的效率提升空间，再按照"硬件""互联网""新零售"三个行业的商业形态进行重组，从而设计了小米的"铁人三项"商业模式，以及小米的商业闭环。这些在小米打造产品的过程中均有体现，这里不再一一细说。事实上，把公司一切活动都放在工程思维的指导之下，能够在越来越宽广的业务线上，保障资源的合理配置和系统目标的高效实现。

第八章
和用户交朋友

2005年，为了进一步推动金山的互联网转型，让金山的同事更好地理解互联网的精髓，我推动了一场向谷歌学习的运动，其中一个小要求就是要能背诵"谷歌十诫"。

十诫的第一条就令人印象深刻：以用户为中心，其他一切纷至沓来。（Focus on the user and all else will follow.）

其实不只谷歌，也不只互联网公司，很多伟大的企业都把用户作为所有业务的最大考量。但是，以用户为中心，说起来简单，做起来不容易。关键在于，我们要如何看待企业与用户的关系。

在我还没有创业的时候就经常听到一句话——"顾客就是上帝"，很多公司还把"把用户当上帝"贴在墙上。这句话流传甚广，但很长时间以来老百姓买东西还是提心吊胆，一提起做企业的总会想到"无商不奸，无奸不商"，对商人的整体社会评价也不高。

举个例子，一个人想买某个商品，恰好又有朋友在做这个生意，那么他的第一个想法往往是"能不能给我一个内部价？"。在我做小米之后，尽管小米手机已经便宜到震惊行业，我和同事们还是会经常遇到朋友询问"内部价"，弄得我们哭笑不得。

但是，如果仔细分析"内部价"，至少反映出两件事：一是用户天然不信任商家，知道价格内外有别；二是用户愿意相信朋友，因为朋友不会坑他，会给他一个"内部价"。

于是我就想，能不能做一家公司，诚实经营，不坑用户，和每一个用户都成为朋友，真正让用户信赖。我明明白白告诉你，我每个产品就赚那么一点点钱，相当于赚个"小费"，你相信我肯定不会坑你，东西都是真材实料、踏踏实实用心做的。这个想法和中国当时的商业环境格格不入，但是我觉得，依靠互联网对信息高效透明的传播，可以建立起一套崭新的商业秩序。

所以，创办小米时我旗帜鲜明地提出，我不赞同"把用户当上帝"，中国大多数人并不信上帝，这话就是商家说给自己听的。站在用户的角度来看，当"上帝"太虚了，你能不能做我的朋友？别坑我就行。小米要做的是把用户当成自己的好朋友，帮助朋友解决问题。

和用户交朋友，由小米提出，也是小米成功的主要原因之一。

有一种很典型的误解，我需要特别澄清一下。不少人认为和用户交朋友来自粉丝经济，其实这两者是完全不同的事物。

粉丝经济指的是建立在粉丝和被关注者关系之上的商业行为。在互联网时代，粉丝经济被人熟知，得益于凯文·凯利的"一千个铁粉"理论，具体指"任何创作者，只需赢得一千个铁粉，就可以靠创作谋生"。所谓铁粉，是指每年肯为创作者贡献100美元的粉丝，有一千个这样的粉丝，创作者的年收入就可以达10万美元，足以过上比较体面的生活。

从定义上就可以知道，粉丝经济的适用范围相对较窄，局限于创作行业，比如艺术家、音乐家、作家等等。小米虽然有"米粉"，但小米的商业属性并不是粉丝经济。事实上，任何一个面向大众消费的品牌，都不可能停留在"粉丝经济"的视野宽度中。"粉丝经济"更强调特化的崇拜与对粉丝的引领，而"和用户交朋友"则截然不同，它的核心是尊重用户，听取用户的意见并付诸行动。

"和用户交朋友"其实就是互联网思维指导下的"群众路线"：一切为了群众，一切依靠群众，从群众中来，到群众中去。

性价比是最大的诚意

网上有句笑话，叫"别谈钱，谈钱伤感情"。其实做生意就是谈钱，挺正常的事为什么会伤感情呢？因为在大众认知中，大多数人谈钱的时候诚意不足，都想着占别人便宜，当然伤感情。

占便宜这种事必然基于信息不对称，而在互联网时代，任何信息不对称都不可能长久。

2015年小米最困难的时候，曾经有人给我推荐了某半导体公司的一位高管。从业绩看，他非常厉害，他接手的时候公司年营收大约是900万美元，短短4年时间，就做到了4亿美元。

在跟我谈的时候，他得意扬扬，说他有把稻草卖成金条的能力。但是，我越听心越凉，他还没说完，我就知道，小米不需要这样的人。我创业30多年，见过无数这样的人，他所说的也不是我们商业发展应该追求的方向。

我创办小米，不想做一个坑人的人，而且我也非常不喜欢把稻草卖成金条的人。我们每天就像农民种地一样，一分耕耘一分收获。我们不做坑人的事情，哪怕这种人在市场上非常受欢迎。这不是我们的哲学。什么叫真材实料？什么叫和用户做朋友？如果有一天你得知你的朋友用黄金价把稻草卖给了你，他是你的朋友吗？他绝对不是你的朋友。我不要把稻草卖成金条的营销大师，我要的是像农民一样每天下地干活，然后用辛勤和汗水挣一个合理利润的人。我觉得这样的人才会持续，这样的人才能拥有真正的朋友。

我在一次内部培训时跟公司同事讲过这件事。公关团队在翻看过去的视频资料时，把这段讲话放到了2018年小米上市时的纪录片里。纪录片在网上披露后，这段话引起了很多用户的共鸣。这的确就是我的真实想法：难道我们真的习惯了尔虞我诈的生活吗？我们能不能有一个公司值得用户信赖，真的是用户的朋友呢？

所以做每一笔生意时我都想：当把产品卖给朋友的时候，我怎么跟他推荐？怎么体现出我的诚意？我的答案是八个字："感动人心、价格厚道"。

感动人心，是说做产品要有超预期的体验，产品不行，价格再低也没有人喜欢。价格厚道，是说定价要有诚意，否则等到需要用户用钱包来投票时，长远看他们是不会买单的。所以这八个字就像硬币的两面，是一体两面的关系，看似平常，却很不容易做到，要真正做到，必须要有足够的诚意和克制贪婪的狠劲。

小米在开始践行这条路时非常孤独，直到我在美国遇到了开市客，才发现其实早已有人走在这条路上。

向开市客学习克制贪婪

2012 年，我跟金山的高管们一起去美国开会。时任金山 CEO 的张宏江博士早年留美，对美国轻车熟路，一下飞机他就租了辆车直奔开市客。我以为他有采购任务，他回来后告诉我们，他回国十多年大部分东西都是在美国开市客买的。经他一宣传，其他同事都去了。晚上回来大家说东西太好了，其中一位同事说，他买了整整两大箱东西，实在不好拿，就现场买了两个箱子，结果这两个箱子又把他震了一下：新秀丽的大号和超大号箱子他各买了一个，当时在北京的售价是 9000 多元，在开市客多少钱？150 美元，折合人民币 900 多元。我听完也被震住了，后来我也抽空去看了 10 分钟，感受就是，实在不可思议。

对于开市客，我越研究越敬佩，它在我心目中是真正伟大的公司，后来我在各种场合都竭力介绍它，这里我还是要不厌其烦地再介绍一次开市客的伟大之处，以及它的创始人定下的几条简单的规则。

第一，任何商品都要经老板亲自用过认可后才能上架卖。

第二，任何一个品类的商品只有两到三个选择，所有 SKU 加在一起只有 4000 多个，不让用户为了选择而头痛。

第三，任何商品毛利率不超过 14%。如果要超过，需要董事会批准，但创立以来就没有发生过这种情况。

我们逐条来看，开市客其实就干了两件事：帮用户做精选和克制贪婪。上面提到的三条规则中，第一条和第二条保证了产品有足够的诚意。首先是克制卖所有商品的冲动，有所为，有所不为。当每个品类只能提供两到三个选择时，必然要选择最优秀的产品。而且商品还经过了老板的亲自试用，给用户把好了关。第三条是克制贪婪，任何商品只赚取微利。事实上，开市客的商品毛利率很长时间保持在 7% 左右（近年在 12% 左右）。

这些规矩听起来很简单，但做起来很难。在美国，土地、房租、人工都很贵，天天低价的沃尔玛也要做到 25% 左右的毛利率才能生存下去。开市客毛利率非常低，经营上稍微出问题就很容易亏损。这个模式经营难度非常大，在 20 世纪 90 年代，公司濒临破产，创始人不得不卖掉了公司。但是创始人根本就不在乎是不是拥有公司，他在乎的是能不能坚持性价比模型，让开市客实现他的理想。

性价比模型风险很高，但是一旦成功，威力极其强大。因为性价比会赢得用户信任，占据用户心智，让用户闭着眼睛买。今天，开市客早已走出低谷，成为全球零售业的翘楚，目前市值超 2000 亿美元。"股神"巴菲特尤其欣赏开市客，声称开市客是他到死也不会卖出的股票之一。

性价比不是低价，是比较优势

开市客的成功给了我巨大的信心。小米从一开始就敞开心扉和用户交朋友，我们和用户一起做产品，早年甚至极端到把庞杂的渠道和营销费用全部砍掉，直接以成本定价，给用户提供了高性能、高颜值、高性价比的产品。

性价比模型带给小米巨大的成功，但是每当我们遇到低谷，都有声音认为小米的问题出在性价比模型上。

2016 年，我们发布了第一款全面屏手机小米 MIX，售价仅 3499 元。当时，我们内部有过讨论，有不少同事都希望给这款划时代的产品定到 6000 元或者 8000 元以上。我认为这不符合小米坚持的性价比，所以仍然是成本定价。事后，不少关心小米的朋友都觉得很惋惜，认为我们原本有机会定一个高价，这样小米在高端市场就瞬间立住了。此后，在小米冲击高端之路的过程中，也不乏米粉建议我们把定价抬高一点,不要死守性价比不放。

我能理解朋友们的关心,但我还是要说,他们错误地理解了性价比。性价比并不是绝对低价,坚持性价比同样可以做高价、做高端。举个例子,Redmi 98 英寸智能电视刚上市时定价是 19999 元。从价格上来说已经非常昂贵,但是这依然是极致的性价比,因为当时同样尺寸的巨屏电视均价在 15 万元左右。

所以,性价比不是讨论绝对价格,更不是低价。性价比讲究的是比较优势,就是同等价格性能最好,同等性能价格最低。

而极致的性价比就不再是竞争手段,而是商业修养、严格的自我要求,以此表达对用户的诚意。最有力的佐证,来自我们的 5% 红线——我们在 2018 年承诺硬件业务的综合净利润率不超过 5%。如今 4 年过去了,小米的高端手机已经站稳 6000 元价位。近年的财报显示,小米的手机均价已有了显著提升,我们收获的营收和净利润总额都有了大幅增长,但我们的硬件净利润率一直保持在约 1%。

对小米模式而言,性价比不是经营问题,而是信仰问题,是对用户长久的承诺,也是对用户最大的诚意。

新媒体不等于营销

小米成功之后,带火了很多概念,比如"互联网手机""参与感""爆品",还有就是"新媒体营销"。

的确,小米从诞生起就极度重视新媒体营销。小米成立的时间也正好赶上社交新媒体崛起的关键期,做了很多让人印象深刻的新媒体营销。

然而,所有这些只是表面。对传统认知而言,新媒体和传统媒体只是传播介质和方法的变化,但对小米模式而言,新媒体的出现,是沟通方式的彻底革命。

新媒体带给我们最大的好处,是可以和用户高效地沟通,这也是我们使用新媒体的首要目的。我们在新媒体上和用户建立了紧密的联系,又碰巧新媒体是这个时代最有效的传播平台,才有了后续的新媒体营销。我所理解的新媒体营销和传统的营销不同，它不是和用户交朋友的目的，而是和用户交朋友的手段。

倾听用户的意见

和用户交朋友，首先要做的是倾听用户的意见，这是一件说起来容易做起来难的事。

在前互联网时代，与用户沟通在实现手段上有门槛。几年前，我们的团队和一家传统家电巨头讨论智能家居的合作，席间谈到用户沟通。对方说："我们和小米一样，也有很多忠实的用户。"我们的同事说："很好呀，那你们的用户在哪里呢？"对方搬出了厚厚的几大本表格，全部是用户资料，地址、电话、职业等信息一应俱全。我们的同事目瞪口呆，只好接着问："那咱们怎么和用户沟通呢？"对方回答："用户有意见会打电话反馈，我们有专人跟踪解决。"

这已经是非常优秀的做法了。但是，由于缺乏有效的沟通工具，企业只能被动接受用户的负面反馈，用户的好想法很难产生，企业的好产品也很难推荐出去。幸运的是，互联网的出现，尤其是社会化媒体的产生，让企业有了非常便捷的沟通工具，打破了与用户沟通的隔阂。

只是，光有工具还不行，还得有态度。这个态度就是拿出诚意，真正和用户在一起。

创业初期，小米团队就有一项硬性规定，从合伙人到产品经理和开发工程师，全部都在社区论坛和微博上直接面对用户，随时接受用户的意见和建议。我们的很多开发项目还会邀请用户一起开会，探讨产品需求。

刚开始，也有同事不理解，说自己这么牛的工程师，居然每天要浪费时间去和用户聊 QQ，这不是耽误工作吗？我告诉他们，和用户沟通让我们能够 7×24 小时随时修订产品的问题。我们抽出一点点时间来和用户沟通，可以避免闭门造车带来的方向性错误。不走错路，少走弯路，这是对时间和精力最大的节省。

用行动尊重用户

尊重用户，就要听取用户的意见，但更重要的是行动。如果听完了意见却没有行动，不仅用户会失望，企业本身也很危险。

我在创办小米前曾跟一家国际手机巨头高管交流，我提了一大堆建议，口干舌燥地说了 2 小时，却泥牛入海，几乎毫无改善。说实话，我的积极性受到了巨大的打击。我当时就有个想法，如果再做公司，我一定要服务好发烧友，大家一起来出主意想办法。等到我真的创办了小米，我觉得让用户参与进来异常重要。因为用户是最好的老师，只要读懂了用户要什么，产品体验会明显上一个台阶。其实用户要的东西并不多，就是跟你交流两句，你能给一个反馈，哪怕点个赞让他看到也是好的。

我们建立的小米社区，本质就是用参与感发动数百万志愿工作者，来一起做一个浩瀚的工程。一旦确认用户的意见有价值，我们马上就改。MIUI 开发版的周更不够快，我们就针对最核心、最具专业性的用户做"内测版"，更新速率提升到按天计。

发烧友们在 MIUI 论坛上投票决定产品方案

过去10年间，一旦我们出现纰漏，改进慢下来，马上就会被用户骂，而且是越忠诚的用户骂得越凶。但挨骂不要紧，行动是第一位的。比如MIUI 12.5的优化不够好，用户马上就特别尖锐地批评，MIUI团队马上就拉通相关团队，组建"先锋小组"，把自己的改进计划和执行进展做成周报，在小米社区每周报告，接受用户的监督。

以前软件行业也好，硬件行业也罢，做大型工程都是召集起一帮精英关起门来做。这种办法看起来快，实际慢，因为准确性不高。群众路线则不同，看上去是笨办法，但是非常有效。不仅如此，听意见、有反馈，让用户产生了很强的参与感。一旦用户觉得产品研发有自己的贡献，产生的感情绝非一般的品牌忠诚度可以比拟，而是一种对品牌的强烈归属感。

有了参与感，才有新媒体营销。我曾经看到不少品牌在新媒体营销上花费了很大的代价，乍一看做得有声有色，但最终效果却不尽如人意，或者无法持久吸引用户的支持。说直白点，这就是"水军"和"自来水"的差距。"自来水"是后来才有的词汇，但很符合我们早期的想法。那时候，我们没有任何广告，也没有任何公关费用，我们能想到的就是直接面向每一个消费者，在他们中间产生口碑，把每一个用户变成小米的宣传员。

今天，很多公司一开发产品就着急做预装、做推广。其实不妨静下心来想一想，不要那么着急做营销，能不能先把产品打磨好，先服务好一批用户，让他们成为"自来水"，接下来的营销才真正是"水"到渠成。

坚持新媒体阵地，不惜任何代价

这些年来，我最特别的一个头衔有点出人意料——知名数码博主，因为我经常发微博跟大家聊数码产品，而且发得特别频繁，以至行业里的数码KOL们都把我看作同行。2019年10月1日，我作为企业家代表受邀登上国庆70周年彩车时，他们传播得比我的同事们还起劲，认为我是作为代表给"数码博主"这个群体长脸了。

说实话，相比"企业家""天使投资人"等其他头衔，"知名数码博主"这个称谓其实更能概括我在公众领域的日常表现。我计算了一下，从 2011 年开始，我一共发了 13000 多条微博，平均每天 3 条，十几年间几乎每天发微博打卡。

很多人问过我同一个问题：谁在帮你运营你的微博？我的答案是，我自己，我所有的微博都是我自己发的。的确，有的企业家朋友也有自己的新媒体账号，但背后往往是公关团队在代劳。我始终觉得，如果不亲手发微博，很难真正达到倾听用户声音、跟用户交朋友的目的。我不光自己发，还号召同事们都参与。

用好新媒体，发好微博是一门精深的技术，需要对新媒体产品形态、与用户和粉丝沟通的文案技巧都有所了解，而且随着公司规模越来越大，成为一家公众公司，在新媒体平台上发言也需要有更全面的意识。在没有经验的情况下，偶尔说话不妥当或者说错话在所难免，甚至有的同事还因为无意间说错话，惹上了不小的麻烦。

这样的麻烦一出现，当事人、我和公司的公关负责人就会被公众和米粉一顿痛骂。有的同事甚至因为不适应，被骂得几乎要自闭。2019 年，我们当时的公关负责人找到我，很恳切地跟我说，能不能先暂停鼓励、要求公司同事发微博？因为老有人说错话，又没法做到事前审查，一段时间内不断惹出公关危机。我对他说，我理解你所有的痛苦，也感谢你帮我分担用户的火力，但是我绝不同意你不让他们发微博，也不同意你要求建立事前审查制度。如果你发现谁错了，你就帮助他，培训他，教会他。如果再错，我给你对他们进行罚款的权限。反过来，他们认为你教得对，就会在拿不准的时候主动跟你请教。我们招募的都是最聪明的人才，他们学起来很快，你要相信他们。

这些年来，很多人，包括内部的同事和外部的朋友，都就这件事劝过我，他们苦口婆心地说，品牌的损失是不可衡量的，在新媒体上还是让员工闭嘴为好。这些我当然了解，但是，如果我们因为怕出错而畏惧跟用户直接沟通，放弃最高效、直接的新媒体平台，那么小米最根本的"群众路线"又从何保障？这是捡了芝麻丢了西瓜的行为。

在小米内部，我曾因为各种严重错误批评过不少同事，但从来没有因为偶然的意外失言而批评过任何人，相反，我会因为不积极跟用户进行沟通而批评人。

事实证明，那些"惹过麻烦犯过错"的同事，后来在新媒体阵地上越来越活跃，跟用户沟通的表现也越来越好。

我后来跟所有同事说，新媒体运营是小米跟消费者互动、沟通的第一现场，没有经验、偶尔说错话、惹上麻烦，是我们要求所有人坚守新媒体阵地的"必要代价"。但我们不要怕，不要过度担心，要对用户有信心，他们对待小米会"听其言，还要观其行"，只要我们的产品越来越好，用户绝不会因为我们某些同事一次两次说错话而放弃我们，相反，他们只会因为我们的产品不好、我们的改进缓慢而放弃我们。所以，无论付出多大代价，我们都绝不放弃新媒体阵地，绝不放弃直接跟用户沟通的方式。

永远离用户更近一点

2018 年以来，电商直播兴起，我提出能不能也尝试做一下。但是同事们表达了反对意见，他们说，直播就是新时代的电视购物，都是带货主播的事，作为企业家你需要维护形象，要想显得高级，还是得有点距离感。

这种论调的影响力如此强大，以至我们真的一直没有开始做直播的尝试。直到准备 2020 年 8 月的发布会时，我再也不能忍受了。我对他们说，没有任何理由把我跟用户分开。我不相信企业家做直播、直接跟用户互动就是低端的，只有低端的做法，没有低端的互动。如果你们担心，我就自己来主导整个直播的流程、安排、主题、视觉和选品。我们要相信用户，我既然可以把用户邀请到公司来与我们面对面，为什么不可以直播？而且，我们要跟电商部门说清楚，我们的首要目的不是当天卖多少货，而是跟用户聊聊天，直接交流，所以根本不要有业绩的压力，不要把直播搞成纯带货。其实，我在乎的是有这样一个渠道，可以和上千万用户直接深入沟通，解答用户的疑问，展现小米的价值，这就足够了。

结果验证了我的判断。我首次电商直播就打破了抖音的纪录，累计观看人数达 5053 万人。在这场直播中，我跟大家分享了小米十年的一些故事，分享了我自己最喜欢的 20 多款小米产品，以及做这些产品的心得，顺便卖了卖货，用户反馈非常好。当然，销售结果也不错，当天总销售额达到了 2.1 亿元。

小米一直都非常感谢这个信息高效流转的时代。如果没有互联网、没有线上社区、没有微博、没有微信公众号、没有极为强大的互联网基础建设、没有中国物美价廉的通信网络服务，小米就算有一腔热情、一身方法，也没办法和用户如此接近。

所以，各种新平台、新工具出现时，没有任何理由不去拥抱。用户在哪里，我们就应该去哪里，去沟通、去交心，尽全力跟用户距离再近一些，沟通交流再多一些。

用真诚打动朋友

互联网为我们与用户接触提供了有力的工具，但是也要看到，信息沟通的便利并不必然带来情感纽带的增进。我们永远要寻找最高效触达用户的方法，但更本质的是要和用户的心无限接近，赢得用户强烈的认同。接上互联网，注册一个社交账号，和用户聊上天，这些都不难，难的是十年如一日坚持跟用户沟通，坚持用真诚打动用户，和用户真正打成一片。

我们建立米粉社区，如果仅仅是让大家一起来发现问题，帮助我们改进产品，那么我们和用户的关系就只是"合作共赢"。我们真心希望和用户成为朋友，那么在"工作"之外，就要产生情感的联结。

所以，尽管在网上就可以相互联系，我们还是特别重视线下活动，希望和用户在物理上也有所接近。我们成立了米粉俱乐部，定期组织线下的"爆米花"活动。让我们感到荣幸的是，不少米粉因为我们的活动而结缘，组建了幸福的家庭。小米参与了他们的人生。

以前每年年底，我们还会为米粉举办家宴，请很多的米粉到公司来，在小米食堂里吃个饭。每年这个时候，我们所有高管都会出席，我还会亲自上阵给米粉做一两个菜。我觉得重要的是心意，让米粉有回家的感觉就好。

真心实意地对待用户，用户一定感受得到。2017年年底，我们发现当季利润表现不错，超出预期很多，就做了一个特别反常规的举动：拿出1.5亿元人民币，以"无门槛、无套路"的现金券的方式在小米商城上直接发给了用户。所谓"无门槛、无套路"，就是你领到100元的代金券，不需要"满减"，没有"限定品类"，可以在小米商城上直接花，甚至连邮费都能替代。这次活动口碑极为"炸裂"，用户从来没见过这样的活动，给予了我们巨大的好评。

你用真心待用户，用户也会回报以真心。在我们心目中，米粉不只是小米产品的使用者那么简单，他们是与小米共同成长的伙伴，分享共同的理想，认同相同的信念。

2020年，新冠肺炎疫情袭来，身为医护工作者的米粉"休休奋斗"奔赴了抗疫的第一线。他在自己的防护服上写下了小米著名的口号——"永远相信美好的事情即将发生"，鼓舞了很多人。这件事给我非常大的冲击，我从来没有想到，我们的一句口号，竟然会成为一位米粉的人生信念，陪伴他度过最艰难的时刻，又被他用来激励更多的人。

跟朋友一起玩，脸皮厚点也无妨

很多朋友问我怎么和用户互动，作为一个工程师、码农，我的性格其实比较内向。面对用户时我只有一个想法：只要能和用户玩到一起，我就豁得出去。

我在公众领域中最知名的标签应该不是企业家，而是"R U OK"。2014年，我在一场海外发布会上的几句英语寒暄，被B站用户做成了鬼畜视频，在国内大火。我刚看到时感觉有点奇怪，但很快就释然了。我跟同事说，要不我们录个视频去B站跟大家交流一下。同事们都不赞同，说这个视频过一阵就没热度了。我说，既然这个视频这么火，说明这可能是新的交流方式，我们有必要去了解。于是，我们制作了第一支B站视频，向年轻用户们问好，坐实了我的"歌手"身份。"R U OK"也成了小米的一个梗，经久不衰。

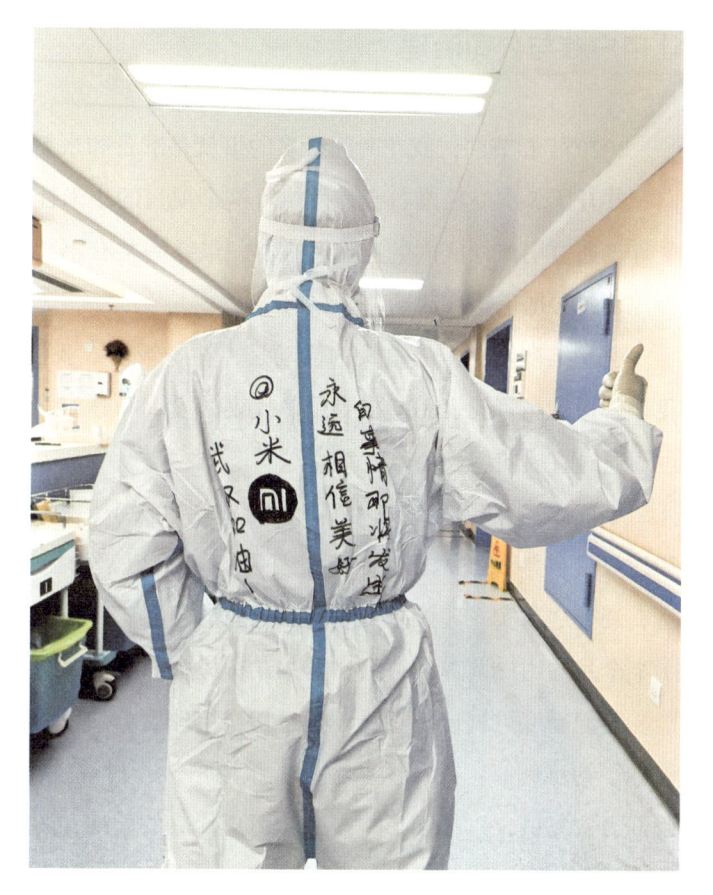

米粉"休休奋斗"在参与武汉抗疫间隙发布的照片

后来，不少公司来交流，老问我"R U OK"是怎么策划的。我说，真不是策划的，就是我比较豁得出去。我也能理解，人人都有点形象包袱，企业家尤其如此。但在互联网时代，人与人的平等沟通是不可逆的趋势，和用户互动的管道越多越好，只要不带明显恶意，放轻松跟用户一起玩就好，他们的调侃其实是对你的喜爱。

更何况，跟自己的好朋友一起玩，哪怕闹点儿，也不丢人。

让用户参与公司治理

2020年春节前,我花时间最多的事就是准备和米粉代表的年夜饭。我和同事们一共开了5次专项准备会,而执行这个项目的小米社区团队则足足准备了近两个月。通过用户社区内的遴选和推荐,最终一共有不同类型用户的9位米粉被选为代表,参加了这次活动。

说是年夜饭,但最重头的活动是,在吃饭前,我们先用半天时间开了个会,我和公司的高管代表一起接受用户代表的质询和建议,然后进行讨论,整个会议过程通过直播向用户公开。

年夜饭气氛轻松活泼,而质询和讨论则特别严肃,用户代表精心准备的质询和建议文件涉及技术研发、新业务开拓、组织架构梳理等很多方面,内容之丰富、调查之翔实、建议之专业都远超我的想象。一位米粉代表告诉我,他认真做了半个月的用户调查和意见收集,五易其稿,才提交给我们这份文件。

我们高度重视这些意见,经过初步梳理后分发给各部门,由各部门有针对性地做了初步解答。我和团队在会上跟用户进行讨论,再听取他们的意见。会后,我们再次复核,以书面形式披露对用户代表的质询和建议的回应和改进方案,向所有用户公开。

我的同事说,"感觉这是用户正式参与公司治理的一次里程碑事件"。的确如此。当用户不只是用户,而是成为公司事业的共同参与者时,他们事实上就已经成了公司治理中一支非常重要的力量。

这其实早有渊源。从MIUI冷启动开始,用户一直在深度参与小米的产品决策。我们的功能更新是根据用户投票结果决定的,甚至连我们的系统铃音也是用户选择的。后来,我们举办了大量的业务沟通会,邀请有热情、有一定专业基础的用户代表来座谈,帮助我们改进业务。

如今小米的用户已经多达数亿,他们当中有各行各业的专业人士,也有极具用户社区影响力的代表,公司哪些业务做得好,哪些地方存在管理问题,他们甚至比我们的不少管理干部看得都清楚,意见比内部的一些报告都更见微知著、一

米粉代表与小米管理层进行交流

针见血。在我看来，向他们报告公司的发展思路和进展是公司的义务之一；和他们一起讨论公司业务，请他们帮我们做诊断，是小米和用户共创模式的进一步探索。

我一直认为，企业内部的管治，是股东、公司管理者、员工和用户共同参与的结果。让用户以适合的方式真正有效地参与到产品建议、业务讨论等治理事务中，是公司始终以用户为中心、不偏航的重要保障。

"闭着眼睛买"，信任才是唯一

任何企业都会说一切以用户为中心，和用户交朋友的这些方法也没有什么惊天的秘密，但为什么好多企业学小米，还是学不会？原因其实挺简单，小米在经营用户的信任，这是以用户为中心的最终指向。

在所有和用户交朋友的动作中，我最在乎的只有两个：第一，我们能不能做出让用户尖叫的产品，让用户愿意排着队来购买；第二，用户用了我们的产品，是不是愿意主动向朋友推荐。

用户为什么会信任小米？因为小米始终坚持技术创新，在用户心目中已经建立起了高品质、高颜值、高性价比的口碑。他们相信，只要是小米出品，品质、价格一定是最优的。今天小米依然在成长的路上，但已经有不少消费者认同：可以不用关心价格，不用担心品质，只要小米之家有合适的产品，就可以"闭着眼睛买"。

用户的信任，是小米模式存续的基石。"闭着眼睛买"是对我们最大的肯定，也是我们终极的追求。有了用户的信任，环境的顺逆、利润的多寡都不重要。因为这是可以不断累积、拓展的"财富"：对小米而言，是能够赢得更多用户、更多订单；对用户而言，可以显著降低选择成本，并且可以持续获得超出预期的好产品。

2021年3月底，我正式宣布将人生的最后一次创业押在小米造车上。那个时候，智能汽车行业已山雨欲来风满楼，在可见的未来，将会有无数的玩家下场，重现当年手机行业的风起云涌。我问过自己，创业30年了，还愿不愿意押上全部的声誉，投入这样一场未知的大战？

最后让我下定决心的，是米粉的一句话：你若敢造，我就必买。

我知道，小米造汽车，资金不算最雄厚，起步也不算早，但我们最大的优势就是有一大批用户的信任。今天小米手机有超过5亿用户，有超过950万用户拥有5件以上小米智能设备。只要有1%的小米核心圈层用户愿意购买，小米汽车就拥有很大胜算。

第九章
爆品模式

小米方法论的第三个关键词，就是一切以产品为出发点，打造爆品模式。

大多数人对"爆品"的着眼点仅在于"爆"，也就是产品卖得好。希望产品大卖这没有错，但是"爆"是"品"的结果，爆品是打造出来的，不是营销出来的。这也就导致市场上不时冒出一两款"爆品"，但鲜有持续出"爆品"的公司。出一两款爆品有时候靠运气，但持续出爆品，就一定要靠完整的模式和体系。

爆品是打造出来的

爆品的起源

现代商业史上的第一款爆品，我觉得应该是福特 T 型车。福特改革了汽车生产方式，通过标准化和流水作业，大大降低了汽车的生产成本，提升了生产效率。第一辆成品 T 型车诞生于 1908 年，上市第一年就销售了 1 万辆，打破了销售纪录。据统计，T 型车一共销售了 1500 万辆，该纪录直到 20 世纪 80 年代才被甲壳虫汽车打破。

从福特的例子我们可以看出，高效的工业化大生产是爆品产生的先决条件。如果依赖传统生产方式，生产效率无法满足巨大的市场需求，生产不出海量的产品，自然不可能有爆品。要注意的是，不能把工业化简单地理解为用机器从事生产，工业化是一整套具备工业思维的生产体系。

爆品产生的第二个条件是大众的消费能力。福特 T 型车面市时价格是 850 美元，此后一路降低至 240 美元，美国工薪阶层几个月的工资就可以负担。有人可能会奇怪，价格不断降低怎么会是消费能力的体现呢？因为几个月的工资就可以买一辆汽车，正是当时美国居民消费能力的体现。当时，除了美国等少数工业国，绝大多数市场没有这样的消费能力。只有国民财富积累到一定阶段，普通家庭才会出现消费需求，而福特敏锐地发现了这一点。

这样反直觉的例子，还有可口可乐。艺术家安迪·沃霍尔曾这样评价可口可乐："可乐就是可乐，没有更好更贵的可乐，你喝的与街角的流浪者喝的一样，所有的可口可乐都一样好。"这句话容易让人把这件事想得有些理所当然，其实，单是"享受"这件事就已经是消费门槛了。可口可乐在世界范围的流行，得益于二战后消费主义的兴起。战后的西方社会迅速恢复经济，人们愿意为单纯的娱乐和享受进行消费，而可口可乐正是这种思潮的代表产品。

可口可乐进入中国后并不是一开始就流行的。我小时候一瓶可口可乐是 2 元钱，相对于当时的家庭经济状况，真的喝不起。但随着国民收入的不断增加，可口可乐逐渐成为饮料中的爆品。

所以我们可以看到，爆品往往有性价比高的特征，但不是绝对低价，相反它是社会消费能力发展到一定阶段后的产物。只有一国的经济生活从生产导向转到消费导向，才有可能产生爆品。

一旦消费端主导了经济发展，就会加剧供给端的竞争，刺激创新的发生。我认为，创新是爆品产生的第三个条件。

福特革新汽车生产线，增加汽车工人的工资、福利，涉及生产和管理两方面的改革，都是伟大且底层的创新。在随后的一百多年间，随着技术进步、商业发展，创新的内涵和外延都在不断丰富。除了生产的创新、管理的创新，还有设计的创新、体验的创新。其中最重要的变化，是创新从功能实现的技术导向转变为技术支撑的产品体验导向。这方面的杰出代表是索尼和苹果。

索尼最广为人知的产品是随身听。它解决的其实是用户体验的问题。用户不满足于固定在一个地方听音乐，而是希望随时随地都可以听音乐。索尼的工程师发现了这个需求，就把传统的录音机不断轻量化，做得可以随身携带，开创了一个新的产品品类。从那时起，索尼就成了全球产品公司的偶像。

现在总结一下，关于爆品，我认为有三个产生条件，分别是：

- 高效的工业化大生产。
- 迎合大众消费能力的定价。
- 产品体验导向的创新。

得益于改革开放，今天的中国企业完全具备这些基础条件。中国是世界工厂，拥有最完善的工业制造门类，国民财富也显著增加，到了消费升级的关键时期。此外，中国也是全球创新、创业的热土，对于产品导向的创新有深刻的认识。所以，我认为如今应该是爆品频出的时代，我们身边的每一个行业、每一个产品，都值得用爆品模式再做一遍。

常见的爆品认知误区

出货量大的就是爆品吗？其实不然，这是对爆品最常见的认知误区之一。

产品热卖是由很多因素综合决定的，爆品模式认为产品力是其中核心，但是也有其他方法可以实现，比如营销制造的信息不对称。时间倒退20多年，电视广告的"标王"诞生了很多这样的例子。

"标王"是一个很有时代感的词，大众消费领域的标王过去通常指大型电视广告平台的竞标成功者。在前互联网时代，电视媒体在消费者心中有极高的信任度，一家企业如果成为"标王"，就意味着产品会在全国热销。一些产品力过硬的品牌，在拿下"标王"后今天仍然发展得很好。另有一些品牌，在成为"标王"之后销量猛增，但很快就暴露出品质方面的问题，或者被技术革新甩下，迅速归于沉寂。没有产品力支持，出货量再大也无法持续，反而会让问题暴露得更彻底。

所以说，出货量大的不一定是爆品，性价比高于行业普遍水平的、技术和工艺遥遥领先的，也不一定是爆品。

一支圆珠笔，我们在小商品批发城里可以用 9.9 元买一大把，而且实际出货量也非常大。但是，这不是爆品，因为消费者不是因为产品好、有口碑才选择，而是因为这样的产品充斥着市场，消费者没得选。如果我们做出的圆珠笔品质是普通圆珠笔的 10 倍，但价格还是 9.9 元，这才拥有成为爆品的可能。

为什么中国早已成为"世界工厂"，却始终没有产生像索尼、苹果这样驰名中外的品牌呢？因为性价比高的前提是高品质，没有技术的创新、设计的进步、体验的提升，就会陷入片面追求低价的低水平竞争，这是"制造业的低效内卷"，会消耗大量的资源，导致制造业和消费者都无法获得更大的收益。

关于技术和工艺的话题则更具迷惑性。对产品的体验的确有赖于技术和工艺的进步，但是对技术和工艺的追求与消费者的需求相匹配，才是成为爆品的关键。过于强调技术和工艺的后果，往往是先进的技术无法普及到大众消费者。典型例子远的有摩托罗拉曾主导的"铱星计划"，通过发射卫星组建全球卫星通信网，相比在地面建设的 GSM 基站，铱星技术更先进，覆盖效果更好，但铱星运维的高昂成本使得卫星电话价格过高，技术价值实际是溢出的。近些的例子就是电动平衡车鼻祖赛格威（Segway），在发明电动平衡车后的 10 年时间里总共卖出不到 10 万辆，而在被小米生态链公司九号机器人收购后，主打非手扶双轮的产品形态，定价 1999 元的平衡车第一年就突破了这个销量。

有一点需要特别留意，爆品模式追求的一定不是某一款产品的阶段性热卖，而是企业的永续发展。上面提到的几种误区有一个共同的特征，那就是可以在短期内达成较大的销售业绩或者引发热点话题，但无法形成良性循环，反而会加速企业走上一条不归路。所以，如果一家企业只能做出一两代爆款产品，显然没有正确理解"爆品"，也没有建立起爆品模式的能力体系。

爆品的定义

前面讲了爆品的起源和产生条件，那什么才是爆品？我的定义是：产品定义、性能、品质或价格与现有产品明显不同，大大超出用户期望并引发口碑热烈传播和热销的现象级产品。

如果觉得这段话过于正式，我还有一个简洁版：产品力超群，具有一流口碑，最终实现海量长销的产品。

再通俗一点讲，如果一个产品具有四个特征：单款、精品、海量、长周期，我们就可以说它是爆品。这四个特征就好比体检的指标，是可以观察到的结果，而非爆品产生的原因。我们要特别注意这一点，因为很多对爆品的错误认识都来自对这四个特征的片面理解。

建立爆品模式

我在创办小米之前研究了很多令我着迷的爆品。同时我也在思考，什么样的经营方式可以让一家企业持续不断地生产出爆品？总结下来，我认为需要做好以下四个方面：

- 找准用户需求。
- 超预期的产品。
- 惊喜的定价。
- 效率制胜。

任何产品都要满足用户需求，爆品对此的要求更高，需要能直击用户未被满足的需求，我们一般称之为痛点。

比如汽车，福特并不是汽车的发明人，但为什么福特车能成为爆品？任何一款汽车都可以满足用户出行的需求，但是大规模快速供给和极具亲和力的定价，当时只有福特车做到了。

对于痛点洞察，难在不仅要研究用户，还要想到用户前面，想得比用户多。这就需要我们对更高层次的行业痛点、社会痛点做出判断。痛点的层次越高，做出爆品的可能性就越大。比如，2014年前后，空气质量就是一个巨大的社会痛点，我们推出的高性价比空气净化器就成了爆品。

总之，爆品源于大众需求，必须要找到用户普遍的痛点，给予超预期的满足，再用极致性价比击穿行业惯性，这样的产品才能形成巨大的势能，成为爆品。

什么是超预期的产品？价格便宜是超预期吗？不一定。前面我们已经说过，性价比高的前提是产品足够好。单纯低价不是超预期。产品好用是超预期吗？也不一定。用户购买一个产品，好用是基本诉求。老百姓常说"货比三家"，在决定购买的时候，他们已经对好不好用有了大致的预期，所以好用也不是超预期。

只是价格便宜和只是好用都不是超预期，唯有聚焦核心需求、性能出众、设计出挑、质量过硬，也就是"全面优秀，外加至少一方面杰出"，才有机会做到超预期，从而形成口碑。

这种体验可以来自全新的创新品类，比如索尼的随身听和初代iPhone给人们带来的震撼，也可以来自远超所有同行的综合表现，比如小米移动电源问世后，很快市场上只有两个牌子，一个叫小米，一个叫其他产品。以用户的直观感受来衡量，就是产品要够酷。酷就是体验远超预期的衡量标准。

酷的产品距离爆品还差一个条件，就是要有令人惊喜的价格。超高的性价比是好的产品击穿大众心理、成为爆品的关键。

令人惊喜的定价与产品的绝对定价基本无关，"有理由的低价"或"有理由的高价"都可以。爆品最终要实现的是产品大卖，如果产品够酷，但价格不好，仍然难以实现海量出货。更重要的是，伟大的企业都是把好东西越做越便宜。商业发展的方向就是普惠，让更多人享受到一致的高品质生活体验，提升人类的整体幸福感。我们要做爆品，性价比高不仅是手段，也是目的之一。

要做很酷的产品，要有远超同行的体验，就需要巨大的投入，而爆品又要坚持高性价比，看起来是很难赚钱的。这矛盾吗？不。有句话叫"利小量大利不小，利大量小利不大"，薄利多销依然可以积累可观的利润。而爆品模式的核心是提升效率，在真材实料、精工制造的同时紧贴成本定价，还能拥有利润空间，这是企业保持长久竞争力的关键。

要提高效率，就需要精简 SKU 并做到海量，凭借出色的产品力实现相对长的产品生命周期，进而有效分摊研发成本、控制生产成本和服务成本。此外，通过新媒体营销降低市场成本，通过电商等高效的渠道降低销售成本。

爆品一旦做成，在有效分摊各种成本时，由于自带流量，营销成本还会进一步降低。所以，爆品模式可以在保证性价比的前提下，显著提升运营效率。这要求企业对内拧紧毛巾，全方位提升能力，保证每一款产品都能给企业带来正反馈和正循环，支持企业持续发展。相反，如果企业不能做到高效率，就无法用稳定的商业模型来支撑性价比的持续表现。这也是为什么不少团队能够在一两款产品上做到高性价比，但不能长期坚持。高性价比不是定价策略，而是产品战略，需要有完整能力体系的支撑。

爆品有一种神奇的杠杆效应，能够帮助一家创业公司高效撬动供应链、团队能力、市场、用户资源，快速积累势能，实现快速成长。小米能在巨头林立的消费电子领域从零开始快速成长，并在很多领域快速建立优势，就是得益于坚持爆品模式，持续打造爆品。

打造爆品的四项关键能力

在过去的 10 年间，小米不仅自己用爆品模式做手机，还在其他行业和生态链企业一起打造了一系列爆品，比如小米移动电源、小米手环、小米空气净化器、小米插线板、小米电动平衡车、小米扫地机器人等等。在打造单款、精品、海量、长周期的爆品过程中，小米逐步形成了一些方法论。

洞察未来：产品要有"明天属性"

打造爆品时，我们首先考量的第一要素是，产品是否具备"明天属性"。

什么是"明天属性"？就是给用户提供代表先进趋势的、令他们向往的全新体验，而且这种体验是用户一旦用过就不想放手的。比如用户一旦用了智能手机，就再也不想用非智能手机了。

从这个意义上说，所有能带给用户美好生活的产品，都具有开发成爆品的潜质。比如以智能门锁、智能照明为代表的全屋智能系列产品，给生活带来巨大便利的扫地机器人，甚至小到更符合人体工程学、书写体验更好、墨量续航更久的中性笔，也能成为爆品。

此外，因为人人都向往，所以这些爆品拥有强大的自传播力。我还记得小时候，如果哪个邻居家率先买了电视，那么每天晚上这家将是最热闹的，大家会聚在一起看电视。这种现象说明电视注定会走进千家万户，比任何广告的作用都强大。我们常常说，爆品是自带流量的，原因就在于它的明天属性，让人心生向往。

洞察用户：精准取舍功能

这一条隐含两层含义。首先，切中用户未满足的需求，将产品做到极致，甚至大大超出预期。其次，做任何一款产品都是在做取舍。从产品定义来看，爆品的第一法则就是做减法，少即是多，只专注解决用户最迫切的需求，把这一个需求做透。比如我们做第一款扫地机器人时，就只专注"扫得快，扫得干净"这一条，其他的功能如拖地等先放一边。

在面对生态链繁多的品类时，小米有一条产品定义取舍法则：满足80%用户的80%需求。哪些功能要保留，哪些功能要舍弃，取决于对用户需求的洞察。在后面的章节中，我会通过案例进行专门的介绍。

创新实现：重组技术和供应链

有十足把握能做到的产品一定不是好产品，更不要说有极致的体验了。在产品精准定义之外，爆款要做到超预期，还需要大量独特的创新，而这些创新需要通过对技术和供应链资源的重组来实现。

比如，我们做充电宝时，率先导入来自笔记本行业的18650电芯资源和铝合金一体外壳工艺；做扫地机器人时，基于精密加工产线上工业级照相机的扫描技术原理来开发激光测距传感器，自研实现了前所未有的扫地路线精准扫描规划；小米台灯借鉴改良了笔记本电脑的转轴工艺，带来了更优雅、舒适的阻尼感和提升数倍的开合寿命。而小米MIX手机更是把原先只用在高端烤瓷牙上的陶瓷烧制工艺发展成了手机外壳的制造工艺。

这些技术和供应链资源的重组，都为行业带来了前所未有的体验高度。这需要团队拥有开阔的技术视野、深厚的预研深度，以及对供应链资源的深刻理解和深度把握。

精准触达：直达目标用户

我们找到了用户的需求，也做出了超过用户预期的产品，最后给出的也是低于用户预期的价格，这样的产品能不能爆呢？其实还差一点，就是要把这么好的产品更直接充分地展示、送达给目标受众，这样才有机会真正成功。

这需要我们有效率更高的营销方法和销售渠道。小米的"铁人三项"模式中的高效新零售渠道正是基于这一考量：基于新媒体阵地建设用户社区，将信息直接传递给用户，然后用极致快捷的渠道将产品送达用户。

此外，我还要特别强调一项关键素养，那就是在产品定义和研发过程中一定要进入"小白模式"，而不要一下子就进入"专家模式"。

"小白"一词源自网络，指的是对某领域完全没有知识储备和经验积累的新手。所谓"小白模式"，有两方面的含义。一方面是要能够代入普通用户视野，

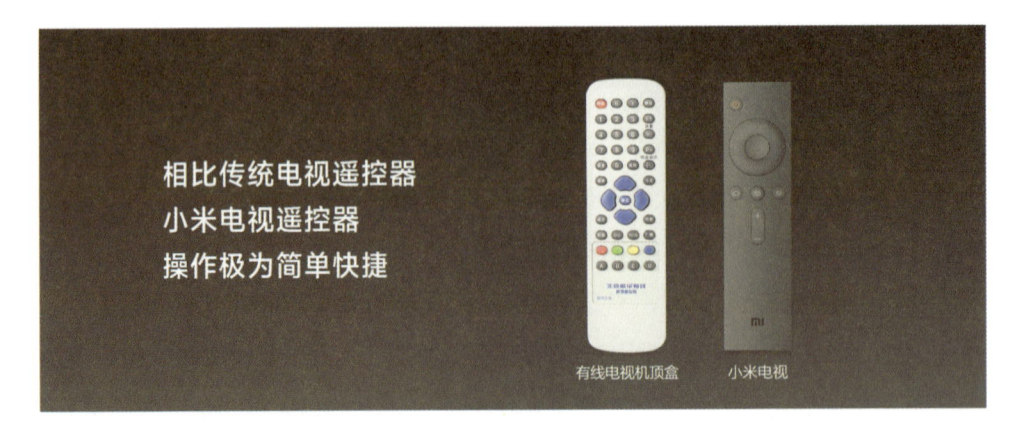

相比传统电视遥控器
小米电视遥控器
操作极为简单快捷

有线电视机顶盒　小米电视

小米电视遥控器与传统电视遥控器

从最广大用户的角度去思考用户的真实需求、产品定义和设计方向，找到最具优雅易用性的体验，体现的是用户洞察素养和对用户体验的深刻理解；另一方面是在思考业务决策、产品实现时，不要囿于行业中已有的模式和路径，而是回到产品实现需求的原点进行思考。

举个例子，小米电视的软硬件交互设计就充分体现了"小白模式"的价值。一台互联网电视的交互界面应该是什么样的？在此之前，已经存在的所有IPTV、VOD服务，都把界面做了传统个人计算机互联网门户上密集内容导航式的结构，但这类交互是基于个人计算机上鼠标点击交互的逻辑，在电视机上用遥控器操作点播就很不方便。用户期待的体验是能够通过遥控器点按，如何实现呢？我们设计了MIUI TV，在业内率先采用了大按钮交互形式，并成为整个互联网电视业界遵循的交互设计基本思路。

除了交互界面，小米的遥控器还提供了颠覆式的设计。过去的电视遥控器可谓是"专家模式"的典型代表，几十年间，电视遥控器上80%以上的按钮普通用户都搞不清楚用途，更谈不上使用了。2012年，小米的第一代遥控器简洁到只有11个按钮，做到了所有用户无须学习，凭直觉就可以轻松上手，更多专业功能也都可以通过简洁流畅的 UI 交互在系统菜单中提供，真正实现了"小白模式"的要求。

"小白模式"也是第一性原理的体现，即我们要还原用户最本质的需求和产品最底层的结构，而不是不假思索地照搬既有的理论和经验。唯有如此，才能实现更精准的需求洞察、更优雅易用的使用体验，以及更令人惊讶的创新。

以上是小米对爆品模式高度提炼的方法论概述，在后续章节中，我们将以生态链公司的实践为例，详细展现如何打造爆品。

爆品的概念已经提出多年，然而网红产品常有，爆品不常有，持续产生爆品的机制则更罕见。小米也遇到过产出冻结的"爆品冰河期"，因为打磨爆品是一种坚守初心、精雕细琢的团队能力和修养，只有放下"GMV 迷恋"，坚持"高质量增长"，才有可能持续产出爆品。

第十章
高效率模型

小米方法论结合"铁人三项"的商业模式，构成了完整的"小米模式"。在创办小米之前我就知道，小米模式真正被大众认知、理解和接受，将是个漫长的过程，至少需要15年的时间。因为这种模式有很多反直觉的地方，需要跟"便宜无好货"等很多固有观念做斗争。有些讽刺的是，小米模式天生就是为实现"便宜有好货"而奋斗。

我承认，小米模式乍看起来的确有点复杂，即便是在小米内部也不是人人都能充分理解。但小米模式真的复杂到难以理解的程度吗？也不是。小米模式看起来复杂，但只要抓住一条主轴，就可以理解透彻。这条主轴就是效率。效率是小米模式的基石，也是理解小米模式的一把钥匙。小米模式的出发点，就是要提高效率。

小米模式要解决的两个矛盾

为什么说提高效率是小米模式的出发点？这还要从头讲起。

"好"与"便宜"的矛盾

我在上大学时有了创办一家伟大公司的梦想。我觉得，伟大的公司必须要有伟大的事业，能够为社会解决某些重大问题。金山上市后，我成了一名天使投资人，开始静下心来思考一些商业现象。那时候我产生了一个疑问：为什么中国是世界工厂，老百姓却不那么青睐国货？

是质量不行吗？不是，中国制造早已行销全球，论生产能力肯定没问题。是价格太贵吗？肯定也不是，国货是出了名的便宜。真正的原因是，国货陷入了一个怪圈：便宜的质量很差，质量好的价格都很贵。

我开始深入思考这个问题，是从一件衬衫开始。在金山时，我们的日常着装都非常正式，经常要买衬衫。我发现好一点的衬衫都很贵，一件成本100元的衬衫在商店里可能要卖到1000元。能不能便宜点呢？比如两三百元？也可以，那就要把成本压缩到二三十元，但是衬衫的质量就会直线下滑。厂家没办法，只好在用料上做文章，袖口减一点，下摆缩一点。但我去美国出差时，发现那边的衬衫同样是中国生产，却比国内便宜很多。经过比较，我还发现，同样是中国生产的衬衫，在美国卖的下摆都很长，穿着体验很好；而在中国市场上出售的衬衫下摆明显短一截，抬手稍微猛一点，腰上就"露馅儿"了。

这些现象背后有一个词叫定倍率。定倍率＝零售价/成本，比如100元成本的东西卖500元，定倍率就是5。通常而言，服装行业的定倍率是10~20，鞋子是5~10，化妆品行业是20~50。那么，这么高的定倍率是哪来的呢？它取决于商业世界的效率，一部分看制造者有多贪婪，给自己留多少溢价，更多的则是从商品产出到用户手中，大量的中间环节损耗了巨大的成本，定倍率就居高不下，而这些消耗的部分，在市场终端全部要由消费者来买单。久而久之，老百姓就认定了那几句老话："便宜没好货""一分价钱一分货"。

我觉得，"一分价钱一分货"大体是对的，但它应该反过来，是"一分货一分价钱"。不应该把市场推广、广告渠道的层层加价算在一件商品的价格里，而应该算这件商品在原材料、研发、设计、制造上花了多少钱。大多数企业都在10%的生产成本里抠搜，从来不向无谓损耗的90%的交易成本开刀，这是"便宜没好货"的根源。在老百姓看来，国货的"好"和"便宜"是一对矛盾体，因此充满了不信任。

中国制造业不缺工匠精神，不缺创新意识，不缺成本控制能力，更不是不能把产品做好，核心问题是整个社会的商业运作效率低下，在部分领域低到了令人发指的程度，这就容易造成一种恶性循环：产品不好，价格高，每一个环节都赚不到钱。

搞清楚这件事，我就产生了一个宏大的理想：我希望能推动中国制造业改变。这个理想的本质其实就是要改变商业世界中普遍效率低下的现状，发动一场彻底的效率革命。因为只有提升了效率，我们才能解决"好"和"便宜"这对矛盾，真正做到"感动人心、价格厚道"。

"合理的低毛利定价"与"企业盈利"的矛盾

要解决"好"和"便宜"这对矛盾也不难，用性价比模型似乎就可以。我们把产品做好，再按照成本定价，只赚一点点利润。但真的这么简单吗？

也不尽然，性价比模型不是简单的定价策略，而是一种系统性的能力，需要精密的制度设计。同时，公司需要有合理的利润，还需要保持健康的成长。我在前面分享过开市客的案例，采用性价比模型的开市客一度濒临破产。所以，采用性价比模型的公司少，不仅仅是意愿问题，更多的是能力问题，只有极少数优秀的公司能够驾驭它。

为什么小米模式看上去有点复杂，是因为我们试图建立一个"不可能三角"结构：

- 产品做到感动人心，拥有极致的体验。
- 价格做到极其厚道。
- 公司有不错的盈利。

为此，我们在商业模式上做了大胆的尝试，设计了一套复合模型。但万变不离其宗，只要从效率入手，理解小米要解决的两组矛盾，就相当于对小米模式照了一张 X 光片，无论多复杂的结构也清清楚楚。

"不可能三角"

- 产品做到感动人心 拥有极致的体验
- 价格做到极其厚道
- 公司有不错的盈利

把"不可能三角"变成可能是小米模式的任务

商品定价里的效率密码

要解决"感动人心"和"价格厚道"的矛盾，我们首先来看一个最基础的问题：商品是怎么定价的？

小米定价模型

商品价格构成	制造和服务成本	+	研发分摊成本	+	市场推广及广告成本	+	销售及渠道成本	+	利润
小米的模式	爆品 降低制造和服务成本	+	爆品 降低研发分摊成本	+	新媒体营销 降低市场成本	+	电商 降低销售成本	+	< 5% 硬件净利润率

小米定价模型

分摊成本是关键

其实非常简单，任何商品的定价都是由五部分组成的：

- 制造和服务分摊成本。
- 研发分摊成本。
- 市场推广及广告分摊成本。
- 销售及渠道分摊成本。
- 利润。

但是要注意，这里说的都是分摊成本，而不是成本的绝对值。不少人混淆了成本和分摊成本的概念，由此产生很多误解，最典型的就是：小米模式定价这么便宜，肯定是因为在研发上没投入。

事实上，分摊体现的是利用效率，抛开效率谈绝对投入毫无意义。举个简单的例子，一款手机的研发成本是固定的，但是卖出10万台、100万台和1000万台，研发分摊成本的差距就大多了。

研发分摊成本是效率表现的重要指标。乔布斯说过，相比研发投入的数值，效率才是关键。的确，创新和研发投入呈正相关，但不是绝对相关。否则，这个世界就是巨头公司的天下，小公司永远没有出头之日。然而，很多伟大的创新都是由小公司做出的。当乔布斯和沃兹尼亚克在车库中发明苹果电脑时，蓝色巨人IBM的研发投入已经是天文数字，但时至今日肯定没有人说苹果的创新力弱于IBM。

所以，对后起的创业团队而言，不要被巨头们的团队规模和投入规模吓倒，只要能在关键领域高效创新，永远都有后来居上的机会。

2021年小米的研发投入达到132亿元，对一家12年的公司而言，这毫无疑问是巨大的数字。小米模式降低的不是研发投入，而是每件商品的分摊研发成本。

分摊这个概念有多重要？只要量大，边际成本就可以分摊到极致，甚至可以近乎免费。

如今网购已经成为大众日常生活的一部分，但是为什么包邮区仅限江浙沪呢？为什么西部边远省份做不到包邮？原因就在于我国人口集中在东部，而江浙一带的网商又特别活跃，物流成本分摊到海量的货物上就几乎可以忽略不计。

那么，小米模式有办法把分摊成本尽量摊薄吗？有，就是采用爆品模式。有了爆品的单款、海量、长周期的特性，我们就能把研发、制造、服务成本分摊到很低；同时，我们使用了高效率的互联网工具，以新媒体营销为主，加上爆品自带流量，市场推广及广告分摊成本变得很低，在小米早期我们甚至没有任何营销和公关费用；然后我们采用电商销售，去掉了大量的中间环节，直接"前店后厂"，销售及渠道分摊成本也在极低的水平。

这就是为什么小米创业早期敢于按照 BOM 成本定价，比如小米第一代手机的成本 2000 元，就敢于定出 1999 元的价格，摧枯拉朽般地彻底改变行业旧格局。即使是 2016 年以后，小米开始拓展新零售，我们的效率也保持在极高的水平。

小米的历年财报显示，我们的综合运营成本（OPEX）长期保持在 10% 左右，

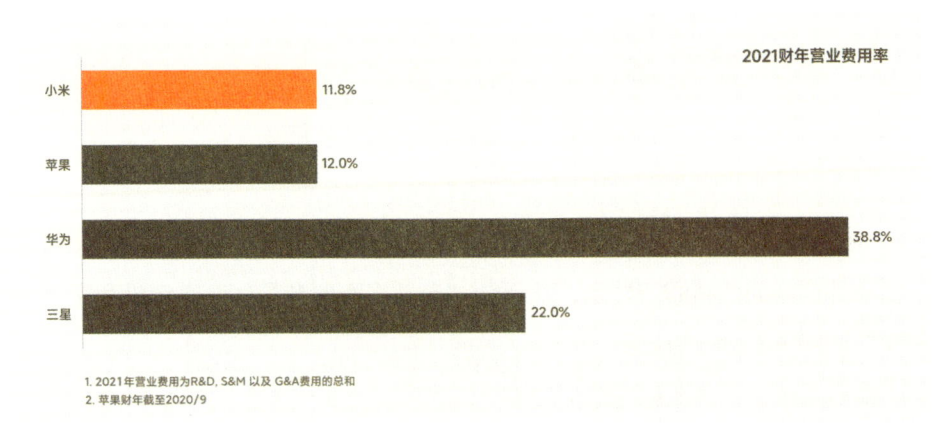

2021财年营业费用率

公司	营业费用率
小米	11.8%
苹果	12.0%
华为	38.8%
三星	22.0%

1. 2021年营业费用为R&D, S&M 以及 G&A费用的总和
2. 苹果财年截至2020/9

科技行业 OPEX 对比

其中研发投入占比始终是大头，有极高的权重。不谦虚地说，这是全世界顶级的运营效率。有了以上基础，我们就能做到商品的定价远低于同行，还能保障适当的盈利。

这个世界不需要更多追求"品牌溢价"的公司，"溢价模型"只会把东西卖得越来越贵。真正伟大的公司总是把东西做得越来越好、越来越便宜。

隐藏关键要素：流速

在上面的成本分解项背后，还有一个重要的成本——资金成本。

资金本身也是有成本的，但凡做企业的人都知道，很多时候相比静态的固定成本，资金成本和与之关联的关键要素——流速，事关企业生死，更为关键。

小米模式致力的效率并不是一个静态概念，而是凭借更高频的用户互动、更短链条的产品交付，带来了更快的反馈和改善速率，以及更快的资金、库存周转。这使得在任何单位时间，公司能够沉淀、调用的资金更多，参与公司产业链条的合作伙伴获得的收益率也更高。

用一组简单公式表达：

$$投资回报率 = 年利润 / 年投资额$$
$$= 利润率 \times 年收入 / 年投资额$$
$$= 利润率 \times 年周转次数$$
$$= (毛利率 - 费用率) \times 年周转次数$$

这一点此前往往被人忽视。而充分考虑到这一点，就不会囿于性价比模型带来的单件产品的低利润率疑虑，从而让"感动人心的产品、厚道定价和企业合理利润"的三角架构更加稳固。

最后总结一下，在影响定价的五个因素中，小米主要做了三件事：

- 打造爆品，降低全链条的分摊成本。
- 用好互联网工具，做高效的新媒体营销、电商和新零售。
- 自我控制利润空间：硬件净利润率永不超过 5%。

看起来是三件事，其实是一件事，本质都是效率。做好这些，我们就成功地解决了"感动人心、价格厚道"的矛盾，让老百姓有机会享受高品质、高性价比的产品。接下来我们要做的就是搭建一个合理的商业模型，让公司能赚到钱，这样才能让小米模式形成持续的正循环，并且不断发展壮大。

减少中间环节，赚点"小费"

提高效率主要有两种方式，一种是"拧毛巾"，主要是压缩内部费用，这是非常必要的，但压缩空间有限，而且过度压缩费用未必有利于公司的长期健康发展，比如研发费用对产品力的提升就极有必要。我更倾向并且用得更多的是另一种方式：模式优化，即尽可能压缩商业流通领域的中间环节，同时少做事，用最聪明的人简化流程。

"小米模式"选择的优化方式就是"铁人三项"模式。

铁人三项：硬件、新零售、互联网

简单地说，"铁人三项"模式就是把设计精良、性能和品质出众的产品紧贴硬件成本定价，通过自有或直供的高效线上线下新零售渠道直接交付给用户，然后持续为用户提供丰富的互联网服务。

"铁人三项"模式的第一大模块是硬件。我们要做爆品，承载爆品的就是硬件。我们选择的是智能手机，当时移动互联网风潮已起，我们看到了巨大的风口。我们如果选择其他硬件产品，比如路由器、电视，也可以跑通商业路径，但

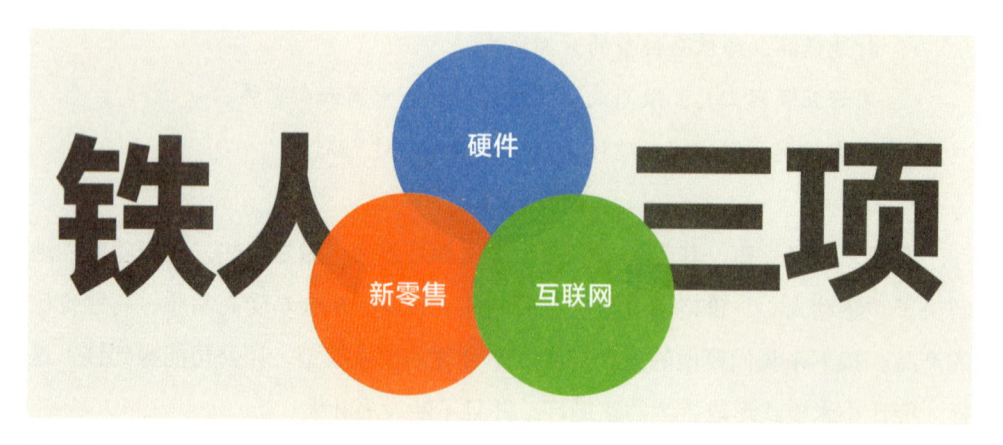

铁人三项

是成功率和成长速度恐怕都要低很多。而且，我们想要做的是个人计算平台，这个平台在个人计算机时代是桌面电脑，在移动互联网时代毫无疑问就是手机了。所以，手机成了我们的硬件核心，从手机开始，我们陆续拓展到电视、路由器、大家电等产品。

第二大模块是新零售。本质上是用最高效的方式，通过最短的链条，把产品直接交付给用户。早期我们只通过自有电商渠道小米网销售，后来在天猫、京东等电商平台上有了自己的旗舰店，自有渠道增加了线下的小米之家和线上的综合精选电商平台有品商城。只要追求效率的本质不变，新零售的业态还会越来越丰富。

以上两大模块构成了完整的性价比模型——产品好且价格便宜，但还要解决另一个问题：如果企业不挣钱，股东不开心，员工不开心，研发投入不能保障，长期看用户也不开心。为了解决这个问题，我们引入了第三个模块：互联网。

靠"小费模式"赚钱

典型的互联网商业模式就是将吸引用户和获得利润分成两步。我们通过高性价比的硬件（前面说过，小米承诺硬件综合净利润率永远不超过 5%）吸引了用户，然后给用户提供各种增值服务，比如应用分发、游戏、阅读、云服务等等。用户使用了互联网服务就相当于给小米支付了一点"小费"，使企业能够保持良好的经营和利润的持续增长。

事实上，这笔"小费"已经让小米过得挺不错，互联网变现业务提供了小米绝大多数利润，并且还在持续健康增长。2021 年，我们的互联网收入已经达到 282 亿元。

这个办法说起来并不复杂，不是小米的原创，甚至不是互联网公司的原创。我多次提到的开市客从超市货物上基本也赚不到什么钱，它靠的也是"小费"模式。开市客吸引了众多的用户，然后把这些用户发展为会员，每年收取会员费，仅此一项就是一笔稳定的收益。然后，用户付费需要用信用卡，来超市购物往往要开车，开市客又给用户提供了信用卡服务和加油站，可以赚一点信用卡费和加油费。

在我看来，重要的是互联网思维和互联网效率。只要具备了互联网思维，即便是经营传统业务的开市客，本质上也是一家具有"互联网属性"的公司。今天，亚马逊在美国如日中天，却丝毫影响不到开市客，就是一个很好的证明。因为开市客和亚马逊本质上是一样的，它们的效率都非常高，没有电商和传统超市的区别。

当然，相比普通的互联网公司，小米的这套模式要复杂和困难得多。一般的公司只有一个模块，而我们拥有三个模块，并且都是竞争最激烈的。任意一个模块都是地狱级难度，合在一起简直就是地狱的立方。

有时候我觉得，如果让我重来一次，我未必有勇气选这么难的路。但是，这是我能找到的最优解，也许也是唯一解。事实证明这条路是正确的，小米模式能够同时实现把产品做好、把产品卖便宜、企业利润增长这三个目标。

以用户为中心的增长飞轮

认真梳理"小米模式"就会发现，用户其实是将"铁人三项"有机结合在一起的核心，只有围绕用户形成商业闭环，"铁人三项"才能健康运转。

我们的第一个闭环，是从MIUI开始的。我们做了MIUI操作系统，然后通过小米社区发展用户，用户的口碑帮助MIUI推广，于是MIUI获得更多的用户，并把用户导向了小米社区。MIUI、小米社区和用户形成了一个完整的闭环。

我们的第二个闭环，是从手机开始的。我们做了非常好的手机，然后推荐给了MIUI积累的用户，这些用户来到小米商城购买了手机。买了手机之后，小米商城向用户推荐更多的生态链产品，打造更多的爆品。爆品的流量给小米商城带来更多的用户，我们推出更多的手机和生态链产品供用户购买。硬件产品、小米商城和用户形成了第二个完整的闭环。

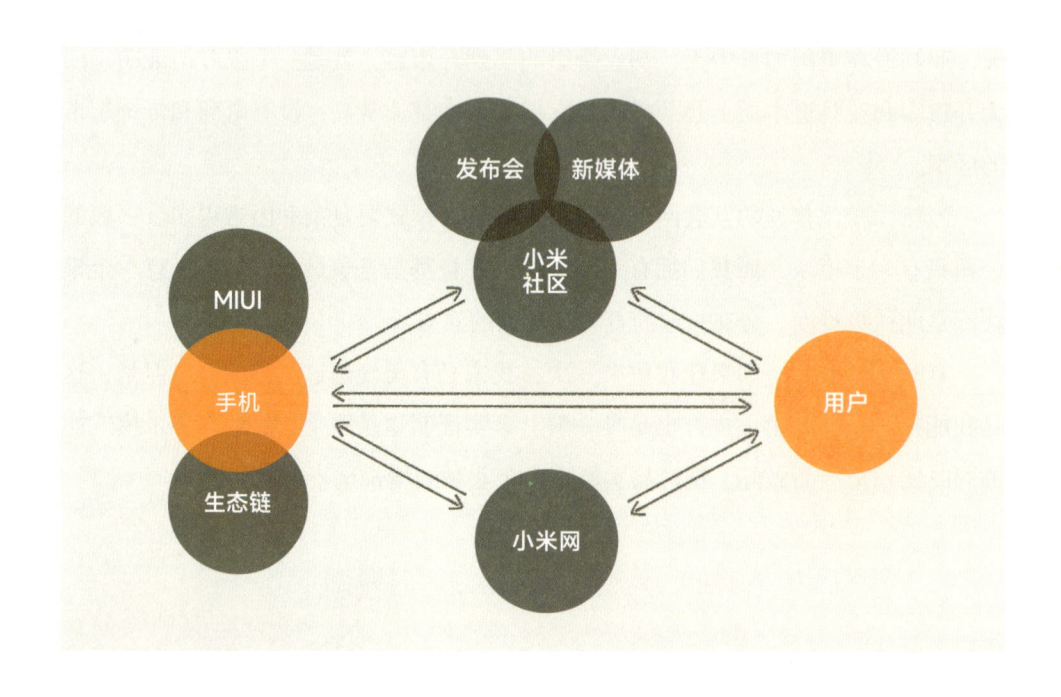

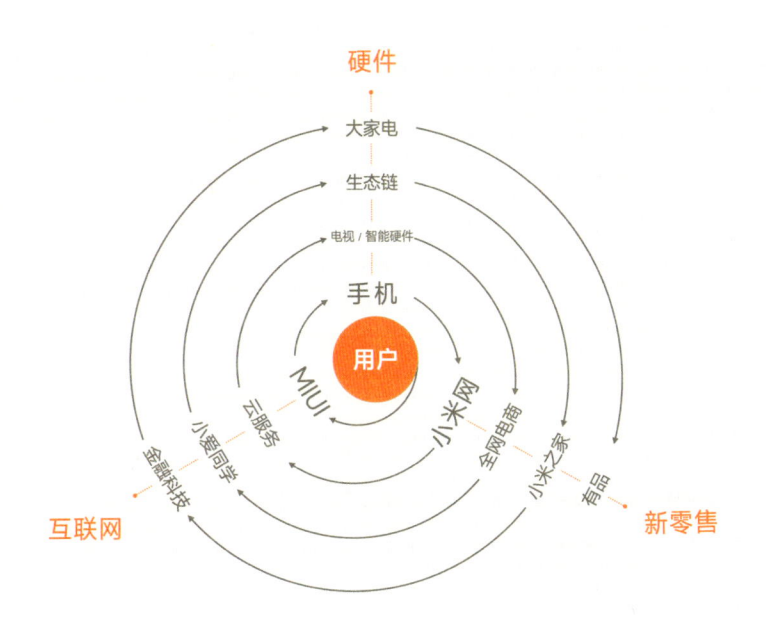

[图示：以"用户"为中心的同心圆模型，三个方向分别指向"硬件"、"互联网"、"新零售"。内圈包括 MIUI、手机、小米网；中圈包括云服务、全网电商、电视/智能硬件；外圈包括小爱同学、小米之家、生态链；最外层包括金融科技、有品、大家电。]

可以看出，"铁人三项"是一个环环相扣的精巧模型。这要求我们在硬件产品、互联网服务和新零售上，每一个环节都要做到最优，然后驱动整个公司进入正循环，形成以用户为中心的增长飞轮。

通过上图可以清晰地看到，小米的增长飞轮是沿着三个维度增长的。首先做好 MIUI，之后是做好手机，手机带动了电商，电商带动了云服务，然后催生了智能硬件等等业务。重要的是，这些业务不是硬生生地规划、推动出来的，而是每隔一段时间就会在小米体系中自发生长出来。这种高质量的内生性增长，支撑了小米过去 11 年的高速发展。

今天，在互联网维度上，我们拥有了 MIUI、云服务、大数据、人工智能等业务；在新零售维度上，我们拥有了小米商城、全网电商、小米之家、有品商城等平台；在硬件维度上，我们拥有了智能手机、智能硬件、生态链、大家电，以及正在进行中的智能汽车。

这些业务看起来极为庞大和复杂，但本质上都是以用户为核心发展起来的。这样或许就能理解：小米是互联网公司，又不是普通的互联网公司。小米既是手机公司，也是新零售公司，还是移动互联网公司。同时，小米还是智能汽车公司、智能制造公司。总之，小米是一个新物种，我们不在乎如何被定义，我们唯一在乎的就是以用户为中心。

如果我们无法持续赢得用户的信任，保持和用户高频的互动，并不断增强黏性，一旦用户出现明显流失，"铁人三项"也将失去活力，甚至会垮塌。这也是为什么小米模式要如此强调跟用户交朋友，如此强调用户的信任是整个小米模式的基石，为什么"互联网七字诀"中要反复强调"口碑为王"。

这样的模型虽然复合程度高，执行难度大，但我并不认为仅仅适用于小米。

我们可以把"小米模式"高度简化为：打造爆品实现各类固定成本的分摊降低，使用新媒体和新零售渠道降低推广、销售成本，紧密围绕用户布局公司产品/服务，促成用户高频互动和使用，形成能够互相引流/转化用户、交叉补贴的商业闭环。

今天，所有的公司都具有互联网属性，都可以高效使用互联网工具，都有机会实现产品公司—科技公司—数字经济公司的形态跃迁，基于上面高度简化的"小米模式"，就有机会实现效率的显著提升，实现用户价值和公司价值的并进共赢。

第十一章
新零售

当我们说到小米模式的时候，其实我们说的是两件东西：一是小米模式的本质，即高效率的商业模式；另一件是小米这家公司具象的商业模式，这是小米在实践中摸索、建立的一整套业务模型。在这套具体的模型中，除了之前章节提到的产品等要素，小米的零售模式也是其中至关重要的一环，是制造业效率革命最终面向用户实现意义的关键要素。在小米创业之初的电商模型之外，小米之家线下零售模式的探索很大程度上是小米模式演进和成熟的关键思考。可以这么说，小米之家的模式就是小米模式的推导，是小米模式未来的基石。

从 2015 年到 2021 年，以小米之家模式为代表的小米线下渠道经过 6 年的探索和起伏波折，模式基本被验证，小米之家将完成全国县域全覆盖，并将向海外市场输出。从始至终，我们的目标没有半点动摇：用极致的电商效率做线下渠道，提供更极致的服务体验。而全部的探索过程，就是小米不断思考、不断努力，构建支撑这一目标的能力与体系的过程。

从电商走向新零售

渠道选择的本质

我们当初为什么只做电商，后来为什么要考虑线下？这是我们选择小米零售策略要回答的首要问题。

我一直是个"电商派",在小米发展早期,我一直认为我们只做电商就够了。小米为什么自建电商?这是一种极致的效率,当小米拥有注意力和流量时,只需要付运费,就能把产品卖到用户手上,这就是小米渠道模式思考的原点。

纵观消费电子行业的综合定价逻辑,其实可以近似地视为BOM(物料及制造成本)乘以2,如果要实现小米模式的终极理想——成本1000元的BOM只卖1000元,那就只有一个可能:所有费用为0。

这是一个非常理想的模型,由于研发、运营、仓储、运输、获客流量等各类硬成本的存在,我们无法真正做到所有费用为0,但小米模式是要通过高效率的运营,把各类费用都努力做到无限趋近0。

这个目标带来了一系列问题:你发布了一款产品,媒体为什么要主动帮你报道?你的电商流量如何低价甚至免费获得?消费者为什么要排队买?甚至,体量巨大的电信运营商为什么愿意主动找你合作,还不要费用,而且提货时先付钱?

这些听起来很不现实的事,在小米创业成功的初期居然都发生了,颠覆了整个行业的想象。为什么?

答案只有一个,就是爆品。小米手机超强的产品力、性价比,带来了巨大的关注度和流量。这就是为什么我们一直在讲爆品和酷的产品,这才是用户愿意主动排队购买的根本。只要用户愿意排队,你的渠道费用和市场费用就有机会无限趋近0。

所以,小米模式的实现要素就是爆品。在爆品的巨大竞争力加持下,小米可以选择自有电商。无论是对用户还是对小米,这都是利益方面的最优解——用户获得了最好的价格,不必为渠道成本买单,小米则省去了渠道建设运营成本,赢得了最好的定价竞争力,同时拥有了最快的周转效率。

2011—2014年,小米正是凭借如此巨大的颠覆性优势,迅速赢得了中国第一。但是很快,这套渠道模型遭遇到了挑战。

首先是外部环境发生了剧烈的变化。

2014年是一个关键的年份。这一年第三季度,小米首次进入全球前三,迎来了自己的高光时刻。但耀眼的光芒也遮蔽了很多隐忧与问题,以致有两个极为重要的商业信号被我们忽略了。

第一个信号是，自 1999 年以来，电商对中国零售业疾风暴雨式的替代已经达到了阶段性的平衡，线上市场占零售总额的比例相对稳定，线上线下相互补充、相互融合。与此同时，线上流量红利逐渐减少的趋势不可避免地到来。

当线上电商巨头开始在线下布局时，已经释放了一定的商业信号——线上市场正在趋于饱和，线上流量红利正在逐渐减少。因此，电商巨头开始在线下寻找新的流量入口。自出生以来就一路高唱凯歌的小米网，在冲到国内第三大电商之后，开始逐渐体会到电商流量见顶的感受。

而小米赖以起家的社交网站平台内的流量来源也已悄然改变。以微博为例，与 2010 年前后以一、二线城市用户的公共话题为主不同，此时微博的流量核心来源已逐渐下沉，随后数年的话题中心也转向了明星和网红们的娱乐流量。

第二个信号是，原先在线上被小米甩出多个身位的对手们开始着力布局运营商渠道和线下渠道，以避实击虚的方式积蓄侧翼攻击的力量。

2014 年，运营商把以前只给"中华酷联"的份额开放给了公开市场，因此以前只做社会公开渠道的手机品牌，从单一市场进入了多种渠道市场，包括运营商渠道。

另外，红米（Redmi 品牌的前身）将山寨市场终结之后，长期深耕线下渠道的友商凭借较高的产品毛利与较大力度的渠道投入，吸引了大量经销商与之合作，在线下地毯式开设了大量门店，在通信一条街形成了两家友商的门店从头到尾相间分布的盛况，它们的品牌从三线城市下沉到了五、六线城市，夺取了山寨机占据的线下份额，这让它们的总体盘子得到了提升。

还有一个强劲的竞争对手也在飞速成长。凭借一款旗舰手机的意外成功，这家通信网络设备出身的友商快速夺取了这一年三星丢失的中国中高端手机市场，并着意收编三星留下的手机渠道，为其后续的发展奠定了基调。同时，针对小米出现的友商子品牌也不断在线上对我们造成了骚扰和阻击。

2014 年，我们并未意识到，初创期基于线上构筑的互联网思维防线即将迎来一个巨大的新挑战，以及一次打破自我局限的迭代升级。

同时，小米自身的发展也遇到了阶段性的瓶颈。

第一，小米渠道模型的基础是爆品。而随着行业竞争加剧，以及小米自身基础不牢、综合能力存在短板等问题暴露，我们无法持续稳定地产出爆品，这成了渠道忧虑的根本原因。

第二，中国市场极其庞大复杂，商业发展程度、用户消费心理和消费习惯分布极不均衡。电商在一、二线城市的渗透率足够高，但在更为广大的下沉市场中则是另一番景象。小米起步于熟悉消费电子产品的发烧友群体，而大量的产品规划、参数等在下沉市场中知晓程度很低；同时，越是在下沉市场和对消费电子产品不熟悉的客群中，在线下渠道亲手感知产品和接受线下推荐导购的需求越多，而小米所依赖的"卖图片"式的电商模式，显然对这些体量占大多数的客群鞭长莫及。

第三，就是小米自有电商的发展焦虑问题。2013—2014 年，小米自有电商小米网已发展到中国第三大电商的水平，但如此严格闭环，使得小米网的电商渠道客观上会与更为广大的平台电商形成某种竞争关系，提前感受到流量来源焦虑。事实上，在进行线下尝试之前，小米严格闭环的商业模型已经开口，从 2013 年到 2015 年，小米陆续进驻天猫、京东等电商平台。

在小米用 3 年时间就迅速发展到每年销售 6000 多万台手机之后，这些问题迅速出现。而这些形势的变化，让小米模式的渠道模型立即受到冲击。变还是不变，这是个问题。

没有选择的重大选择

与如今回头看做这些选择时的心态不同，在 2015 年之前，是否做线下，对小米团队中的很多成员而言是一个"原教旨"式的信仰问题、根本路线问题。

很多同事和我一样，甚至比我更加坚定地坚守电商路线，不少人甚至认为这是关于"小米模式纯洁性"的铁律，线下渠道话题一度成为一种禁忌，引发了对于小米是否会"变质"的忧虑。

在遭遇市场份额下滑险境之际,渠道形态是否需要改变,对小米而言是一个重大选择:我们是坚持只做电商,做一个小而美的公司,还是要做一家大公司?

实际上,我们几乎没有选择。如果小米是在做一些非标准化的品类,那么小而美也是一个合适的选择。但在手机这样高度标准化的电子科技工业领域,小而美早已被证明是个伪命题。没有足够的规模,就没有足够的研发投入能力,也没有足够的供应链支持。这个行业的前人,无论是走奢侈品路线的,还是试图走个性化、差异化路线的,他们的命运都已证明了这一点。

要做大公司,就必须有一个完整的零售逻辑。事实上,直至今日,电商占手机行业零售总量的比例也不过30%左右,即便小米始终位居智能手机行业的电商前列,即便拿到40%的电商份额,在智能手机市场总容量中也不过才占12%的份额,如果固守线上,我们必然会遭遇增长的天花板。

无论多么不甘心,在巨大的现实压力面前,我们还是逐渐有了一个基本的判断:小米只做纯电商模式已经行不通了,我们不能坐等用户改变购买习惯。要为更广大的用户提供产品,小米需要开辟线下零售渠道,去做之前碰不到的用户增量。而如何做完整的线上线下零售,如何让零售与小米的整体商业模式融为一体,是我们面临的难题。

当时小米从产品定义到组织结构,从团队构成到销售能力,全都是围绕线上模式搭建的。人们怀疑我们,不少同事也有疑虑:走向线下,对小米而言,是不是一条死路?

起步前的思考

为了应对渠道焦虑,我们需要冷静比较线上线下零售的消长。

首先,我们不能因为焦虑就丢失对电商渠道的信心。正如前面提到的,自1999年以来,十多年来中国互联网对传统经济形态的巨大改变遭遇了阶段性的"攻击停止线"。需要注意的是,这是一个阶段性的停止线,并不意味着电商的份额就此冻结或者反吐给线下。实际上，同样在消费电子领域，早已有其他品类证明了电商足以占据足够大的份额，比如笔记本品类，仅京东一家渠道就占了笔记本零售总额的50%。我们相信，智能手机也是如此，来自电商的份额同样会逐步提升，最终至少成为在社会零售总额中占据多数份额的主流模式，只是我们需要耐心。

其次，我们需要充分尊重和认可线下渠道的价值，承认线下渠道对用户体验的价值、对品牌宣传的价值、对销售促进的价值等等。如果不承认这些，就是不客观，违背了实事求是的原则，是一种毫无根据的"互联网傲慢"，而这些傲慢如果长期存在，必将带来巨大的风险。

此外，我们也要对小米的线下渠道适应性有信心。即便是在纯电商时代，小米在线下也不是毫无踪迹。事实上，2011—2014年，我们在线下分销渠道也有足够分量，只不过这些线下渠道都是"野生"的。分销商的货不是我们给的，而是自己去"找货"，就是从运营商渠道倒出一部分货来，或者是从黄牛手上收货。他们这么做的原因通常有两个：一是当我们的爆款产品竞争力强大时，对渠道商而言有着不错的溢价；二是小米的品牌影响力和知名度在线下有"点名率"，也就是说，会有用户找上门来指名要买小米手机，从吸引用户角度，他们也愿意做这样不怎么赚钱的生意。这说明了三个很重要的事实：（1）线下有我们的用户；（2）我们的用户对在线下购买小米手机有很大需求；（3）渠道商也需要小米。

2015年之后，中国互联网的流量来源越发集中于少数大型巨头，线上流量的成本早已不是当年的洼地。2010—2021年，互联网流量价格涨幅在10~20倍，而线下的流量可能比电商的流量更便宜。我们选择线下渠道，并不一定意味着比在线上模式效率低；相反，有一定规模的线下渠道，一定能帮助我们降低对线上电商平台的依赖。

同时，开市客的案例也给了我们更多信心。开市客是一家互联网公司吗？恐怕从没有人会这么想。开市客跟电商有关系吗？没有。但在我眼里，开市客是一家将"互联网思维"使用到极致的顶级零售公司，它长年的费用率只有10%，这个水准是世界级的，胜过了众多所谓的电商公司。既然开市客作为一家纯线下的零售公司都能做到这个水平，那么，小米追求的"电商效率"的新零售就绝非没有可能。

初战告捷

在 2015 年的困境之中，我们决定做一次尝试，而在此之前，小米上下跟线下零售稍微搭边的，就是小米之家团队。

小米之家诞生于 2011 年，是小米的线下售后业务，也是中国智能手机头部品牌中唯一做服务直营的。小米之家的存在是为了在寄修服务之外，能够方便我们的用户在线下直接享受维修养护服务，同时，逐步承担起当地核心用户聚会做活动和展示新产品的功能，但不做售卖，很多选址甚至在写字楼里。到 2015 年，小米之家在北京、上海、广州、深圳、成都、苏州等地共开了 24 家官方店，承担了 40% 的线下服务工单，另外 60% 则由 200 多家服务授权店的合作商承担。

值得一提的是，2015 年年初，小米当时的旗舰产品小米 Note 首发时，小米之家曾经客串了一把首发渠道的角色，算是获得了第一次销售业绩，当时甚至有米粉在发售前夜就赶到小米之家门口搭起帐篷等待。基于这些尝试，这支团队承担起了最初的试水任务。2015 年 7 月，负责售后的小米之家团队悄悄前往南京溧水区，开展了第一次正式的线下渠道调研。

在调研中，目之所及都是两家深耕线下多年的友商的门店，而我们在线下几乎没有份额。渠道商们听说这支调研队伍来自小米，马上就表现出一脸不屑，认为小米的手机都只在线上售卖，而且"质量不好"。很显然，渠道阵地就在那里，我们不占领，就会被友商占领，而不让零售商赚钱，零售商也不会让你赚钱。不仅如此，有的人还会刻意批评、抹黑你。我们在调研中发现，存在前面提到过的下沉市场线下自然需求，点名率也存在，但还有一个更严重的问题，那就是不少渠道商会把收来的小米手机刷机后装上很多来路不明的 App 再卖给慕名而来的用户，这近乎是一种黑产，还有很多人干脆卖假货，而这些举动只会损害用户的利益，并给小米的声誉带来巨大的伤害。

情况已然危急,我们必须尽快开始试点,快速试错才能找到正确的方法并加速铺开。

2015年9月,我们在北京当代商城开了第一家小米之家零售门店。这家门店的位置其实并不那么适合消费电子产品零售,它位于商城6楼,在被服类产品销售区中,但我们追求的是以最小的成本尽快开出店来,只有快速上手,才能发现并验证问题,积累线下零售的实战经验。

很快,我们发现了不少问题。比如动线规划,如何才能让用户尽可能便捷、舒服地从各个入口走过整个店面,同时尽可能多地看到、体验我们的产品。比如展陈,小米过去一直颇受好评的牛皮纸包装在线下展陈中就不再适合。比如引流,怎样才能从商城周边甚至线上用户社区中,吸引用户走上6楼,穿过一堆被服品牌柜面,走进我们的店面。我们还发现,原先电商站点上的广告方案并不适用于商城大厦外立面,需要有针对性地再设计。这些思考与验证帮助我们不断积

2015年小米Note在小米之家首发,热情的米粉提前到门口扎帐篷等待

累起对线下零售的认知。

经过三个月的试水,我们做到了每个月 500 万~600 万元的销售额,整个 6 楼有 60% 的客流都是来小米之家的。

次年,我们开设了小米之家北京五彩城店,同样是开在商场里,只做零售,不做售后服务。我们的店开在地下一层,位置并不好,整个店面运营团队只有不到 10 个人,店面设计也是我们自己琢磨着做的。但是战果再次远超我们的想象,运营进入稳定期后,销售额达到了每月 1200 万元,单店能支撑起整个购物中心当年销售额的十分之一。

两家店的运营起初基本可以做到盈亏平衡,随着生态链产品逐渐增多,盈利能力也逐步提升。围绕小米开设线下店有两个核心问题,一是能不能开店,二是怎样开好店。我们先解决了第一个问题,原有的顾虑基本打消了。

基于这样的尝试,我向团队提出了一个近乎苛刻的运营要求:能否对标电商,尝试挑战 5 个点的费用率。

如何做到 5 个点?在没有太多规模运营经验的情况下,我们的团队在进店客流、转化和客单价三个方面下了大量的功夫。在全国 25 个城市、50 家店的规划下,我们的团队基本做到了 5 个点的极致费用率,其中在成都接近 6 个点,在洛阳、郑州等地则不到 5 个点。

在小米之家尝试的初期,即 2016 年上半年,我们发现并逐步验证了一个重要的趋势:消费电子产品门店进驻购物中心是一种先进的零售形态,拥有丰富产品组合的门店则具备更强的竞争力。

同样在 2016 年年初确定的策略还有,我们要在中心城市设立标杆性的旗舰店。这项工作随即紧锣密鼓地展开。通常零售业筹备一家标杆性的全球旗舰店需要 3 年时间,而我们仅用一年半就做到了。我们请来了苹果旗舰店的设计团队,和我们的团队一起拿出了让人惊艳的顶级方案。2017 年 11 月,我们在深圳万象天地开了第一家全球旗舰店,这个两层 600 多平方米的旗舰店取得了巨大的成功,成了商圈的流量保障,此后我们的友商也迅速学习跟进。

对于怎样开好店,在小米之家零售模式的拓荒过程中,我们开始重新审视传

深圳万象天地店是首个小米之家全球旗舰店

统零售的运作模式，学习、总结了很多经验，对传统线下零售诸多不合理、不高效的地方也有了更深刻的理解，并逐渐建立起自信。

另一方面，我们也在全面、主动地学习线下渠道的客观现状和既有模式。我们认为是不正常的、离奇的现象，背后可能都存在着部分合理性。我们开展工作时不能有先入为主的傲慢，鼻孔高到天上去。把头低下来、认真学习，对小米的团队而言，这是一种极为震撼的体验。

我曾经在调研中发现，在一个县城的短短一条通信街上，两家友商居然开了近 20 家门店，仔细一问后更是发现了一个不得了的事实——这近 20 家店的老板居然是同一个人。我向这位老板请教为什么要开这么多家，这样重复开店真的赚钱吗？她告诉我，她在这个县城做这行 20 多年了，这条街上的手机铺面都是她的，每年当地电信运营商会给她大量的店面补贴，装修和促销员也都是厂商出的，她已经不全靠卖手机赚钱，实际上，她赚的是商铺带来的各种业务返点和补贴。

这是个非常有意思的现象。一方面，它说明了区域层面有实力的渠道合作商的价值，他们根植于此，拥有极强的本地化运营资源和能力。另一方面，也带给我们更多的思考：这是不是一种好的选择呢？对小米而言，我们希望团结起所有的力量，整合所有可用的资源，但我们还是会坚守一条原则，那就是我们必须真零售。我们希望整条零售业务链条都按照实际的零售逻辑来运行，唯有如此，才能保证我们的商业模式能够长期健康稳健地运营下去，才能保证我们的合作伙伴和用户都能受益。

从更长远的商业周期来看，未来线上和线下的产品信息、流量成本、运营效率一定会是持平的，靠信息不对称赚钱的模式不仅低效，也无法长久。

小米要做的是先学习，再改变传统零售不合理的环节，用互联网思维再造一个更为高效的零售模型，我们将它命名为"新零售"。我认为新零售的本质是"效率革命"，零售的本质没有改变，而所谓的"新"，核心在于商业效率的提升。"新零售"与线下还是线上无关，更与轻公司还是重公司无关。

安阳试点与印度 PPP 模式

在一线城市自建小米之家的同时，我们开始考虑跟渠道商合作。中国市场如此庞大，小米的友商在全国有数以 10 万计的店面，这样的市场体量不可能全靠小米自己去建设。我们要团结一切可以团结的力量，不拒绝任何进步观念。当 2016 年小米之家在全国建到第 40 个门店的时候，我们决定尝试加盟授权模式。

我们的团队在全国约见了几乎所有能找到的渠道商，但结果非常遗憾，所有人都拒绝了我们，因为 5% 的费用率太低了。已经习惯 17%~23% 利润空间的渠道商对这样极端的费用率既无法接受，也无法支撑。

怎么办？我们选择了老盟友——售后服务商们来进行尝试。这些与小米合作多年的服务商对小米模式显然要熟悉得多，他们愿意与小米合作，以完成跨入零售行业的业务拓展。我们在合同中签下了 5% 的费用率，但在实际操作中会以奖励形式增加 2 个点，从而把实际点数宽容到最高 7 个点。试点选择在了河北邢台和邯郸，试点成功之后逐步拓展，到 2017 年年底，小米之家授权店已经拓展到 337 家，分布在 20 多个省。

自建门店进展顺利，授权店模式也获得不错的进展，接下来就是通过授权店体系向下沉市场扩展。

我们选择了在河南进行集中县镇试点，通过大规模拓店取得了阶段性的效果。选择河南的原因是，河南是人口大省，用户基础也比较好，跟同样用户基础较好的广东省相比，河南省内传统渠道的份额集中度相对较低，加上离北京较近，渠道下沉中的基层工作相对好做些。

2017 年 7 月，整体线下渠道探索的"河南大会战"开始筹备，一个月后，正式打响。小米网（小米中国区的前身，2011—2019 年小米在中国销售、运营的业务主体）销售相关多路人马汇集河南，以安阳为中心开始进行大规模下沉拓店。同事们热情高涨，涌现出很多拓店先锋，他们每天开着车辗转于数百公里间的县乡，拓展商户开店。

我们建立了一套支持终端在线订货的系统，发动新拓展的"小米小店"体系快速上马。一些街边店快速换上自制的小米门头就成了一个终端，而这种疾风暴雨式的拓店很快带来了终端布点的暴增，河南省的线下份额也因此迅速攀升到 10% 以上。

这套多路并进、快速扩张的打法被总结为"安阳模式"，随即在全国大面积铺开。但我们当时也犯下了错误，对安阳试点的验证还不充分就急于复制，导致了 2018 年线下的无序扩张。

事实上，我们在安阳模式指导下搞全国直供体系时遇到的最大问题就是，我们还没有构建起一个有力的系统，来支撑这样一个理性化的模型。

具体而言，我们当时没有发现的模式不完善之处包括：

第一，我们全面使用授权店模式，在完全不具备系统性、组织能力的情况下，就将货物的所有权全部交给了合作渠道商，同时对渠道政策、形象管控也缺乏有力手段，将来一旦出现问题，我们的线下渠道很容易失控。

第二，我们的团队莽撞地启用了一种叫作"小米小店"的模式，就是鼓动米粉创业，去做小米的下沉毛细渠道。后来我们对这种模式进行了严肃、深刻的反思，意识到鼓励创业，扶持有冲劲、没有传统渠道思维负担、天生具有先进商业思想的新渠道经营者进入市场是好想法，但在实际操作中，缺乏深思熟虑，让没有零售经验的米粉在缺乏足够有力的系统支撑的情况下，凭借热情从事零售商业活动，是一个严重的错误。虽然有部分米粉借助这一模式最终成长为专业的渠道商，但这一模式实际是无法支撑、管控的，最终失败了。

第三，我们的组织完全没有做好应对线下复杂环境的准备，小米之家、区域分公司、运营商渠道、重要客户渠道等的负责团队各自为战，没有统一政策，无法形成对区域管理的合力，也导致没有组织对具体区域的总体市场负责，甚至出现了同一渠道商跟小米总部不同团队同时接洽，利用政策差的管理混乱套取利益的情况，这也必然导致用户体验不一致。

这些问题被迅速放大，导致经营难度显著加大。一段时间内，我们收到了大量合作渠道商的抱怨，其中有真抱怨，也有假抱怨，但我们还没有能力去辨明具体病灶。混乱之中，我们在很多地方会再次遭遇数年前的窘境：当用户到线下渠道点名要买小米的手机时，不少渠道商会向用户灌输小米手机的负面言论，同时极力推荐毛利率更高的友商产品。即便是应我们的管理要求，门头上挂着小米的标识，渠道商们出样也不积极，甚至把小米手机藏在柜底，只有用户再三要求，他们才会拿出来。同时，各种串货、飞货现象横行，严重扰乱了中国区电商甚至海外市场的整体销售。

这样的现象，我们在印度同样发现过，但就在中国区的"安阳模式"因验证不足而出现问题时，小米印度团队却走出了一条让人耳目一新的新路。

小米印度团队将这条新路总结为PPP（Preferred Partners Program，首选合作伙伴计划）模式，简单地说，就是将城市划分为网格，在每一个网格的手机主要销售街区中，只选择相信小米模式的一家合作伙伴进行独家合作，它的门头包装、品牌露出、销售策略严格按照小米团队的输出政策来执行。基于小米强有力的用户基础和产品竞争力，独家合作给了这些渠道伙伴持续的强劲客流和出色的回报。

2019年之后,我们在印度不仅持续保持印度整体智能手机市场份额第一和电商渠道第一的显著优势,在线下渠道中也名列前茅。

小米线下模式虽然在中国市场暂时遇到挫折,但在印度市场的PPP模式却率先在海外走出了长期可行之路。此后,小米印尼等海外市场团队也开始学习借鉴PPP模式,并在此基础上因地制宜进行演化和发展。结合原有的电商强势基础,我们在印尼这样的东南亚人口大国也取得了成功。

小米之家模式凭什么能胜出？

经历过2018年在中国市场的挫折之后,结合PPP模式的经验,我们在2020年7月重启了中国区的线下变革,对小米之家模式进行了升级和强化。总结而言,核心就是：简化业务模型、简化组织、简化业务动作,其中包括全面推进全链路的数字化系统,用系统和组织来支撑我们对高效运营目标的支持,将我们与渠道商的关系从博弈转为合作,保障合作渠道伙伴的合理回报。

在这个过程中,我们明确了几项原则。

首先是确立了做全品类全店的模型,我们不做层层分销、层层分利的结构,坚定地走"开小米的品牌店"这一条路。同时,坚定地进军下沉市场,而且在下沉市场也要坚决做到数据闭环,建立不留缺口的全链路数字化体系。

最为关键的是,我们把2018年时造成混乱的14种渠道归并简化成了直营店、授权店、运营商渠道三种体系,并强化了省分公司组织,确定了省分公司统管境内所有渠道,终于扭转了没有人为省级市场最终结果负责的混乱局面。

在这种体系思路指导下,我们拓展小米之家渠道规模、改善客情、推进数字化、激发渠道信心、不断提升渠道能力,在2021年做到小米之家覆盖全国县域,中国区门店总数超过10000家。

到目前为止,我可以充满信心地说,小米之家模式的逻辑已经验证通了,接下来就是如何"养店",如何不断调优店面运营。

小米之家模式有什么不一样？

同样是线下零售模式，同样有自营，也有加盟授权，但只要稍加对比就会发现，小米之家模式与其他传统线下模式有着巨大区别。关键就在于渠道结构和品牌厂家在整个链条中扮演的角色。

中国最早深耕线下的手机品牌（线下模式 A），在厂家到用户之间，隔着省

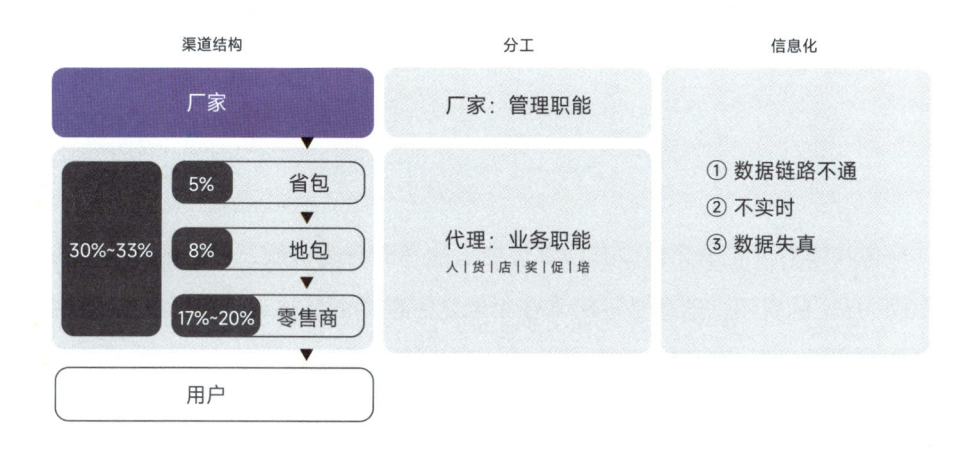

渠道结构	分工	信息化
厂家 → 省包 5% / 地包 8% / 零售商 17%~20%（30%~33%）→ 用户	厂家：管理职能 代理：业务职能 人｜货｜店｜奖｜促｜培	① 数据链路不通 ② 不实时 ③ 数据失真

线下模式 A

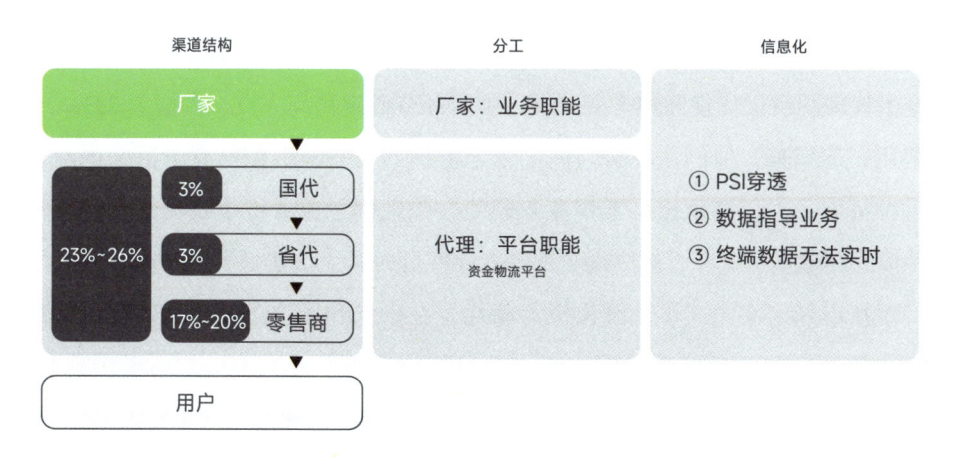

渠道结构	分工	信息化
厂家 → 国代 3% / 省代 3% / 零售商 17%~20%（23%~26%）→ 用户	厂家：业务职能 代理：平台职能 资金物流平台	① PSI 穿透 ② 数据指导业务 ③ 终端数据无法实时

线下模式 B

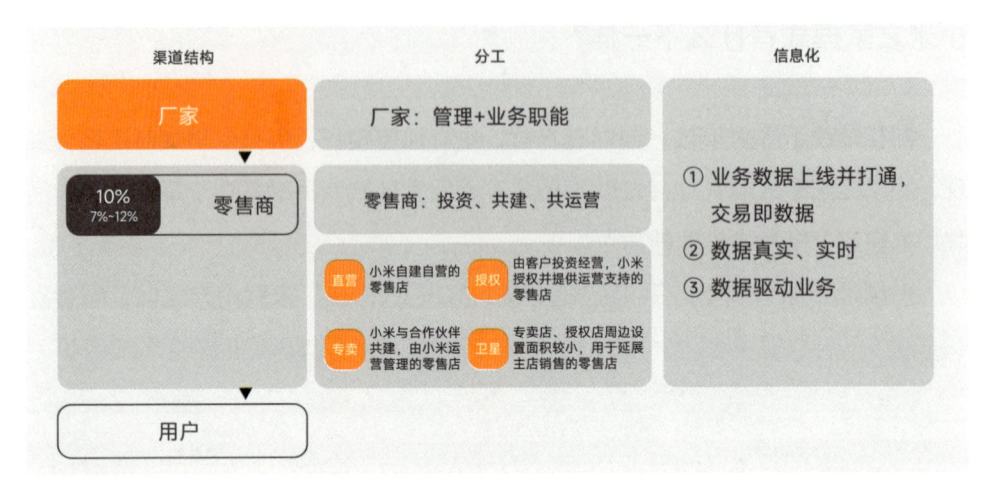

渠道结构	分工	信息化
厂家 → 零售商（10%，7%~12%）→ 用户	厂家：管理+业务职能 零售商：投资、共建、共运营 **直营**：小米自建自营的零售店 **授权**：由客户投资经营，小米授权并提供运营支持的零售店 **专卖**：小米与合作伙伴共建，由小米运营管理的零售店 **卫星**：专卖店、授权店周边设置面积较小，用于延展主店销售的零售店	① 业务数据上线并打通，交易即数据 ② 数据真实、实时 ③ 数据驱动业务

小米之家模式

包、地包和零售商三类角色，其中零售商可能还会分为多层，整个中间环节占据了 30%~33% 的费用，这还是近年来在小米之家模式的压迫下进行了压缩的结果。这就意味着，一款出厂 1000 元的手机，到用户手里价格至少是 1300 元。厂家在整个零售链条中只起到管理作用，零售运营则完全是中间的层层代理在操作。这也就意味着，对厂家而言，数据链路是不通的，其中必然存在着不可调节的大量延迟和失真。

而另一类品牌的渠道模型（线下模式 B）有所不同，在厂家到用户之间也隔着全国代理、省级代理和零售商三层，中间环节效率稍高一点，占据了 23%~26% 的费用，近年来，他们正在努力向小米之家模式看齐，但依然有着巨大的耗损。在这种模式下，厂商承担了零售业务职能，代理则承担着资金物流平台的职能。这种模式能够指导业务，但终端数据依然存在延时，无法实现实时同步。

而在小米之家模式下，结构极为简化，在小米和用户之间，没有全国代理、省级代理等环节，只有一层零售商，中间平均费用率只有 10%。小米在其中担负起的是管理+业务的全职能，零售商则扮演投资、共建与共同运营的角色。同时，在这种模式下，业务数据全部上线，真实、实时的数据可以做到"交易即数据",并且能够充分驱动业务。

基于这样的模型，小米模式在零售领域追求的线上线下融合高效率就有了保障。而在模式构建中，有几项要点成为其中的关键。

不是博弈，而是合作

小米之家模式与其他模式最本质的差异在于，与渠道商的关系是博弈还是合作。而最能体现这一点的，是货物的产权归属，简单地说，就是在零售链条中，货是谁的。

在其他两种模式下，在出厂之后，货物的所有权就从厂家交到了各级代理和渠道商手中，无论厂商在其中扮演的角色有何差异，本质都是代理、渠道商们对货物进行处置，所以，无论其管理介入程度深浅、信息系统强弱，品牌厂家基于货物处置的干预一定是滞后的。而在小米模式中，目前县、镇级市场以上的专卖店的货物所有权都在小米（随着我们的系统和组织能力的提升，未来县、镇级以下的授权店也会向此模式靠拢），小米对整个零售环节的介入和管理是实时的。

这样的差异给零售领域带来的影响是天差地别的。在传统商业模式下，渠道对厂商而言是一个压货通路和资金蓄水池，通过压货，厂商可以提前回收资金，而渠道商获得的是返点。对这类较为陈旧和粗放的运营模式而言，这相当于提升了厂商和渠道商运营动作的宽容度，但也带来两个问题：一是厂商、渠道商获得的好处，本质上是以牺牲用户利益为代价的——用户不得不承担更高的加价率；二是延迟、失真、滞后的运营操盘容易累积系统性风险，一旦出现市场重大波动，则可能造成更大的损失。

而货品所有权在厂商手中，意味着具备了可精确管理的基础条件，能够做到高度标准化、数字化乃至智能化，是数字化的高效的互联网式的运营。这使得尝试高效、高周转、高精度、低容错的运营模式成为可能。

更重要的一点在于，在传统旧模式下，无论如何分食用户利益，无论存在怎样的局部相互妥协，由于货权的更迭，实质上厂商和代理、渠道商之间仍是一种宏观的博弈争利关系。而货品的产权在厂商意味着品牌厂商和渠道商是共同运营的合作关系，渠道商付出的是押金和一些本地资源投入，收获的却是低风险和高效运营能力带来的收益。

用最通俗的话说，在传统渠道模型下，品牌厂商、渠道商、消费者之间是信息不透明下的两两博弈关系，渠道商向上跟品牌方尽量多要费用点位，向下对消费者努力追求更多利润的销售引导；而在小米之家模式下，小米、渠道商是合伙人，目标是实现高效运转，在用户获得实惠的前提下，总利润空间不那么大，每一单我们都会让渠道商多赚点，我们少赚点，再凭借高效率来实现长期可观的回报。

我们相信，从长远看，小米之家模式既是必然趋势，也符合品牌厂商、渠道商和用户等零售链条上所有参与方的长远而健康的利益。

破除单品毛利率的迷信

"卖小米不赚钱"，这是很长时间以来我们在零售渠道听到的最多的抱怨。如果单纯对比传统品牌渠道中 30% 以上的渠道费用率和小米 10% 的费用目标，似乎可以简单得出这样的结论。

传统线下渠道以给促销员提成作为主要销售激励，成交一单能提成上百元，这跟成交一单却没有激励或者只激励 20 元形成了鲜明对比。正因如此，才会出现传统线下渠道中，促销员为了高额激励而"颠倒黑白"地向不懂产品的消费者极力推荐性能更差、性价比更低的产品的现象，闹出一大堆类似"高通骁龙 6 系 CPU，性能远超 8 系"的笑话。不少人由此长期看衰小米的线下开拓，甚至以此批评小米不懂分享利益、不利线下就业。

卖小米真的不赚钱吗？

事实并非如此，因为上面提到的都是"单品毛利率"，这跟赚不赚钱没有必然联系。

片面谈单品毛利率，其实是"偷换概念"的诡辩，这个诡辩长期误导了公众，甚至把不少从业者和小米的同事都带进沟里。

赚不赚钱本身是一个关于投资回报率的话题，单品毛利率只是其中的变量之一，听起来最为直观，也符合追求"即时满足感"，而非"延迟满足感"的本能而已。

我们回到原点，投资回报率（ROI）可以通过以下一组公式来推导。

$$\begin{aligned}投资回报率 &= 年利润 / 年投资额 \\ &= 利润率 \times 年收入 / 年投资额 \\ &= 利润率 \times 年周转次数 \\ &= （毛利率 - 费用率）\times 年周转次数\end{aligned}$$

所以，"单品毛利率"误导最大的问题就在于忽视了费用率和周转次数这两个重要因素，而小米模式追求的高效恰恰主要体现在两个因素中。凭借我们提供的爆品产品组合，只要能够提升运营效率，就可以把费用率降到足够低，把年周转次数提升到足够高。

这并非只是一个理论模型，2021年，中国区的小米之家模式已经能够做到年周转17次，投资回报率能达到30%，这是非常可观的数字。

这就是我们一再强调厂商持有货品、全面实时数据化的原因。只有厂商持货，厂商和渠道商才能保持目标始终一致，全力投入追求高效率运营；只有全面实时数据化，才能把账算清楚，实时了解真实的投资回报率变动，做到交易即数据，有效指导运营，不断优化，争取高效。

零售的本质是什么？

如何理解零售的本质？在小米的理解中，零售的本质就是用极致的效率实现极致的用户体验。

基于这一认知和小米的"互联网思维"方法论，我们就能判断出零售行业的发展趋势，其中有两个关键词。

一是"效率"，通过全链路数字化来实现线上线下经营的融合，从而实现线下也能像线上一样做到"电商效率"。数据是其中最核心的抓手，我们甚至要相信，数据基础就是一切。

二是"体验"，通过场景化的设计，真正实现用户的体验价值，让用户能够充分感知产品的所有性能和设计质感，在场景中忠实地体现产品能够提供的用户价值。其中，效率是方式和手段，体验是目的和结果，即为实现价值而运营，做到"多一分浪费，少一分不完整"，让用户花的每一分钱都物超所值，让品牌方和渠道合作方通过高效率获得合理的回报。

由此，我们可以非常清晰地明确我们的持续着力方向。

第一，围绕小米的核心基因优势，进一步进行模型简化，包括简化业务模型和简化组织模型。

第二，强化数字化赋能，通过全链路的数字化整体系统去打通所有的业务模型和组织管理结构。

"零售通"是我们的第一步。最开始我们想的只是能不能把账管理好，目前我们做的是能不能把业务颗粒度做到足够细，保障日常业务的开展及提升效率，以后我们要通过数字化系统打通财务管理、研发管理、生产管理、仓储物流管理、用户管理的每一个细节，通过大数据与人工智能算法打造中央控制平台，驱动自我进化，实现各种场景下用户价值的业务智能调度和预测，实现公司运营全流程、全生态打通的智能运营，真正实现做用户全产品生命周期的运营。

到这里，我们可以再次梳理小米之家模式的优势，其中包括：

- 极致扁平的结构，这几乎是当前零售业态下的终极模式。
- 数据真实、实时，这样才可能真正实现数据驱动业务。
- 融合线上线下，形成用户、流量、数据等要素的统一整体，更便于高效管理和运营。

- 数字化，更易接入流量平台，可以灵活地与其他互联网服务平台进行不同深度的合作。
- 统一化，更易做到服务产品化，用户体验更好，也有利于品牌的高端化。

小米之家模式的本质就是，小米已经跨过了寻找线下渠道的层面，建立了一整套包括全国零售店体系的连锁零售系统，与电商类比，小米之家模式做到了全链路的数字化，从手机单品类到多品类，以丰富的品类 / 产品组合，实现了零售场景中消费行为低频变高频的跨越。

以效率为标尺，以用户体验为导向，我们相信，这代表着新零售未来发展的方向。

小米新零售探索最重要的是策略坚定。在第二个十年历程开启的时候，小米把持续加大研发投入、高端能力建设和发展、完善小米之家模式视为最高优先级的战略基石，坚定地持续投入；在持续提升产品能力的同时，渠道效率的持续提升会对旧业态形成维度优势。而长期的高效运营和持续的高效渠道互相加持、不断放大，将支撑小米模式立于不败之地。

第四部分
小米方法论与产业生态

创立小米是为了提供更好的产品，但我对它有更大的期待。小米至今获得的所有成就，建立在数十年来中国制造业建立的完备工业体系的巨大成就之上，建立在 30 年来中国互联网砥砺前行、锐意进取，以及中国教育培养的庞大而优秀的工程师群体之上。我希望小米能参与改变潮水的方向，能通过自己的成长，为中国制造业升级助力。

除了上一章所说的方法、效率模型，小米历经 12 年的发展，能为制造业奉上的，我认为主要是生态链模式、产业投资和智能制造。生态链在产品层面解决社会消费体验的供给侧升级，产业投资、智能制造则有机会在"流通"之外，开辟出商业效率的巨大提升空间，把效率的天花板向上推举一大段高度。

我从不认为作为整体的"小米模式"是制造业或商业演进的唯一解，小米的效率模型未必符合每一家企业当下的选择，但我相信其中的一部分，比如"专注、极致、口碑、快"的互联网七字诀，以及产品方法论和智能制造的能力与体系，具有显著的普适性。

消费者需要的不是便宜的东西，而是好东西，最好是又好又便宜、体验价值高的产品，这有赖于整个制造业的能力、观念和意愿。我期待小米能在这些方面做得更好，能够找寻、吸引到更多的伙伴和志同道合的朋友，为心怀雄心的攀登者加油，与开拓路上的同行者互相鼓劲，一起为制造业升级交出更好的答卷。

第十二章
生态链模式

2014 年，小米正式开启了生态链模式。

简单地说，小米的生态链模式就是找寻认同小米价值观和方法论的志同道合的伙伴，用不控股的投资方式快速孵化、扶持具备出色创新能力的创业团队。小米在产品定义、设计、研发、供应链资源和推广、销售方面给予生态链企业全方位支持，通过大量优秀的爆品，改变了众多行业的面貌，也丰富和补充了小米的生态链产品线。同时，小米一直鼓励生态链兄弟企业在与小米合作的同时尝试独立发展。

小米为什么做生态链

2010 年小米成立，2011 年小米手机发布，2013 年小米尝试布局生态链，2014 年正式拉开阵势起航。时至今日，我们在手机和生态链上都取得了丰硕的成果。小米手机牢牢占据全球前三的位置；小米生态链的战绩也非常喜人，基于小米生态链的庞大产品线，我们建成了全球最大的消费级物联网，多项智能硬件取得了全球第一，比如移动电源、智能手环、平衡车、空气净化器、扫地机器人等等。

为什么小米要做生态链？我的想法大致有以下三个方面。

改变 100 个行业的面貌

做生态链和创办小米一样，都源于我有一个改变中国制造的梦想。

在小米取得成功的早期，很多制造业同行来拜访学习，我们对小米模式知无不言。因为创办小米的初衷之一，就是想提升中国制造的效率，带动中国手机的整体进步。如果小米模式能够被更多企业认可和采用，进而帮助到中国制造业，将是对小米最大的褒奖。因此，我也一直在各种场合推广小米模式。很多人认为小米模式很好，但似乎其他公司用不了。我回答说："如果谁愿意用小米模式来做，我们愿意提供帮助。"

2014 年，小米生态链开始启航，我们希望把小米模式复制到 100 个行业中去，改变这些行业的面貌。

举个例子，2015 年，我们发布了第一代小米插线板，凭借充满艺术感的设计，一举成为插线板中的爆品。事实上，小米插线板一经发布就刺激了全行业。此后，整个中国的插线板外观都"小米化"了，我们三个插孔加三个 USB 接口的设计也成了标配。两年前，插线板行业的龙头公牛集团的董事长来小米参观，他告诉我，公牛很感谢小米，是小米刺激整个行业走上了升级的快车道。

到目前为止，小米生态链蓬勃发展，其中专注硬件产品的公司就有 100 多家，创造了上百款行业公认、用户追捧的爆品。单就我们看得到的成绩来说，小米生态链的成功有两方面，一是对于小米，我们用小米生态链打造了全球最大的消费级物联网，众多品类取得了全球第一或中国第一的地位，持续巩固了小米智能生活领导者的地位；二是对于生态链公司，短短几年时间，华米科技、云米科技、石头科技、九号机器人等公司都已成功上市。

支撑 AIoT 的先遣队

从小米业务战略规划看，小米生态链是支撑 AIoT 的先遣队。

2010 年创办小米时，我们就在思考筹划基于 IoT 的万物智能互联。我把互联网分为三个阶段，第一阶段是个人计算机互联网，以每台电脑为终端设备，全球有 10 亿级的设备连入互联网，这个阶段诞生了微软、苹果、戴尔、雅虎、腾讯、阿里等一系列伟大的公司；第二阶段是移动互联网，手机取代电脑成为个人计算中心，可接入设备将提升一个数量级；第三阶段毫无疑问就是 AIoT 时代，每一个硬件都能连接上网，甚至每一个设备里的模块都可以连接上网，可接入设备将比移动互联网时代高出好几个数量级。

2018 年小米上市后，我们的早期投资人尤里·米尔纳和我有过一次对话。尤里问我，小米未来的发展机会在哪里？我指指他的周围告诉他：未来我们将把你看到的一切连接上网，小米成长的空间将不可限量。事实上，早在 2013 年我就做出了这个判断，因为我觉得智能生活的风口已经来临。

只不过，在 2013 年，业内还没有足够多成熟的智能设备团队，小米打算力推的 IoT 平台找不到足够多的响应，小米必须自己推动一批。可以说先有 IoT 布局策略，后有小米生态链的业务。

但即便如此，全靠小米自己也完全不现实：以小米当时的资源和状态，根本没有可能支撑整套智能设备的自行研发制造。当时小米的软硬件研发团队总共只有 2000 人，如果小米亲自去做其他产品，不仅会导致手机主业出现问题，也违背了我们"专注、极致"的原则。

唯一的办法，就是找到更优秀的人和团队，让他们专注在一件事上。我们最初的想法很简单，就是用"投资 + 孵化"的方式，寻找志同道合的创业者，用小米模式来帮助大家做出口碑出众的好产品。

这样做还有一个好处，就是快。智能生活涉及的领域太多了，如果由小米按照极致要求做好每一件产品，将会是一个特别漫长的过程。但如果是小米赋能其他公司，每一家公司都用"专注"和"极致"来对待每一个产品，就可以用最快的速度去完成业务布局。

2013 年年底，我们开始了投资、孵化团队的试水，拿出了小米耳机、小米移动电源这样的爆款；2014 年年初，小米正式开启生态链，在集团内部成立生态链业务部门，当年年中，小米正式发布 IoT 模组产品，并向行业开放。同时，小米明确了 1+4+X 的智能互联业务策略，也就是小米主做 1 个核心产品，即智能手机（含平板和可穿戴设备），4 个关键节点产品，即智能电视、路由器、智能音箱和笔记本电脑，其他广泛连接的智能设备 X 都交给小米生态链企业和其他合作伙伴。

建立生态链模式，小米并不是孤身奋战。在这个过程中，成立于 2011 年的顺为投资也给予了巨大的帮助和协同支撑。在小米生态链团队成立之前，顺为协助投资了万魔声学和紫米两家最早的生态链企业（当时小米还没有正式公开提出"生态链"的战略思路），支撑了这套打法最初的模式验证，并为后来生态链的全面展开提供了寻访创业团队、尽职调查、财务评估、投资协议、投后管理等一系列工作的基础范式；在小米生态链部门成立之后，主要构成为工程师、产品经理和设计师的小米生态链团队主要从技术、工程实现、产品定义与设计专业角度出发，去发现、评估和协助生态链公司的创业团队，而作为风险投资背景的财务投资者，顺为则从投融资、公司治理等角度去发掘、支撑生态链公司，小米生态链部门和顺为形成了有效的互补关系。

事实上，小米生态链模式和小米生态链企业成长的背后，有着一系列投资者、行业上下游合作伙伴的倾力协作，也正因如此，小米生态链模式和生态链企业的技术、产品思维、方法论的积累和沉淀并不是孤立存在的，而是不断在更多产业环节、更多行业中激荡新启发、赋能新能力，最终才实现了众多行业的进步。

引流、树品牌，顺便赚点钱

这是从协助完善小米商业模式运营的角度来看。

小米的商业模式非常独特，我们称之为"铁人三项"，也就是"硬件＋新零售＋互联网服务"。这个模式的核心是效率，我们用极致的效率来打造产品，同时也要用极致的效率来交付产品，而在当时，最高效的交付方式无疑就是电商。

所以，小米创办之初就确定了前店后厂的模式，我们创办了小米网作为小米手机的唯一购买渠道。依靠手机带来的巨大流量，小米网很快就成了位居中国前三的电商网站。但是，随之而来的问题是，我们如何保证小米网有持续的流量？

做电商有一个非常重要的指标，叫作消费频度。手机是消费者的刚需，但消费频度并不高，基本上一年才能买一回手机。后来随着手机越来越好用，性能越来越过剩，还出现了换机周期延长的现象，到 2020 年，中国消费者平均 25.3 个月换一次手机，也就是两年多才会光顾手机厂商一次。如果我们完全依靠手机，显然无法维持小米网的高效运转。

所以，小米做电商最重要的事情，就是要有一定的产品组合，可以让消费者每个月、每个星期都愿意光顾一次。具体的做法，就是在手机之外再打造 100 个爆品。最开始我希望是一年 52 周，每周能有两个爆品，今天有一群消费者喜欢这个产品，明天又有另一群消费者喜欢另一个产品，这样我们就能牢牢地抓住用户的消费频度。

小米生态链肩负了完善小米商业模式的一个重要战略目标，就是吸引消费者的注意力，然后转换成电商流量。流量，是所有电商生意的本质，也是所有新零售生意的本质。

由此，也引出第二个目标：提高小米的品牌影响力。用生态链产品，把小米高性价比、高品质、高颜值的特点传达给用户。在我们推出品类丰富的生态链产品之后，很多米粉养成了这样的购物习惯，即当不知道选择什么品牌时，就去买小米的，一定不会错。"感动人心、价格厚道"，小米的品牌形象深入人心，生态链产品功不可没。

实现引流、树品牌的目标之后，通过小米生态链还可以顺便赚点钱。

虽然坚持"定价厚道"的原则只能带来微利，但基于生态链广阔的市场宽度，依然可以为小米持续贡献营收与利润。更重要的是，小米生态链的营收可以减轻手机战场的压力，还可以基于 AIoT 增加小米的安全边际和想象空间。

从 2014 年开始，小米生态链的营收几乎每年翻倍，已经成为小米集团营收的重要组成部分。2021 年，小米 IoT 及生活消费品全年营收达 850 亿元，占集团总营收的 25.9%。

此外，对生态链公司的投资也能给小米带来回报。截至 2020 年年底，小米生态链年营收过 40 亿元的公司有 2 家，营收过 20 亿元的公司有 3 家，营收过 10 亿元的公司有 6 家。华米科技、云米科技、石头科技、九号机器人等先后完成了上市。

可以说，小米生态链已经成为小米模式的放大器和宣传队，也证明了小米模式的普适性，并再次印证了小米的产品方法论。

在小米模式之下，产品怎么做？接下来的章节中，我通过几个爆品的打造方式来阐述。

生态链爆品是如何炼成的

小米移动电源：目标最优解

2013 年，在小米手机热卖的带动下，小米商城成为中国名列前茅的电商网站。很快我们注意到，当用户完成购买或者没有抢购成功，还会在网站停留不少时间，这意味着我们有可能利用手机带来的巨大流量，售卖其他商品。我们最先想到的是手机周边，比如耳机。我们投资万魔声学做了小米活塞耳机，这是第一款小米生态链产品。

接着，我们想到了另一款与手机息息相关的产品——移动电源。那时手机市场正处于增长周期，同时手机的电量基本都不够用，因此移动电源的需求非常旺盛。一开始，我们是希望从市面上寻找到好的移动电源，然后推荐给消费者。可是市面上合乎我们要求的产品太少了，要么太贵，要么质量不过关，要么设计不过关，于是我们很自然地想到用生态链来做这件事。然而，一番调研之后，我们发现做好移动电源很不简单。

在这种情况下，紫米科技应运而生，专门做充电宝，目标是打造一款现象级的爆品。一开始，紫米打算开辟两条产品线，一条采用高标准的进口电芯，售价 99 元，另一条采用国产电芯，售价 69 元。但我们在商量后认为，产品定义不应该在各有优缺点的方案中犹疑，而是要集中精力和资源，奔向唯一正确的最优解。如果我们要做移动电源品类的第一，就应该采用更高的标准，同时把价格做到 69 元。这相当于市场上同规格产品价格的三分之一到二分之一，足以令用户尖叫。

在做到价格厚道的同时，我们还要做到感动人心，也就是要让用户手握产品的时候，真正感到物超所值。我们采用全球最优质的电芯，而且很贴心地增加了芯片保护。此前，市面上的移动电源为了节省成本，经常把电池保护、充电保护的芯片集成在一起。我们每支移动电源都有两颗芯片保护，同时还有软件保护，等于有三保险。但是，电池和芯片毕竟很难被用户感知，最直接决定用户使用体验的还是外观。

当时，移动电源的外观材料只有塑料和金属两种选择。塑料在颜色处理上不如金属，同时质感也差很多。我们很自然地选择了金属外壳，也迎来了做移动电源最大的挑战。

由于我们已经确定使用圆柱形的松下 18650 电芯，如果采用普通产品的棱角外形，不仅会增加材料成本，也不符合人体工程学的持握习惯。因此，我们把移动电源的两边设计成自然的弧度，内部采用了跑道型的筋条来固定电芯。这样的设计内部结构最佳、材料最省、成本最优，是我们可以找到的最优解。

设计非常完美，但实现起来却挑战了制造业的极限。在小米移动电源面世后，很多人误以为带弧度的外观是由两个平面加两个半圆拼接构成的。事实上，为了达到更加平顺、连续的过渡效果，我们重新绘制了截面曲线。在直线和圆弧衔接的位置，采用多条 G2 曲线拟合连接。不仅如此，我们还希望外壳采用铝材挤出一体成型的工艺，加工难度就更加大了，以至我们拿着设计图纸去找代工厂时，很多工厂都以为设计图出了错。然而，型材成型还只是第一关。经过阳极喷砂工艺之后，我们发现外壳正反两面会各自呈现出两根暗印和纵向的拉伸纹理，就连苹果的代工厂对此也束手无策。我们只好死磕金属外壳的加工工艺。紫米创始人张峰走了 30 个城市寻找型材厂，开了近 200 套模具，这样足足熬了三个月

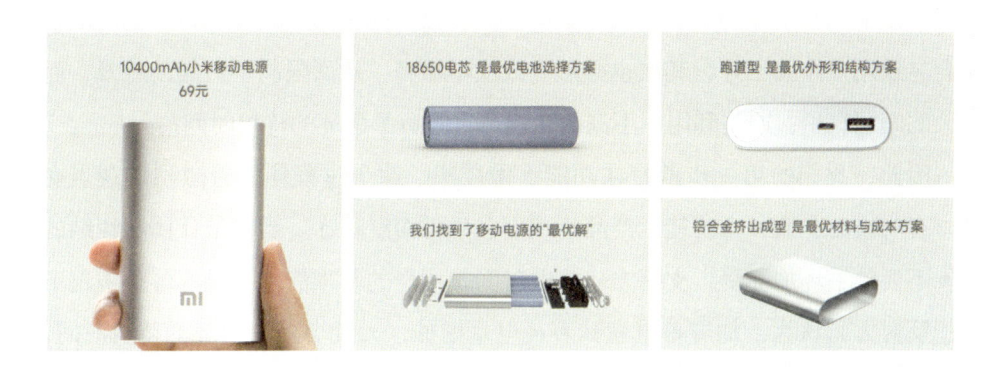

小米移动电源实现了一系列的最优解

才解决问题。

最后一个让人担心的问题是，经过这样一番极致的折腾，移动电源的成本已经到了 77 元。除非完成海量的出货，让后续成本降下来，否则注定要亏损。当然这个顾虑很快就被打消了。

小米移动电源发布的那天，整个移动电源产业度过了一个不眠之夜。10400 毫安、一体成型的铝合金外壳、阳极喷砂工艺、极简设计的外观、价格只有 69 元，小米移动电源一经发布就成了爆款，第一个月就在小米网售出 60 万只，第二月销售 150 万只，第三个月达到了惊人的 300 万只。发布产品的第一年，小米移动电源出货量突破 1000 万只，也是小米生态链第一款千万量级的爆品。

小米手环：创造行业大理想

2013 年前后，智能手环成为热门产品，行业还处在起步阶段，竞争者众多。这类产品有几大痛点，一是续航时间非常短，只有 5~7 天；二是不防水，洗澡、洗手时很容易损坏；三是价格明显偏高，国外产的手环一般在 1400 元左右。

专注解决最核心的用户痛点成为初代小米手环产品的核心指导思路。我们梳理了市面上所有手环的功能，发现其中的大多数功能很少有人用。过多的功能首先会导致用户体验不好，其次也必然导致成本增高，从而限制了产品的普及，而最大的问题在于，这些利用率不高的功能严重缩短了手环的待机时间。

因此，我们的第一步就是在功能上做减法。这个过程伴随着激烈的观点交锋，有时候为了砍一个功能，产品经理们会争得面红耳赤。当时最让团队纠结的是要不要给手环加屏幕，支持方认为看时间是用户的基本需求，没有屏幕实现不了；反对方则认为，加屏幕就意味着耗电量增加，无疑会减少手环的待机时间，而且用户已经有了手机这块屏幕。最终，第一代小米手环砍掉了屏幕，只保留最核心的计步、来电提醒和睡眠监测等几项功能。

在功能上做完减法，我们还要想办法为小米手环增加使用黏性。培养用户的使用习惯，首先要尽可能让用户"戴上就摘不下来"，所以小米手环首先要解决续航问题。

当时的手环产品的续航时间大多是 7 天，因为大家用的都是一年之前的几款蓝牙芯片方案，而这些芯片的功耗是卡住续航时间的主要因素。所以我们的第一反应就是拒绝旧方案，寻找一款低功耗的新芯片。苹果的电源管理芯片供应商 Dialog 公司进入了我们的视野。在此之前，Dialog 没有设计过蓝牙芯片，看起来有风险。但我们研究发现，Dialog 拥有丰富的电源管理芯片设计经验，最终这些经验让这款蓝牙新品的功耗很低。

选定蓝牙芯片之后，我们又发现主流的用于手环的传感器都是基于手机设计的，完全没有考虑过功耗。因为相对于手环的 40mAh 电池，手机电池至少是 2000mAh 以上，没有必要节省电量。所以我们跳出手机产业，找到了一款被行业忽视的传感器，此前仅仅用于军队的作战头盔，省电效率极高。

搞定了硬件功耗，我们还重新设计了软件和电路系统。我们最终实现了多少天的续航呢？为了刺激用户的超预期感，我们玩了点"小心思"，在发布产品时，我们对外宣称可以实现 30 天的超长待机（这在当时已经是个不敢想象的数字），但实际上实验数据要远大于这个数字。很多用户使用之后才发现续航时间比说明书里说的要长很多，大大超出预期，由此进一步扩大了小米手环的口碑。

解决续航能力的同时，我们还发掘了特别的功能，也就是手机解锁功能。2014年，手机的指纹解锁功能尚未普及，我们计算过，每个人平均每天开启手机的次数不低于100次，如果每次都要输入密码或者通过图形解锁，是一件很麻烦的事。我们设计了当小米手环靠近手机时手机可以自动解锁的功能。这个功能给用户带来了极大的便利，也将手环和手机紧紧地绑定在了一起，让人用了就放不下。

作为一款与人密切接触的产品，我们尤其重视用户的使用体验。比如，我们在手环材质上就花费了很大心思。在手表行业，表带的材质和佩戴方式是特别重要的一环，但当时的手环市场不太重视腕带的设计，大多数手环产品采用的是TPU（热塑性聚氨酯）、TPE（热塑性弹性体），甚至还有用普通硅胶的。为什么我们这么在乎腕带的材质呢？因为我们预计手环将会是一个大众产品，尽管只有极少数用户会对某些物质产生皮肤过敏，但在海量出货的前提下，这也是一个不容忽视的问题，如果处理不好，会导致小米手环口碑受损。最后我们选择的是TPSiV（硅基热塑性硫化胶），这是一种婴儿级的食品接触材料，也是一种顶级亲肤材料，成本要比其他材料贵3~5倍。在小米手环率先采用之后，亲肤材料也得到了行业的重视，并从此成为设计标准。

我们决定小米手环只卖79元。我想强调的是，我们并不是要像传统企业一样亏本抢占市场，而是假定产品能够完成海量出货，我们即使紧贴成本定价，也能够依靠规模化实现不错的盈利。

小米手环发布后一年就突破了千万级销量，两年卖出了2000万只，整个行业因此焕然一新。不仅小米手环热销，其他品牌的手环销量也快速增长，智能手环正式从小众市场进入了大众市场。在这背后，是小米手环完成了对市场的培育，以及对供应链的升级，让整个行业享受到了随之而来的红利。

回过头看，导致智能手环长期徘徊在小众市场的几个原因是相互关联的：功能多导致价格高、体验差；价格高抬高了使用门槛，也抬高了用户预期；用户使用后发现待机时间短、体验差，无法形成口碑效应，产品销量上不去；市场无法打开，研发受阻，成本无法降低，价格就很难降下来，最后形成新一轮恶性循

小米手环率先打开了行业的未来

环，导致无法突破小众范畴。

如果按照传统的商业发展规律，这个循环至少要 10 年以上才能自然结束。但我们通过精准的产品定义，在价格、功能、体验等各个环节上快速出击，仅用一年时间就把智能手环做成了大众产品，并且占据了绝对的市场份额。小米模式没有改变商业发展规律，而是抓住时机加速了这一进程，速度还非常惊人。

2013 年，小米生态链投资华米科技时，希望销售额第一年做到 1 亿元，第二年做到 3 亿元，第三年做到 10 亿元。结果在小米手环上市的第二年，华米科技就做到了销售额超过 10 亿元。2018 年 2 月，成立 5 年后，华米科技成为小米生态链第一家登陆纽交所的上市公司。

小米空气净化器：如何打穿"蚂蚁市场"

带领智米科技创业的是苏峻博士，他曾是北方工业大学工业设计系的系主任，我们说服他出来创业。一开始，苏博士是不愿意做空气净化器的，因为他觉得太简单了。当时小米生态链的负责人刘德跟他说："不着急，你先去商场里看看。"苏博士去看了一圈，回来就决定要干了。

苏博士看到了什么？潜在的对手都太弱了，行业内大多数产品都太粗制滥造了。

首先是噱头繁多。单单空气净化器的吸附材质就有竹炭、活性炭、光触媒、纳米矿晶、硅藻纯等等，此外还有负离子、静电吸附、光能、纳米、水离子等许多看起来很高级的名词。用户一看就蒙了，根本不知道怎么选择。

材质和功能繁多，那么净化效果呢？并不好。衡量空气净化器功效的是CADR（洁净空气输出比率）值。由于是个新兴品类，直到2016年我国的空气净化器国标才正式实施，所以当时大多数空气净化器的CADR值都很低，不但不违规，而且加剧了信息不对称。

最让苏博士感到胸有成竹的是，对手的"颜值"都太低了。当时的产品绝大部分都是"公版"做的。所谓"公版"，就是在珠三角有一大堆公司，已经做好了空气净化器的制作模具，或者是做好了套片，想做空气净化器只需要在外面套一个壳就行了。这里面根本就没有设计可言，所以产品外观都很难看。

噱头多，净化效果差，外观还丑，这些都是表象。真正的问题在于这些产品定义不够专注，功能不够极致。不单单是空气净化器，我们在很多产品上都能看到这样的现象，产品在核心功能上不肯用心，而是靠制造功能点充当"卖点"，以此说服消费者买单。

我们告诉智米，小米空气净化器首先得把净化功能做好，也就是只做一台空气净化器应该做的事。市面上流行的各种功能——检测甲醛、空气清新，我们暂时都不要做，只针对老百姓对"霾"的担忧，把PM2.5（细颗粒物）净化好。所以智米采用三层滤芯，PM2.5吸附率达到了99%以上，同时其他的功能一概不做。

此外，智米通过分析发现，空气净化器普遍净化效果不高，首要原因是结构问题。当时大部分空气净化器都采用板式结构，导致净化器只有一个进风面，无法在室内形成空气循环。同时，板式结构还决定了过滤网也是平板式的，净化效率并不高。有过空调清洗经验的人不难发现，空调滤网总是中间部分更脏一些，这就是因为板式滤网存在无法利用全部有效面积的弊端。所以，智米抛弃了平板式结构，选择了塔式结构，采用柱状滤芯，滤网呈环状分布，具有更大的有效通过面积。

由于小米空气净化器选择了不同于主流的结构，所以也就不可能采用公版设计。事实上，智米在设计和模具上花了很大的力气，用手机行业的要求来反向带动供业链的升级。

比如，塔式结构可以实现空气由底部吸入，然后从上方流出，这是塔式净化器的基本原理。但是，大多数塔式净化器内部采用的是单风机，功率并不足以形成室内的空气大循环，只能在局部形成小循环。为了解决这个问题，智米采用了双风机，并且重新设计了独特的风道。

小米空气净化器在底部配有后倾离心风机，可以形成强大的风压，将空气强力吸入。这些空气经过四个逐步收窄的风道后速度进一步加快，同时双侧辅助进风口吸入气流，两者汇合经由顶部轴流风扇高速喷出，其结果就是气流以270度近乎全方位地扩散，经由天花板、墙壁、地板流动，再次由净化器吸入，最终实现房间整体的空气净化。

空气净化器的原理并不复杂，但要做到极致就要深入每一个细节。比如，空气净化器的进风面孔径在一般人看来没有什么差异，但是智米团队在3.0毫米、3.3毫米、3.5毫米和3.9毫米之间反复纠结。难道不是孔径越大进风性能越好吗？然而，不同孔径在视觉上有很大不同，孔径越小，产品看上去越干净，与周边环境越相融。智米团队反复纠结这种不易察觉的细节，用接近手机制造的工艺来做空气净化器，这在业内是从未有过的。

这样做出来的初代小米空气净化器非常惊艳。它的体积很小，外形美观，且动力十足，每小时能净化406立方米的空气，6分钟就能把一个15平方米的房间里的空气过滤一遍。

我们做的最后一步，是打破信息不对称。2014年12月9日，小米空气净化器正式发布，这可能是空气净化器行业首次用发布会的形式来发布产品。在发布会上，我打了一个比方："风扇里面挂三层过滤网，就是最有效的空气净化器。"可能很多人觉得这是一句活跃气氛的玩笑，但其实我是在用这种方式告诉大家，空气净化器最核心的部件就是风机和滤网。

当用户明白这一点之后，就会去比较，那些动辄几千元的空气净化器到底贵在哪里呢？是风机贵吗？还是滤网贵呢？甚至不与其他品牌的空气净化器比，而是与空调比。空调有电机，有冷凝机，这么复杂的设备也就两三千元一台，那么空气净化器又为什么这么贵呢？

我们向公众披露了小米空气净化器的拆机图，将产品的每一个部件都完完整整地呈现给用户。在这样全面展示后，小米空气净化器的价格定在了899元。结

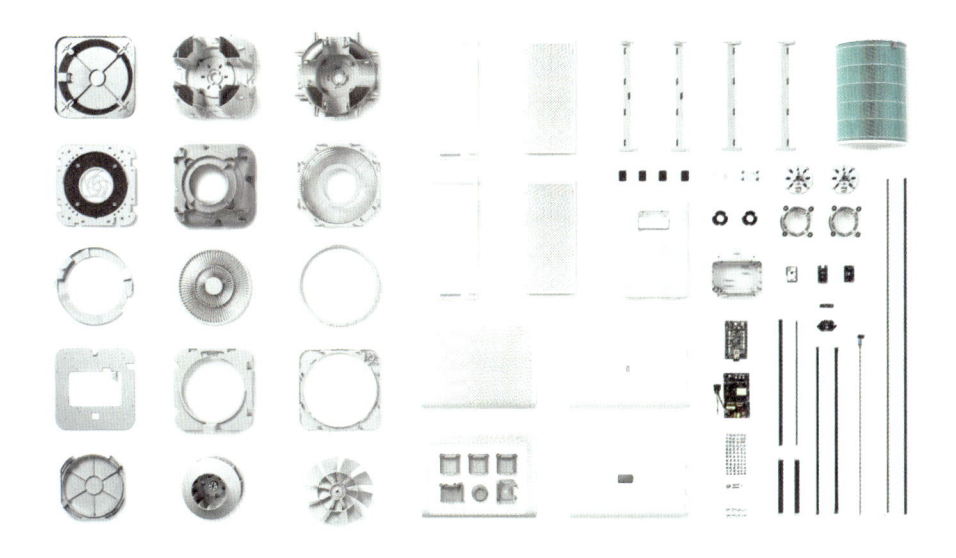

小米空气净化器拆解

果，上市后的销售情况和我们预期的一样火爆，最高峰时单周预约抢购人数达到了163万，2015年米粉节单日销售3.12万台，刷新了空气净化器行业单日销量纪录。

小米空气净化器发布后仅4个月，《2015年一季度空气净化器品牌网络口碑报告》显示，小米空气净化器击败了众多国内外知名品牌，获得网络口碑指数、品牌知名度、消费者互动指数等多项第一。第二代空气净化器发布后，智米很快就取得了市场占有率的第一，并且一直保持至今。在小米模式的加持下，智米彻底改变了空气净化器的市场格局。

小米插线板：品类反差红利

2013年11月20日，中关村青年联合会组织了80多位委员来到小米交流。当天，我给大家介绍了小米成长的历史和经验，也谈到了如何用互联网思维做产品，我说，其实任何一个产品都可以用互联网思维重做。

我看了一眼现场，随手拿起了房间里的一支插线板，粗大笨重，毫无美感。突破电气的副总林海峰站起来说，他们做了快20年插线板，愿意和小米合作来重做插线板。我们希望用小米模式打造一款极致的产品，而突破也愿意和小米合作做一款最好的插线板。我们一拍即合，聊出来一家生态链公司。我们共同出资成立了青米科技，林海峰成为新公司的CEO。

我们对青米提出了一个小目标：打造一款能卖到1000万支的插线板。如何打造这样一款前所未有的现象级产品呢？我们的产品定义有几条：高品质（这是强电产品），内置三个USB充电器，体积要小，外观要好看。

外观好看是我直接提的，也是我最坚持的一点。我对负责插线板的产品经理说："我们一定要把插线板做得美轮美奂。"从此，"美轮美奂"四个字就成了青米的奋斗目标。但什么是美轮美奂呢？谁也说不清楚，这也成了最难的地方。

突破带领的设计团队设计了一款原型，按照传统插线板行业的标准，已经是非常不错的产品了，但是一拿到小米就被"毙"了。在小米，产品设计稿反复修改是家常便饭。此后，青米设计了五轮，历时七个半月打磨，才把外观定下来。

为什么我们花了这么长的时间？因为美究竟是什么，很难一步到位地体现出来。我们只能通过否定一个又一个设计，慢慢把美找出来。在这个过程中，我们找到了美的表达式，那就是极致。

美，是一个相对标准，没办法量化。但极致则不同，能够量化，也很容易达成共识。美和极致是有交集的，就像古人形容美人"增之一分则太长，减之一分则太短""著粉则太白，施朱则太赤"。无所增减，恰到好处，正是一种极致。

这种极致体现在小米插线板上，就是每个毫米的细节都要去抠，即便是消费者感知不到的地方，也力求达到工艺的极限。比如，我们一开始希望小米插线板的拔模角度最好是零。什么是拔模角度？就是在做产品的时候要留有一个角度，方便制造时部件和模具抽离。这个角度越大，越容易脱模，但产品表面也就越不规整。一般的产品拔模角度是 3 度，我们一度想做到零，但是废品率太高，成本难以承受。最终，青米试验到 1.5 度是可以接受的。

就这样，我们在设计时就做到极致。我们牢牢把握住了一个原则，那就是在实现同业最佳品质的同时，把产品往极致里做小、做薄、做窄。经过努力，青米最终的方案比最开始的方案在长宽上都缩减了约三分之一。这款插线板一面世，立刻改变了大家对插线板的刻板印象，真正担得起"美轮美奂"四个字。

青米费尽周折重新定义了产品，也设计好了外观，但是这还不是最难的。作为一款家用带电产品，安全比美观更重要。如果插线板的内部设计不好，影响美观事小，安全不达标才事关重大。然而，我们把插线板做到了最窄、最小甚至最薄，留给工程师设计电气间隙的空间就几乎没有了。要在极小的空间里满足安全标准，工程师们说这正应了那句老话："要在螺蛳壳里做道场。"

这就要回到上面说的产品定义。我们希望小米插线板拥有三个强电插口和三个 USB 接口，后者又俗称弱电插口。当时市面上不乏带 USB 接口的插线板，但普遍都很贵，要 150 元左右。另一个问题是看起来都很丑，而丑的直接原因是弱电插口都被设计成集中排布在一起，所以我们的产品定义里就有了"强电插口和弱电插口均匀排布"。不要小看"均匀排布"这四个字，听上去只是一个小变化，但在插线板的内部却涉及非常复杂的工程问题。

从强电过渡到弱电，中间必须要有一个变压器。如果强电是 A，弱电是 C，那么变压器就是 B，三者顺序排布就可以了。但这样，弱电插口就只能集中在插线板的末端，变压器所在的位置就有了留白，视觉上不如均匀排布优美。为了达成均匀排布，我们就要将变压器移到末端，也就是把 ABC 的顺序变成 ACB，正是这一变化带来了难度。

以前的排布，C 代表的弱电只有一端面临强电，现在变成了两端都是强电。因为布线的缘故，弱电其实是被强电环绕着的。而出于安全要求，强电与弱电之间必须有一个安全距离，以防止元器件之间发生电击穿。其实，尽力扩大强电和弱电之间的距离就可以轻松解决这个问题，但是因为小米插线板在设计上追求极致，所以留给工程师的空间很小很小。为此，我们的工程师尝试了非常多的办法。

最开始，工程师希望用绝缘片来隔离。绝缘片是一种常见的电气隔离手段，但绝缘片的材质和小米插线板的材质不统一，两者不好结合，一旦脱落，反而极易产生安全隐患。

之后，工程师又想到了点胶，即在弱电周围点一圈绝缘胶。这样的确比绝缘片和插线板结合得好，但问题是工艺上难以实现大规模生产。利用点胶工艺生产一两个产品没问题，但生产 50 个、100 个产品就会有不良品，百万级的生产更是没办法保证。带电产品就算只有极少数不合格产品，出了问题也是人命关天，所以点胶也被放弃了。

最后，工程师想到了一个点子：利用筋位。筋位是加强筋的俗称，在注塑模具的设计中，它主要用于增加塑件的强度和刚性，又不至于使塑件壁厚增加。也就是说，它本身并不是为了电气绝缘而设计的。

我们的工程师认为，可以在强弱电之间加入筋位，并赋予它绝缘功能。这等于增加了元器件的电气间隙，也就可以达到安全要求。

这项设计可以说是革命性的。我对小米插线板最自豪的地方，就是它不仅有美轮美奂的外观，内部也精致得如同艺术品。在小米插线板的发布会上，我特意

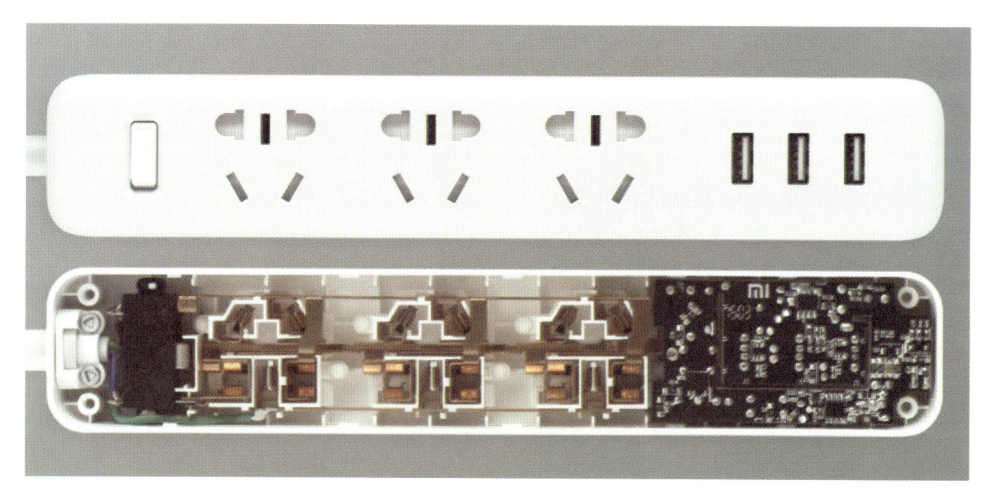

小米插线板追求外观与内部构造同样精美

要求同事制作了一个展板,把小米插线板的内部元器件展示给大家。对比传统插线板的内部,小米插线板用料扎实,内部布线缜密规整得像是集成电路,同时绝对符合安全标准。

2015年3月31日,小米插线板正式上市。当年米粉节期间的4月8日,小米插线板卖出了24.7万支,这是很多厂商单款产品一年也难以达到的销量。6月17日,小米插线板销量突破100万支。这深深地震撼了行业。在小米之前,从来没有厂家会投入上千万元研发资金,用来打造一支普普通通、售价仅49元的插线板。

极致的美观、极致的安全,我们为此付出的是15个月的艰苦奋战和上千万元的研发投入。如此巨大的花费,值得吗?我认为很值,因为我们得到的不只是一款插线板,而是整个行业的进步。比如,小米插线板三强电三弱电的设计很快就成了行业的设计标准,我们的外观设计也带动行业设计进步了一大截。

小米插线板成功了,插线板行业也成功了,这是我最开心的事。小米插线板成功的意义不限于插线板行业。我们通过青米科技,验证了小米模式在传统行业的可行性,这是最大的成果。在插线板行业之后,很多传统行业也开始运用小米模式进行转型升级，比如毛巾、牙刷甚至铜制手工艺品。我相信，随着小米模式不断被验证，这样的转型升级只会越来越多。

米家扫地机器人：产品定义第一

2017年两会期间，一位全国人大代表找我聊天。这位代表买了米家扫地机器人，一定要来见我一面。我们聊了一个小时，他一直在表扬扫地机。我印象特别深的是，这位代表一开始不敢让扫地机自动清扫，一直盯着扫地机工作。"平时我们打扫时要把桌子、椅子搬来搬去，而扫地机绕着圈就打扫完了，比人扫得还干净！"

这款深受用户好评的米家扫地机器人，是由小米生态链企业石头科技打造的。2020年2月21日，石头科技正式在科创板上市，创下了A股上市的发行价纪录，达到了每股271元。在我眼中，石头科技上市有两个非凡的意义。一是石头科技是第一家在内地上市的小米生态链企业，我相信随着内地资本市场的完善，我们会有更多的优质科技公司选择在国内上市，与全体国民分享发展红利；二是石头科技创下了小米生态链企业最快上市的纪录，从2016年9月发布首款产品算起，仅用了3年半时间。更难得的是，石头科技的创始人、CEO昌敬是个80后。小米模式不仅对企业的飞速成长有促进作用，也实实在在帮助了年轻的创业者。

时至今日，不少人仍对小米和小米生态链公司有误解。事实上，在生态链部门创立之初，我就告诉同事们，我们的原则是"投资不控股，帮忙不添乱"。生态链公司不是小米的子公司，而是独立的实体，是我们的兄弟公司。我们是一支舰队，让每一艘船都能乘风破浪是我们的目标。我们要用小米模式帮助创业者成功，只有他们成功了，小米生态链才算成功。

石头科技就是一个例子。创始人昌敬选择了做扫地机器人，他是一位优秀的互联网产品经理，但他的团队没有任何硬件经验，在加入小米生态链之前，看起来是不太可能成功的。

做扫地机器人的难度实在很大。如果用游戏里的 Boss 来打比方，普通的硬件只有 A 级，扫地机器人则是 S 级的大 Boss。但凡对硬件有一点了解，都不会选择做扫地机器人。零经验的外行人对硬件领域相对陌生，反而有初生牛犊不怕虎的闯劲。另一方面，拥有互联网产品经验，可以更容易地接受小米模式的经验，以此来定义的硬件产品将会更有优势。

对于扫地机器人这个领域，小米生态链也观察了很久，我们认为其中的机会很大。扫地机器人的市场状况和空气净化器市场很像，家庭普及率很低，但增长很快。当时，中国扫地机器人的市场渗透率不足 1%，与发达国家市场差距明显。相比成熟市场，新兴市场对创业者来说机会更大。一方面是技术处于革新期，后来者有弯道超车的机会，比如扫地机器人正处在由随机碰撞式向路径规划式转变的阶段。另一方面是市场格局还没有确定，用户心智还没有被占领。最突出的表现就是消费者对扫地机的认知，品类名远重于品牌名。只要我们做出世界一流的产品，成功将是一个大概率事件。

石头科技的年轻人把自己关在北京的一个出租房里，忙了 42 天，做了一个样品出来。石头科技买来一个扫地机器人，在上面加装一个平板电脑，用来运行算法、显示规划路径，尽管这个样品机器人运动得非常缓慢，但已充分显示出石头科技的能力，他们也是小米生态链企业中罕见的以软件见长的团队。看着这个团队，我眼里满是小米刚创业时的影子，因此相信只要补齐硬件能力，石头科技离成功也就不远了。

在产品定义之初我们就确定，初代产品尽量选用市面上成熟的技术，以降低制造的难度，增强产品的可靠性。这也是初代小米手机的经验，我总结为："选择大品牌同时被大规模验证过的技术。"

但做扫地机器人的困难在于，这是个前沿产品，没有成熟经验可供参考。石头科技买了很多国内外的扫地机器人回来拆机。拆机越多，心情越复杂。一方面信心增强了，因为市面上的产品没有一个和米家扫地机器人定义相同，与我们的目标相去甚远；另一方面心里也越来越没底，因为可以借鉴的地方太少了。

比如，扫地机刷子长什么样、粗细如何？吸口开多大？风道怎么做？全都没有标准或者成功的经验可参照，唯一的办法就是一个一个去试。为此，石头科技专门在地下室搭了一个实验室，进行场景模拟，还请空气动力学的专家讲课，学习怎么减少湍流和噪声。

研发中石头科技越过的最大的坑是 LDS（Laser Distance Sensor，激光测距传感器）。要实现路径规划，LDS 是核心部件，有了它，扫地机器人才能探测周围的环境。石头科技将 LDS 设计安装在产品上方的突起，作用相当于扫地机器人的眼睛。然而，一个好的 LDS 售价高达 10000 元。别说是 10000 元，就是 1000 元，也违反了我们的产品定义，这会让扫地机器人售价破表，根本不可能进入寻常百姓家。这就逼迫石头科技自己研发一款 LDS 出来。

LDS 最核心的部件是图像传感器。米家扫地机的要求非常特殊，需要 LDS 每秒扫描 5 圈，每圈 360 个点，也就是每秒要扫 1800 个点。这个应用场景十分罕见，只有工业级照相机有此需求，通常用在装配线上来检查一些快速装配工序。由于需求太少，全世界也没有几家供应商，并且都有相当稳固的客户，外人的不明需求一般都不太搭理。石头科技辗转找到了美国的一家公司，直接提出了订单，这才令 LDS 的成本大大降低。

米家扫地机器人凭借精准定义和出色体验一炮而红

2016 年 8 月 31 日，米家扫地机器人宣布定价 1699 元时，发布会现场掌声雷动。为什么米家扫地机器人如此受用户的欢迎？因为产品定义非常精确，并且实现非常到位：只求扫得干净、扫得快。

从一开始我们就决定，可做可不做的功能一定不做。一切与"扫得干净、扫得快"无关的功能，一开始就被砍掉了。比如拖地功能，我们认为这个功能要实现拖得干净还很困难，于是坚决砍掉。其他功能，比如空气净化、杀菌和摄像头，也都不在考虑之内。我们就专心做好扫地功能，做好最核心的路径规划，一直做到超出预期的效果。比如，我们拿美国同类最好的产品做对比，规定实验目标是 40 分钟扫完，结果是 30 分钟，到后来甚至 18 分钟也能完成。

12 年来，小米究竟为世界带来了什么改变？其中之一就是我们和志同道合的创业者一起改变了不少行业，也成就了不少创业者。石头科技成为扫地机器人行业的领导者，就是其中最典型的代表。

米家台灯：设计就是核心产品力

看到米家台灯的第一眼，我们就觉得这是一款典型的小米生态链产品。小米生态链数百款产品的设计理念一脉相承，并且保持了严格的调性统一。这种风格被设计界命名为"Mi-Look"。

暖白色是"Mi-Look"的特征色，这是从用户体验出发做出的选择。小米风的另一个基因是极简。在米家台灯上我们几乎看不到多余的部件，"五个一"就能说完：一根灯臂、一根红线、一根立杆、一个底座和一个按钮。

这里要特别说明的是，我们所提倡的设计，绝不仅仅是追求外观上的好看，更要用创新的设计去实现产品功能，更好地满足用户需求。设计为创新提出要求，倒逼我们提高制造水平，这样的例子在小米屡见不鲜，我们称之为"设计驱动产品"。

米家台灯发布之后，几乎得到了市场 100% 的好评，产品设计功不可没。这是市场上第一款将 LED 灯做到如此纤薄的产品，用户只要一看到它，就能感受

米家台灯是设计体现产品力的典型代表

到它的与众不同。但是，这款产品最终打动 iF 金奖评委的，还是灯臂与立杆之间的那一根红线。当时在硬件设计上不得不有一段裸露的电线，试过很多方案后我们决定试一下红色，结果效果非常惊艳。白色、极简传递的都是冷静理性的信号，这一抹红色让整个产品一下子跳脱起来，有了一丝灵气。

小米是一家科技公司，产品往往都特别强调科技感。同时，我们认为科技更应该融入生活。2021 年，我们请著名设计大师原研哉和我们一起重新设计了小米的标识。原研哉说，他是从思考"科技与生命的关系"出发，认为新标识要表达出"Alive"即生命感设计的理念。回过头看米家台灯，在白色的极简造型中，一抹红色给予整个产品灵动的生命气息，可以说是这一理念的完美实现。

好看、好用才是好质量

生态链的成功，用最朴素的话说，就是用户认为产品"好看、好用"，这也是小米从诞生以来对所有产品和服务的持续追求。我们把它总结为小米主张的

"新质量观"的内核与原点。

真材实料，结实耐用，是很多人对质量的朴素理解。然而制造业发展到今天，质量观念也在更新。

用通俗的话来说，以前的质量观在意的是产品使用寿命长不长，功能是不是正常，我把这些称为硬质量。硬质量是基础中的基础，解决的是能不能用、耐不耐用的问题；此外，我们还要关注软质量，进一步解决好不好看、好不好用的问题。软质量和硬质量同样重要，硬质量决定品质的下限，而软质量决定品质的上限。

无论是硬质量还是软质量，产品的质量最终要满足用户对产品综合体验的预期。预期之上，是口碑，而承载预期的就是质量。

好用是质量的一部分

以用户体验为中心的原则，让质量工作的范畴宽泛了很多。

举个简单的例子，信号问题是影响手机用户体验的要素，手机厂商都很重视，在常见的使用场景和测试中，都能满足用户的使用需求。但是在一些特殊的场景下，尤其是在火车、机场、地铁站、电梯、地库等环境中，经常会遇到信号弱或者无信号的情况，用户体验非常糟糕。对于这种情况，多数用户也知道是因为封闭式环境等客观因素导致的，加之是行业通病，用户虽有抱怨但也无可奈何。

但是，小米认为凡是影响用户体验的，即使是行业通病，即便只是短暂影响手机信号，也都属于质量领域的命题，必须加以改进。小米通信工程师团队从技术上进行了改进和优化，基于 GPS 地理围栏技术，在信号密度大的区域采用专属信号优化策略，并在天线设计及相关堆叠技术等领域的研发中下苦功夫，在火车、机场、地铁站、电梯、地库等复杂场景下可以做到弱信号通信维持、信道优先获取和信号恢复后迅速重建数据链接等一系列显著优化，给这道行业难题提供了一个大幅优化的解法。

在司空见惯的细节中发现体验提升的巨大空间，是真正实现"好用"的实践方法。比如，在手机音频领域，绝大多数手机，包括以前的旗舰手机，外放扬声器都是追求"听个响"，用户对此似乎也都早已接受了。业内虽然对提供"立体声效果"有过尝试，但囿于材质和工艺技术，始终没有做到足够好的对称立体声体验。拆解这个问题就会发现，由于堆叠空间的限制，市面上大多数的立体声手机都不是采用相同的内核，也没有做到对称声孔的设计；而即便采用相同内核+对称声孔的设计，也依然不能完全解决问题：扬声器出声孔设计在偏左侧位置，横握手机打游戏时，非常容易堵住出声孔，导致声音沉闷，严重影响体验。

要想横握手机时不堵孔，就要将扬声器放到手机偏右侧的位置，这样的话就需要在手机堆叠结构上做"大动作"，在前后置摄像头之间的"夹缝"中求"生存"。内核塞不进去，就用更小的内核；业内通行使用的塑胶材料太厚，就开发启用更薄、更有韧性的金属材料。经过反复尝试，在全新金属内核、全新金属工艺、全新侧壁灌粉技术等多项行业首创技术的支撑下，我们最终成功实现了真对称立体声+横握不堵孔的设计，为手机音频的极致体验开辟了新的思路和通道。

前文提到的小米插线板的案例也是有力的证明。很多电源插头都非常粗笨宽大，不仅不美观，而且过多占据了电源插座上的空间。这一现象在行业内存在了几十年，所有人都司空见惯，但小米生态链在做产品定义时，为了完美解决这一痛点，选择了业内前所未有的高标准工艺、更好的用料，在使插头小巧美观、方便使用的同时，也高标准地保障了安全品质。

重视设计

以用户体验为标尺，产品不但要有高品质、高性能，还应该有高颜值。小米建立起了一支优秀的工业设计团队，拿遍了世界四大工业设计金奖（美国 IDEA 设计奖、德国红点奖、iF 设计奖和日本优良设计奖），总计获得了超过 600 项设计大奖。我们形成了一种被设计界称为 Mi-Look 的设计风格，但这种风格并非出自某一个或一群设计师的天才构思，而是以用户体验为导向产生的。

举例来说，小米的产品中不乏充满个性的产品，如 Redmi K40 系列中的李小龙配色，黄黑的撞色充满张力，但绝大多数产品都符合 Mi-Look 的设计风格。Mi-Look 最显著的特点就是极简设计和暖白色调。为什么我们要这样做？因为我们希望不论过多长时间，不论变换什么环境，用户使用产品时的体验都是一致的，让人愉悦放松，充满协调感。

我们在生活中应该都有过这样的经历，偶然翻到家里的一个老物件，立刻知道是哪个年代的，这是因为它的设计风格有强烈的年代特征。设计的年代感客观存在，但如果过于明显，在日用品上就会带来一个问题：过时。对于某些流行的设计，用户可能一开始很喜欢，但过一段时间就不喜欢了，越看越别扭，不得不换掉。

我们日常生活中的物品一直是在如此变换的。时间淘汰了很多设计，而好设计也可以穿越时代。纵观世界工业史，极简是最能驾驭时间的设计语言。在极简风格的大旗下，博朗、索尼、苹果的早期经典产品直到今天也不会让人觉得过时。同样，小米生态链的早期作品，如小米移动电源，问世也有七八年时间了，今天依然可以很好地融入 Mi-Look 大家族。

小米的产品是一个大家族，这也决定了我们不能一个产品一个样，必须有统一的调性。这些产品出现在用户的家里，不论多少，都不能显得突兀。要和谐地融入各种家居环境，暖白色就成了最好的选择。

我曾经公开分享过小米模式的四大学习对象，分别是向同仁堂学真材实料，向海底捞学口碑，向沃尔玛和开市客学高效运营，向无印良品学设计。

"无印良品"这四个字的意思是"没有商标，还很优质"。为什么要取这样一个名字呢？无印良品创立时，日本刚经历了泡沫经济的破灭，大众的消费观念从浮夸回归务实。消费者希望产品质量上乘的同时价格从优。这时候无印良品干脆不粘贴商标了，完全依靠产品本身来获得消费者的认可，结果大受欢迎。

如果一件商品不看商标，也就是去除任何品牌溢价的影响，还能靠什么吸引消费者？我总结有三点：高品质、高性价比、高颜值。我认为，中国品牌要在世界上立得住，创新很重要，品质很重要，设计同样很重要。

Mi-Look 贯穿了生态链产品体系

从小米创办之初，我们就无比重视设计。我们的八位联合创始人中的两位——黎万强、刘德都是设计师出身，在小米手机的设计上我们倾注了大量心血。

这里我要做一个澄清，就是第一代小米手机发布时，我说了一句"没有设计就是最好的设计"，结果产生了巨大误解，以为我们无视设计的重要性。但真实情况恰恰相反，我当时想讲的是"没有刻意的设计，就是最好的设计"，设计应该融入产品的体验，应和人们的使用直觉，让产品和谐融入消费者的生活中。

我们学习无印良品的设计，就是因为它的设计有着特别明确而统一的理念。设计大师原研哉帮无印良品确立的理念就是"空、无"，强调"无意识"设计，让设计成为人们直觉行为的辅助点。这一设计理念直接确立了产品开发定义的出发点和指导原则。

2014年之后，小米的产品越来越多，当时有人说我们是"小米杂货铺"，后来我们成立了一个新品牌叫"米家"，旗帜鲜明地说我们要"做生活中的艺术品"。

我们是这么说，也是这么做的。在2017年，小米在一年之内就包揽了德国iF设计、德国红点设计、美国IDEA设计和日本优良设计奖的最高奖项，实现了全球设计最高奖的大满贯。小米MIX系列手机更是被法国蓬皮杜国家艺术和文化中心、芬兰国家设计博物馆、德国慕尼黑国际设计博物馆三大世界顶级博物馆收藏。截至2022年6月，我们已经累计拿下703项全球顶级设计奖项。

我要特别说明的是，学习无印良品不是说只追求外观上的好看，而是用创新的方法去实现设计，既要为审美而设计，也要为体验而设计、为效率而设计、为社会公共价值而设计。

为审美而设计，前面关于Mi-Look的介绍不再赘述，先进的审美本身就是用户价值的重要组成部分。

为体验而设计，比如开创了手机全面屏时代的小米MIX。为了实现正面超高的屏占比，带来更大的视野和沉浸感，我们做了非常多的创新，在正面取消了听筒，缩小了前置摄像头，还创新性地采用了全陶瓷结构。很多人只注意到小米MIX引领了全面屏风潮，却并不知道小米MIX的屏幕发声技术和摄像头小型化也对行业产生了巨大的推动作用。随着工业设计团队在陶瓷材质上的持续突破，MIX系列也持续进化，为用户提供了更优雅、更沉浸的体验。

为效率而设计，体现在将用户体验与服务运营效率相结合的过程中，通过设计来提供更高效的解决方案。例如，我们推出的98英寸电视大受欢迎，但送货和安装比较麻烦，不少住在高楼里的用户想在家里装这样的巨屏电视，需要用吊车从户外吊上去，拆掉窗户才能入户。于是，我们为用户设计了能够从电梯送上门的电视。经过研究，我们发现86英寸是能进入98%以上住宅电梯的最大尺寸。同时，为了保护电视机、有效提升送装效率，我们特别花了几个月时间，投入数百万元做打样实验，精心设计了专门针对电梯的电视机外包装盒，这种盒子一改传统的六面体结构，将一侧棱线做成了切面，实现了搬运入梯可以不拆外包装，有效规避了搬运中磕碰致损的风险,极大提升了送装效率,从楼下入梯到搬运完成的时间缩短了至少 40%。

为社会公共价值而设计。从 2013 年开始,小米设计开发团队就开始针对"无障碍使用"做长期专项优化,使得小米手机成为安卓领域面向视障人群支持程度最好的产品。2019 年,我们率先设计了手机上的全球首个系统级的地震预警系统,并且在 2021 年向全国大多数地区开放。目前,我们还在专门针对手机和智能设备联动系统的"适老化"进行专项设计优化工作。

所以,对于设计,我的建议是:

1. 明确设计的目的,即为什么而设计。
2. 要有明确而统一的设计理念。
3. 设计不是视觉概念,而是解决方案,设计应该成为所有业务的牵引力。
4. 设计需要有统一的培养系统,重视设计人才,努力培养设计氛围。
5. 给设计师们足够的空间,放手让他们发挥创造力。

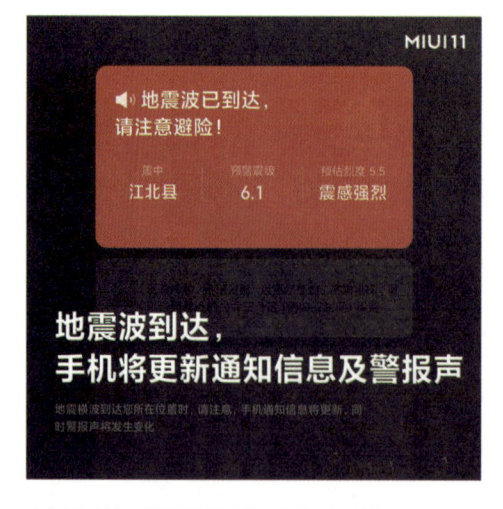

小米率先支持了系统级的地震预警,收到了大量赞誉

小米涵盖的设计领域跨度极大，包括工业设计、UI/UE 设计、包材设计、平面设计等。迄今为止，小米集团已拥有近 1000 名设计师，他们和工程师、产品经理一起，构成了小米核心人才的三驾马车，是小米最宝贵的财富。2019 年年初，小米成立了集团设计委员会，专门负责集团设计概念的统一、设计资产的管理、集团设计文化的营造和设计师群体的培养。

纵观世界先进制造国家，无论是英国、美国、日本、德国，还是瑞典、韩国等，无不是从大工业生产摆脱"质量低劣"标签起步，因设计创新力独树一帜而确立领先地位。为审美而设计、为体验而设计、为效率而设计、为社会公共价值而设计，设计将在中国制造在全球全面崛起进程中发挥核心战略作用。

小米生态链 2.0

从 2014 年正式起航至今，小米生态链已经走过了 8 年时间。这 8 年来，小米通过生态链模式，已经成就了一大批志同道合的创业者，并和他们一起改变了 100 多个行业的面貌。在这个过程中，小米生态链本身也在发生变化。如果说过去的 8 年是小米生态链模式的验证期、拓荒期，那么从现在开始，小米生态链自身的进化和对产业的变革推动正在步入新的深水区。

生态链 2.0 的明确边界

接下来，生态链模式往哪里走？要回答这个问题，我们仍然要回到构建生态链的初心。

正如前文所说，小米生态链出现的最直接动因是证明小米模式及其方法论并非只适用于小米一家公司，而是普遍适用于所有行业。所以，早年的生态链在业务领域方面并没有设置特别清晰的边界：一方面，当时我们除了一套方法论和生态链模式的推演思路，可谓一无所有，有比较靠谱的团队愿意合作，我们对业务领域也没有挑三拣四的余地；另一方面，没有足够多的行业、领域的历练，也难以充分验证生态链模式。

于是，人们看到小米生态链覆盖了令人惊讶的行业宽度。从充电宝、耳机等手机配件，到智能手环、手表这样的可穿戴设备，再到空气净化器、净水器、白色家电，甚至还有旅行箱包、服饰背包、铜制饰品、乳胶床垫、纯棉毛巾等。过去8年，在以上众多行业的实践已经清晰而雄辩地证明了小米模式和方法论的普适性。那么，现在已经到了我们严肃而明确地对待这个问题的时候了：小米生态链有没有边界？如果有，边界在哪里？

小米生态链当然有边界。本书第六章的开头就已经对此进行了清晰的说明，没有边界就没有专注，事实上，生态链 1.0 时代的后期，就已经出现了 SKU 过冗，导致资源过于分散、效率降低的迹象。生态链 2.0 时代，我们从两个维度去设立清晰、明确的边界：

- 从业务考量看，生态链 2.0 时代的业务选择和产品定义都需紧密围绕"手机 × AIoT"战略。
- 从用户感知看，生态链 2.0 时代的任何业务和产品都需要突出科技属性。

这两个维度将是一个并集关系，要求新的业务考量和产品定义，需要明确对手机核心业务、智能生态完善、智能生活体验有显著贡献；同时，即便是非智能、电子属性的产品，也需要体现科技创新属性。

设立边界是一个聚焦动作，不能简单地理解为生态链业务范围的收缩。它基于两项重要的现实判断：首先，生态链模式中关于方法论验证的任务已经完成，众多行业的平均水准已被带动得水涨船高，很多方法论已经被业界认知和接受，不需要小米生态链通过具体的一项项合作来推广普及；其次，小米生态链需要积聚主要精力、资源，发掘、支持更具合作主动性的优秀团队，进一步提升自身的能力，打造更具底层能力的支撑平台，推动相关行业提升产品技术和体验的上限。

小米生态链 1.0 的主要任务是，验证小米方法论和小米模式的普适性，初步改变 100 个行业的面貌，寻找、扶持、成就一批志同道合的优秀创业者；小米生态链 2.0 的主要目标是，在小米生态链 1.0 的基础上，为合作创业团队提供更强健、全面、深入的能力支撑平台，推动小米"以人为中心、连接人与万物"的科技生态持续、健康、繁荣地发展，帮助相关行业进一步提升效率，提升整个行业的产品技术和体验水准。

8 年前点燃的星星之火，如今已然燎原；我们现在要做的是精耕细作，这样才能支撑起更丰茂的明天。

三个关键答案

与小米生态链 2.0 的边界和主要任务相匹配，小米在生态链模式中的角色也将有所变化。与之相关的是三个问题，生态链的未来就在这些问题的答案中。

- 与生态链企业的关系是否会变化？
- 小米生态链自身的关键变化是什么？
- 小米生态链能持续产出爆品吗？

与生态链企业的关系是否会变化？

自生态链模式诞生以来，小米与生态链公司的关系始终是业内关注的焦点。随着一些赛道上生态链企业的壮大，这一话题变得更加"微妙"。答案其实并不复杂，小米与生态链公司之间本质上是兄弟关系，这一点始终不会变。

过去几年，产业界一直在关注所谓"生态链企业去小米化"的话题。这其实是一种误读。从生态链试水第一天起，小米就坚持一项基本原则："占股不控股，帮忙不添乱"，小米生态链的目的是成就创业者，而不是控制创业者，所以对生态链企业尝试建立自有品牌一直持开放和鼓励态度。

换言之，如果生态链企业没有建立自主业务和品牌的雄心，没有独立发展的勇气，只能依附于小米生态链的合作业务存活，那么这绝不是生态链模式的成功，恰恰是最大的失败。

随着很多领域中行业整体水准的提升、生态链企业的壮大，在小米生态链 2.0 中，我们必须对新时代、新环境有充分而冷静的认识：在保持兄弟关系的同时，我们应当理性看待生态链兄弟公司之间合作与竞争并存的现实。理解了这一点，就能正确理解很多现象：在智能穿戴市场，小米品牌和生态链公司自有品牌的产品并存是正常的；在扫地机器人领域，小米品牌和生态链公司自有品牌并存，以及多家生态链公司都和小米合作推出产品也将是常态。只要是对用户有利的，对生态链整体水准和长远发展有利的，都是我们应该鼓励、推动的正确选择。

在生态链 1.0 的拓荒时代，小米生态链的主要目标是寻找认同小米理念、愿意尝试小米方法论的创业者，帮他们组建团队并给予扶持，小米更偏向于作为一个理念、模式、能力、资源的输出者；而在生态链 2.0 时代，小米生态链更要和兄弟公司互相砥砺、共同进步，营造科技生态，抬升行业的新上限，小米的角色更偏向于一个与生态链企业并肩探索的领头者和生态维护的协调者。这样的角色和任务的转换，引出了第二个问题的答案。

小米生态链自身的关键变化是什么？

我的答案是建立更坚实的能力基础，尤其是技术能力，为整个生态提供有力的技术支撑。用生态链团队同事们的话说就是，小米生态链团队要"亲身下场，躬身入局"。

一套模式的提供者、一个生态平台的运营者为什么要亲身下场？这个问题在小米内部有过反复的讨论。最终达成的共识是，要进一步提升相关行业的产品水准，我们不亲自下场，就无法真正掌握行业的专有技术，也无法真正让质量、交付、成本做到更好。但亲身下场并不是说小米什么都要自己做，而是"有限下场"，主要体现在关键技术研发和验证领域。

对小米生态链团队而言，生态链 2.0 最大的进化在于继续强化能力平台。在生态链 1.0 时代，小米生态链的能力更多体现在为每一个生态链公司团队提供产品定义、设计、技术选型、供应链和销售渠道的支持；而现在，需要建设更加强大的自研技术平台，并更有力地向整个生态提供赋能。技术平台的强化包括两个方面：一是针对跨品类关键通用技术，提供可共用的自主研发能力，二是导入、复用整个小米集团的技术资源。目前，小米生态链已经建设了数百人的自研团队，分布在智能硬件研发、智能办公研发、清洁电器研发和通用技术研发四个分支团队中。

生态链革新，进入效率革命的深水区，我们必须扎稳关键一步——建立坚实、先进的技术平台，这样才能更好地承接专有技术，沉淀自研通用技术，提供更长远、更深入、更广泛的技术支撑与产品实现。这也是我们解答第三个问题的关键因素。

小米生态链能持续产出爆品吗？

这个话题一直是小米团队、生态链公司、用户和行业关注的焦点。小米生态链已经创造了众多改变行业面貌的爆品，但也有人认为，小米拿出的体量最大、对行业生态震动最大的爆品，集中在生态链起航的前5年。是小米生态链的爆品方法走到边界了吗？还是能做的爆品都做完了？答案并非如此，与其说"能做的都做完了"，不如说是"显而易见的改良空间短期内已经被填补得差不多了"。

道理很好理解，如果一个大体量行业的产品体验水准普遍在50分，那么提升到85分就会产生爆品；而从85分再向上提升，难度自然不可同日而语。而在一个体量较小的领域中，从65分提升到85分同样可以产生爆品，只是在认知声势上相比大体量行业显然有差距。

爆品是一个品类当前理想产品力的最大公约数，影响它出现的两项要素是技术和需求。无论是技术的提升，还是需求的变化，都不是线性的，必然存在周期性。在两个爆发周期之间，技术、需求的演进都难免出现平台期。这实际上也给持续打造爆品提供了思考维度与路径：要么找到新的用户洞察，发掘新的用户需求；要么加速推动技术演进，打开新的用户体验提升空间。

从最近三年生态链产出的新爆品中，就能清晰地看到这两个维度交叉作用的印迹。当越来越多家庭拥有包括汽车、自行车、滑板车、平衡车在内的多种出行设备时，为这些设备的轮胎充气的需求就会越来越高频，小米生态链推出的充气宝能够便捷地随时充气，还能检测胎压，灵巧便携，成为爆品毫不意外；随着面板工业技术的进步和电子竞技的快速发展，人们对于广色域、高刷新、大视野的显示器的需求越来越强烈，参数、尺寸、体验、价格都极为震撼的34英寸小米电竞显示器就成为被用户追捧的对象；而随着人们对家居、办公体验品质的持续提升，对环境氛围友好、用眼健康产生更高的要求，显示器挂灯这样的产品就成为全新的爆品。甚至，可能超出很多人的想象，智能晾衣机都会成为家居环境中的全新爆品。

如果仅凭直觉对比小米生态链诞生初期，这些新生需求中产生的爆品看上去似乎不那么"炫"。但如果仔细看看前两代产品的销量和所占的市场份额，就会发现这些爆品有过之而无不及。一方面这与所属品类的关注度、话题性有关，另一方面与行业整体水准有关。这也告诉我们：第一，在寻找、发掘新爆品机会时，不能仅凭直觉，而要靠对用户、行业的洞察；第二，要善于发现未被满足的时代需求，打造爆品的机会其实是源源不断的。

行业进步、技术迭代、消费升级有周期性，但在技术精进、用户洞察、需求挖掘方面的努力不分周期。唯有后者日拱一卒的持续积累，才有前者的厚积薄发、突破跃迁。伴随着这一进程，从生态链的实践出发，我们对爆品战略的理解和构建又有了新的演进。

走向爆品矩阵和爆品体系

爆品是孤立存在的吗？这个问题在不同阶段或许有不同答案。

一个创业团队刚刚成立，或者一个产业刚开始跨入技术革新期时，单一爆品就是追求专注、极致的最优解；而当一个行业逐步走向成熟，或一家公司需要服务全人群时，爆品就不一定只是单款了。苹果是极致单品、极简产品线的典范，早年的iPhone每年只有一款，而如今也在iPhone、Mac电脑等多个品类中开启了多条产品线，形成了强有力的产品组合。

在生态链 2.0 模式中，我的同事们提出了一个演进版的爆品矩阵思考，把新时代爆品策略分成了三个阶段。

第一阶段，单点突破，按照小米方法论，打造极致单品，单款（单 SPU）市场份额要达到行业主流品类中单一品牌的下限。如果达成这一目标，则追加投入，进入第二阶段。

第二阶段，基于第一阶段的极致爆品，有节制地展开多款，覆盖更多的人群，形成多 SPU 基础上的高效率规模能力和最简结构的爆品矩阵，赢得品类销售额的前三地位，同时重点关注和评估扩大人群及 SPU 后的口碑反馈、相应品类在中国市场及全球市场的潜力容量，当然还要考量基于更大规模市场的合理利润表现。如果达成这一系列目标，则追加投入，进入第三阶段。

第三阶段，影响力阶段。在前两个阶段的基础上，调整完善人群覆盖和产品结构，形成爆品矩阵和行业定义能力，显著提升行业整体水准。

在单一品类之外，关于爆品，我们还要看到更广阔的体系空间。每一个成功公司的成长过程中都会有一款里程碑式的产品，而且往往是爆品。但能否从单一的爆品走向打造爆品的体系，决定了很多公司的命运。成功建立了体系能力的公司可以持续输出强有力的产品，公司欣欣向荣，比如我们熟悉的百年车企奔驰、大众等等。前面提到苹果的产品线也开始多了起来，但是，我们并不觉得苹果不再专注，相反，苹果通过设计、工艺、芯片、系统等技术在各产品线上提供了卓越而统一的体验，这就是体系的能力。

如何把一个产品打造成爆品，是静态的单点思考；如何保障爆品持续出现，则需要动态而长期的全局考量。因此，我们产生了一个基本判断：打造爆品的下一步是走向体系化。

体系化爆品与单品爆品的区别在于：

- 更注重单品之间的互联互通，催生新的场景功能和体验，每个单品都新增了体系化的能力。
- 更注重用户体验的显著导向及一致性，从体系顶层设计指导每个单品的产品定义，为用户提供更完整、便捷的整体体验，带来更强的用户黏性。
- 更注重技术、体验的未来属性，强调"用户用了就再也离不开"，更注重技术持续的研发投入，打造长线的平台技术，为各个单品体验的完整性、一致性提供有力的保障。

从单品爆品，到爆品矩阵，再到爆品体系，小米确立了新十年的战略升级，从"手机+AIoT"全面转向"手机×AIoT"，爆品体系思路正是产品层面的关键考量。而在前面章节中提及的"完整而不断自主演进"的技术体系，及其支撑的"以人为中心的科技生态"，则是爆品体系的产生基础。

举个例子，小米手机推出 Wi-Fi 6 增强版技术时，需要与路由器团队的 Wi-Fi 6 路由器打通，一起针对小米手机做专项的网速优化，相当于可以为小米手机用户开设一条上网的"VIP通道"。这样的组合比各自单兵作战能提供更强大完整的性能体验，自然也更吸引用户。

在产品层面，我们重点突破互联互通的核心关键领域。比如，我们发布的"小米妙享"功能支持小米设备之间的协同互动，用户可以在手机和核心智能设备（电视、笔记本、智能音箱、路由器、可穿戴设备等）之间进行投屏、文件传输、跨设备控制，畅享协同的互联互通体验。

在业务组织架构上，我们也进行了有针对性的调整。在 2020 年年底，小米正式组建软件与体验部，由原互联网部、电视部、笔记本电脑部以及带屏音箱、相册、云计算等核心体验业务相关部门组成，负责手机及其他核心硬件的基础体验和互联互通能力提升，完善用户整体体验。2021 年年底，我们又进一步将系统软件与体验部纳入手机部的架构中，进一步强化手机作为核心业务在"手机 × AIoT"战略中的引领作用。近年来，我们先后成立集团质量委、集团技术委等部门，从技术、品质、设计、隐私保护等众多维度统筹规划提升爆品体系的能力。

我们期待，小米方法论指导下的爆品，不再只是一款款单品的成功，而是从单品走向体系，以用户导向的整体体验为核心，爆品之间产生更大的融合协同反应，并带有鲜明的未来属性，真正做到让用户用了就再也回不去、离不开。

第十三章
智能制造

从决定做手机的第一天起，小米就开始了理解制造业的探索之旅。我们对制造业充满敬畏，小米所追求的极致效率，至少一半依赖于大工业专业生产领域的杰出表现。

但也是从第一天起，小米就开始尝试用自己的理解和方法来反推制造业的效率提升。小到我们的驻场代表要求给生产车间和产线工人宿舍安装空调，来改善产线工人的身心健康、提升人效，大到为代工厂的设备和产线改造投资，联合研发，并将我们的预研成果导入工厂，跟代工伙伴一起研究产线装备优化、产线弹性调整，以及工艺、技术的提升。

制造既是质量的保障，又是效率提升的关键战场。如何继续帮助制造业在生产端提升效率？智能制造，是小米面向未来的答案。

效率革命的深水区

在过去十年里，在对小米的众多误解中，流传最广的就是小米没有自己的工厂，生产都是依靠代工，所以没技术。这种误解产生的原因在于很多人对代工模式缺乏了解，其实这是一种很先进的生产方式。

社会化大生产的特征之一就是分工合作，分工越细致，合作越紧密。随着技术越来越先进，产品越来越复杂，由一个企业包揽所有生产环节是不现实的。拿芯片行业来说，就分为设计、制造、封装、检测等多个环节，其中最重要的生产资料光刻机的生产需要全球多个国家的几十家公司通力合作。

智能手机属于先进制造业，苹果采用的就是代工模式，乔布斯也是代工模式最大的拥护者。很多人都知道，电动平衡车的鼻祖是赛格威。但鲜为人知的是，赛格威在制作完成电动平衡车的原型机后，乔布斯参与了产品讨论，并且给出了非常重要的意见。当时赛格威担心技术泄露，想自己设立工厂自己生产，对此乔布斯坚决反对。"你们的工厂要建在哪儿？为什么要建工厂？为什么要自己生产？"乔布斯接连发问。赛格威认为将核心代码给别人会承受很大的风险，乔布斯对此并不认同，但他也没能说服赛格威。

多年以后，小米生态链企业九号机器人收购了赛格威，并且小米电动平衡车成为全球市占率的第一名。赛格威没能走到最后固然有很多原因，但我觉得最根本的是赛格威没有认清自己的核心能力。事实上，当年乔布斯除了反对赛格威自建工厂，还对产品定位、产品设计和产品营销提出了非常中肯的意见。消费品公司的核心能力是为用户打造好的产品，公司的护城河不是对制造的直接垂直整合，而是建立良好的用户生态。制造是手段，不是目的。

所谓的社会化大生产，就是明确各自的核心优势，然后让专业的人做专业的事。因此，开放就成了制造业的趋势，不仅有利于企业个体的快速成长，也提高了全领域的生产效率，促进了社会的整体进步。代工模式不仅以较低的成本解决了苹果的生产交付，并且带动了相关产业的发展，促进先进技术在制造业得到大规模应用。

这个过程是双向的，小米这样的制造委托方会对生产商施加影响，反向推动生产商改善技术、工艺、设备和运营方式，并借此提升生产效率。

2010年，小米还是制造行业的新人，第一步就是选择业内效率最高的供应商和生产方式。当时国产手机的生产线涉及相机和音频测试，几乎都是人工检测。小米手机第一代就全部采用了自动化测试，这在国产手机中还是首次。

第二步，我们在供应链资源的优化使用和工艺调整方面为生产端提供升级动力。比如，在我们为小米移动电源寻找供应商时，几乎所有的型材厂都做不出满足要求的铝合金外壳。最后，在小米的帮助下，一家给苹果电脑做外壳的型材厂完成了任务。此前这家型材厂只能接电脑外壳的业务，但做过小米移动电源之后，扩大了业务范围，不仅提升了精密加工能力，而且加强了企业的盈利和生存能力，并由此推动了这项工艺的普及。有了订单规模的保障，企业生产效率随即大幅提升。

第三步，小米和生产商一起，通过联合研发和预研技术输出，推动工艺和技术的提升，以及先进设备的投资导入。比如 MIX 系列的陶瓷工艺，我们反复研发试验，帮助生产商三环实现了这一工艺的量产，并且推动了精密陶瓷工艺的大规模应用。再比如小米 4 的不锈钢材质工艺，我们和富士康一起研发，投入了 19 亿元购置新设备，用以提升对不锈钢材质的加工能力。

在这个过程中，代工伙伴跟小米结成了深度的联合创新机制。代工伙伴拥有一流的生产管理和组织能力，小米则拥有对产品的洞察力、对资源的整合力和对技术的前瞻力。小米看到了制造业未来需求的方向，理应用互联网的思维和方法帮助制造业提升规模、品质、效率和技术。

经过长期努力，我们和代工伙伴一起实现了效率的巨大提升，但也发现在现有机制下再提升制造效率遇到了瓶颈。从 2018 年开始，我们意识到，要打破当下的天花板，必须再向前一步，推动装备自动化、智能化和工厂系统形态的变革。

如果说，此前小米主要是在自身的产品定义端、研发端和流通端推动了一场彻底的效率革命，那么，现在这场革命将踏入生产制造环节。小米要帮助制造伙伴继续推进，就必须躬身入局，走进制造业变革的深水区。

我们选择的切入口是产业投资与智能制造。

带动国产供应链发展

小米生态链的成功，验证了小米模式、小米方法论在各个行业和领域中的普适性，也验证了以投资行为为纽带，能够高效地输出小米方法论，赢得关系密切的合作伙伴。

生态链模式是小米主张的"效率革命"在产品层的输出推广。而支撑产品层持续进步的，则是中国供应链整体能力的提升和先进制造高质量产能的成长。如何帮助中国的制造供应链快速成长，成为像小米这样的公司新的思考课题。

早在 2012 年，红米手机的立项就是基于扶持中国供应链的考量。红米的大成起到了很好的带动作用。经历了 2015—2016 年的低谷，到 2017 年，重回高速成长的小米开始在这一领域建立更加深入、更具体系的业务机制，这就是规模化、系统性地开展产业投资。

经过多年发展，国产供应链已经到了飞跃式成长的前夜，"国产替代"热潮由此兴起，此时需要产品制造商来积极牵头推动。对上游供应链企业而言，最需要的是具备规模的验证机会和稳定充足的订单保障。中国有很多优秀、努力的供应链企业，早年在国际品牌主导消费电子市场时，得不到认可与信任，无法挤入供应商名单，得不到大规模验证的机会。而现在，小米这样的国产品牌基于技术的判断，愿意给予它们信任和验证的机会与环境。

当时的小米在手机行业重回全球前四，具备了较大的规模和体量，并逐步证明了自身商业模式的能量；同时，小米生态链模式的成功也在一定程度上证明了我们帮助业界、成就伙伴的态度和立场，赢得了不少企业的理解与认可。这些使得我们具备了开展产业投资、帮助上游供应链更好成长的基础和条件。同时，经过之前的补课，我们对硬件工业、供应链、先进制造的理解进一步加深，对这一领域的深入认知需求也持续扩大。

产业投资的商业模式早已有之，但业内采用的模式要么是政府或者投资机构以投资人身份建立一个纯投资导向的专项基金，要么是处于产业制造链条上强势节点的企业动用自有资金来投资。小米采用了更加市场化的方式，即小米牵头成立一家百亿级的基金，募资来源包括小米自有资金、政府政策引导基金和其他投资者的投资。小米以管理合伙人的身份，执行日常投资管理，组建起一支由顶尖行业专家组成的专业团队，将投资专业性和行业专业性高度融合，实现了强业务协同导向的创新商业模式。2017 年，小米长江产业基金签署框架协议，6 月开始筹建团队，9月管理合伙人到位，开始有了几个人的创始团队，在申请批文、进行募资的同时开启了业务验证。

创新模式的开启从来不是一帆风顺的。产业投资团队谁也没想到，等待了足足一年时间，第一个项目才落定。没有供应链企业愿意接受业务上的客户的投资，因为怕站队，"你们小米投资了之后，其他客户怎么想？"这一年里，我们听得最多的就是这句话。而更多的企业，则是对我们的产业投资团队一直避而不见。

我们的产业投资团队只能不断沟通、说服，反复强调"投资不控股，帮忙不添乱"的原则。我们只要求少数股份，并且积极地帮助企业获得第三方订单。终于，在团队成立一年，小米长江产业基金注册工作全部完成后，我们投出了第一个正式项目。随后，这些项目中有不少也获得了小米在手机界的友商的跟投，并成为它们的重要供应商。

随着局面的打开，以及我们的立场和态度被更广大的上游供应链优秀企业认可，我们的产业投资进度超出了我们的预期。小米长江产业基金达到了120亿元，专门用于全力扶持中国先进制造、5G、集成电路和AIoT行业，这些都是中国电子制造业的基础支撑领域。目前已经投资扶持了超过100家企业，成就了无锡好

2017年 小米长江产业基金 成立
全力扶持中国先进制造 / 5G / 集成电路 / AIoT 行业

基金规模超120亿元
至今已投企业超过100家
被投企业收入总规模超千亿

VeriSilicon
芯原股份(688521)

Amlogic
晶晨股份(688099)

FBA
方邦股份(688020)

ESPRESSIF
乐鑫科技(688018)

达、珠海冠宇、芯原微恒玄、云英谷等一大批细分领域龙头。经过数年成长，目前被投企业的年营收总规模已经超过千亿元，还有10多家企业登陆了科创板。

在最早思考开展产业投资时，我从来没有考虑过短期回报，更没有料到在不久的将来，国内资本市场上会出现科创板这样了不起的创新。相反，我一直强调，我们要对产业投资有足够的耐心，要用"10年起步"的长周期思维去开展每一项投资。和小米生态链的投资逻辑一致，"产业投资"这四个字重点在于"产业"，而不在"投资"。只有这些上游供应商足够强大，才有中国制造业强大的未来。投资是小米与这些伙伴加深合作、共享成长的手段，通过投资，小米赢得信任，能够有力推动行业的快速进步，同时也赢得更强有力的技术与供应资源。

通过产业投资，我们支持了一大批中国顶尖的零组件企业，为产业全链条"效率革命"打开了零组件供应层的新局面。而顺着整条产业链上溯，我们的眼光投向了智能制造。

三道待解难题

在制造产业链上，至少有三类主要参与者，从上游向下依次是：装备制造商，就是为工厂制造提供生产设备的制造商；生产制造商，即专业的工厂运营者，其中包括专业代工企业和品牌商自有工厂；品牌商，就是向生产制造商提出生产委托的委托方。制造业的效率取决于这个链条上每一个环节的表现。

我们发现，在这个链条上，第一环节和第二环节的衔接出现了问题。

智能制造的第一步是自动化，但是当时行业的自动化渗透率很低，生产商也没有意愿率先自行推动大规模的装备换装。

通常对智能制造设备的认识，是它们能够大幅度提高生产效率，从而给企业带来更低的成本、更好的利润和更强的竞争优势，企业当然会趋之若鹜。换言之，中国制造向智能制造转型升级应该是水到渠成的事。

但事实却相反，这些核心设备在制造业中的使用比率并不高。原因也不复杂，制造设备高昂的成本成了推广智能制造最大的制约因素。

一方面，眼下自动化、智能化设备依然造价昂贵，动辄十几万甚至上百万元，以智能制造运用最普遍的工业机器人——机械臂为例，一台的价格高达十几万元，如果一条生产线上需要用到 40 台机械臂，成本将高达 400 万元以上，短期内从生产商角度看，并不见得比传统制造更有成本优势。

另一方面是生产线不够灵活，生产不同的产品换线成本居高不下。这是电子行业自动化生产的现状，是由非标准自动化决定的。

非标准自动化的特点是厂商根据不同的需求来定制生产线，优点是响应速度快，但缺点是不对后续运营负责。举个简单的例子，如果小米有一款个性化的产品要生产，非标准自动化可以很快提供一条生产线。但是，这款产品面世后，我们发现可能需要根据市场需求对某些功能做出修改，也就是做一个小的改款。

我们还发现，之前的设备只能满足原先的需求，生产线的优化成本会非常高。这还只是涉及部分设备的优化，如果产品出现工艺上的变更，非标生产线就更没办法响应了。比如，智能手机出现了折叠屏形态，和普通手机就有很大不同，我们只能再定制一条完全不同的生产线。

那么，为什么成本降不下来，标准化的自动化实现不了呢？

我们通过调研发现，自动化设备的核心部件基本由国外进口，如果核心部件国产化，成本就可以大幅降低。但我国的先进装备制造业起步相对较晚，国产制造装备厂商规模小、实力弱，需要有大量订单和验证环境才能逐步成长起来。然而，对很多品牌来说，与国产厂商合作意味着要付出时间和试错成本，甚至还要将自身的知识产权对外输出。他们最大的担心在于，如果合作伙伴的能力提高了，竞争者也会受益。因此，品牌商宁愿手握核心能力，让合作伙伴只负责代加工环节。整个制造业被割裂为一个个封闭的体系，缺乏向上升级的动力。

我们观察到的事实证明，国产厂商在核心器件上的研发能力并不输国外品牌。自动化设备的国产化长期裹足不前，原因就在于国内厂商没有很好的验证环境。对制造业来说，拉开差距的第一步是应用场景是否足够丰富，有了场景才能催生业务，有了业务才能催生产品，有了产品又会产生新的场景。有了这样正向的循环，制造业也就有了源源不绝的发展动力。从这个角度来说，我国与世界先进制造业的差距，看得见的是技术实力的差距，看不见的则是制造业生态的差距。制造业的开放是必然趋势，也是长期的过程。

那么，是不是假以时日，这些封闭的环节会自动打开，形成足够开放的产业生态，为智能制造提供广阔的市场和验证环境呢？从当下看，答案并不那么乐观。

首先，生产制造行业是强客户导向，对未来的布局缺乏前瞻性。以手机制造为例，代工厂通常要对应多个品牌客户，而各个品牌的要求存在差异，代工厂很难反向推动客户满足标准化要求。进入万物互联时代后，智能硬件层出不穷，制造业几乎都是需求的响应端而非发起端。

其次，制造业缺乏系统整合能力。今天智能硬件已相当丰富，但智能手机、智能手环、智能手表、智能音箱、扫地机器人等的生产设备都各自独立，通用性很差。这是因为制造业之间的专有技术不互通，又缺乏大数据和人工智能能力，很难建立起通用的标准。

总之，要实现推动智能制造起步，进而推动整个中国制造业打开"效率天花板"，我们要解决三个问题：一是先进装备价格过高，生产制造商一次性购置成本过高；二是非标准自动化导致产线切换灵活性过低，大量专有化、特化的设备使用效率不高；三是装备制造商体量小、能力偏弱，缺乏足够的订单支撑与验证环境，成长缓慢。

这三个问题互为因果，要想打破这种"互相纠缠的循环"不是件容易事。但我认为，制造业在转型智能制造时碰到的问题，正是小米的优势，也是小米应该承担的责任。

首先，作为产品定义方和生产需求的发起端，以"手机 × AIoT"为战略的小米拥有独特的优势，对产品、行业和生态都有足够的了解，可以进行前瞻性的布局。同时，小米在众多产品领域积累了大量的生产数据、专有的工艺技术，与众多行业的生产者紧密联合在一起，可以建立起通用标准并在制造业大量复用。

其次，小米团队拥有丰富的互联网经验，还有业内最丰富的软硬件结合经验，同时在人工智能、大数据和云方面也有比较深的积累。自动化装备的普及只是智能制造的第一步，而智能制造涵盖算法、软件、自动控制、人工智能和系统构建等，这些早已远非传统制造所能驾驭，我们打算继续深化"互联网＋制造"的策略，就是用互联网方法去改造现有的智能制造，以系统思维去构建覆盖装备制造、产线构成、智能运营系统搭建的智能制造体系。

所以，我相信小米可以站在全局的高度对智能制造进行整合，形成完整的系统解决方案。

做制造的制造

三个待解难题，我们决定从第三个也是最根本的问题开始解决，因为先进装备制造商及其上游的核心器件商是智能制造的源头发动机，是最基础的参与者，只有他们加速成长，才能从根本上推进智能制造的效率提升。

我们选择了通过联合研发和投资助力结合的方式，来扶持中国最优秀的先进装备制造商及其上游的核心器件商，帮助他们加速原本缓慢的积累过程，快速成长并走向成熟。

同时，小米也在积极运用自身的软硬件研发积累，以及互联网方法论的运营经验，和先进制造业伙伴一起，迅速降低装备成本，降低自动化装备应用的门槛，尽快做大先进装备普及市场。

机械臂十年价格降到十分之一

以前面说到的机械臂为例。我们做的第一件事是分析机械臂的成本构成，发现机械臂的硬件成本并不高，其核心是软件算法，也叫核心控制器，有了核心控制器，机械臂才能做出各种动作。此外，完整的机械臂系统还要加上相机光源等视觉系统，才能运用在生产线上，所以机械臂实际上是软硬件一体的系统产品。

在过去，影响机械臂价格的一个重要部分是核心控制器。因为做机械臂的厂商大多只有硬件经验，对于软件并不在行，也很难建立起软件的开发能力。此外，软件开发不仅需要成本，更需要应用场景，初创的机械臂厂商很难具备这样的条件。所以，厂商的通常做法是只生产机械臂的本体，然后高价买入一套算法，如果软件要升级，价格还得另算，整体成本也就上去了。

我们的解法是做了三件事：

第一，投资专门做机械臂本体的生态链企业，专注把机械臂本体做好，做到质量最佳、价格最优。

第二，投资附属器件的生态链企业，比如相机光源，同样专注于把产品做到极致，然后把资源整合到机械臂。

第三，小米负责最核心的软件技术，自研机械臂的核心控制器、视觉算法等等，然后将技术输出给生态链公司。

这样一套组合拳打下来，机械臂的成本大幅降低。小米实验产线目前使用的机械臂价格已远低于市场同类产品，达到市场价格的三分之一。我相信随着产品的大规模运用，价格还有进一步下降的空间。我定下了一个目标，希望推动机械臂在产线全面普及，到 2030 年，把价格做到 2020 年时的十分之一。

与此同时，小米与生态链企业一起梳理了自动化设备行业，整合了国内提供关键核心技术的厂商，然后为它们提供验证环境。

作为制造的需求方，小米首先实现的是单点突破，在部分产品或部分工艺上推动工厂采用自动化。比如，传统的板级测试线采用夹治具，在 32 米长的线体上需要 18 个人操作，小米推动工厂采用自动化设备后，线体缩短到 18 米，且无须人工值守，手机主板的每小时产出也从 350 台提高到 500 台。

在音频设备、摄像头、机械臂、视觉算法等核心领域，小米打开大门与零部件厂商和装备制造商合作，大大加速了生产制造端自动化设备的国产化进程。一大批经过小米验证、推广的，拥有高品质和高性价比的国产装备，很快占领了国内几乎 80% 的市场。

智能工厂的三项要素

针对非标准自动化问题,我们的解决思路是这样的:把生产线平台化,只需要做出较小的调整,就可以完成换线。具体而言,是三个理念——平台化、模组化和小型化。建立一条平台化的生产线,这条生产线的所有设备都是模组化的,工艺变更时只需要更换其中的模组,同时模组都是小型化的,让更换的成本进一步降低,速率进一步加快,柔性生产的弹性进一步加强。

如何搭建一个完整的智能制造工厂体系呢?我们的思考,一是现场的自动化。每一台设备都在实践平台化、模组化、小型化,设备效率更高,成本更低,更具性价比。二是全链路的数字化。数字化看板随处可见,为运营决策提供支撑。三是运营系统的智能化,基于数字化决策,用智能化系统来运营工厂,就能提供一整套解决方案。

2018年时,放眼望去,业内并没有这样的完整先例可循,小米决定自己先做一套样板,进行摸索验证。于是,在小米长江产业基金投资和先进装备技术自研与联合研发的同时,我们开始了智能工厂系统的规划、设计、研发和建设。

2020年年初,小米在北京亦庄的第一座智能工厂正式投产。我们的智能工厂目前已经拥有年产100万台超高端旗舰手机的能力。这座智能工厂的重心并不在于出货规模,而是要成为面向未来的实验工厂。它是小米最先进的技术和工艺的预研、量产落地试验场,更是未来中国最先进制造设备和智能工厂方案的运转样本基地。

目前,我们已经可以做到整个工厂高度自动化,除了上下料环节和部分质检环节,其余部分可以实现无人运转。无论是零组件加工、装配、测试,还是部件、产品的包装、搬运,全都能通过机器人自动完成;全部流程通过监控大屏来管控,大部分决策也可以由人工智能系统来实现;而且有着极高的自动运转精度。我们的工程师告诉我,已经做到了"外科手术"级的操作精密度。

为了能够适应各类创新产品的试产,我们的产线还掌握了惊人的"柔性生产"能力。所谓"柔性生产",就是生产什么和生产多少都有特别强的灵活性,

位于北京亦庄的小米智能工厂（一期）拥有年产 100 万台超高端旗舰手机产能

从生产 A 产品到生产 B 产品能马上切换，多到上万件产品，少到几十件甚至几件也能马上切换。小米智能工厂目前已经可以做到只用 15 分钟就能完成产品线路的切换，而且所有设备的切换过程都能通过我们自主专利的"天地轨"自动拆装。

柔性生产带来了惊人的市场反应速率。举个例子，在传统制造模式下，从我们立项发出需求到样机产出，需要 6 个月时间，这个时间可能一代手机都卖完了。我们发现业界把大量的时间花在了验证上，其中除了硬件验证、柔性生产、快速搭建实验产线、大幅提升速率，智能工厂还能通过进行仿真模拟加速软件验证。未来我们的目标是把时间缩短到 1~1.5 个月。

小米智能工厂有一点特别令我骄傲，生产线上 98% 的设备都来自小米及小米投资企业的自研。在亦庄工厂的生产线上，我们把设备操作头都做了小型化，体积减小到市面同类型产品的二分之一甚至三分之一。一旦工艺发生变更，我们只要更换操作头，就能把 A 设备变为 B 设备，所付出的仅仅是操作头变更的成本。

同时，小米智能工厂还在业界首创了"三自"原则：自诊断、自校准和自适应。大多数自动化生产线上机器生产的部分已经实现了自动化，但每条生产线投入的人力仍然很多，原因是设备的维护、检测和校准仍然需要技术人员的参与。我们建立的自动生产线将这些工作几乎全部交给了软件来实现，人工参与的程度大大降低。一条通常需要 10 名生产人员的生产线，可以缩减到只需要 1 名。

2020 年投产以来，小米最高端的旗舰手机产品，如小米 10 Ultra 至尊纪念版的透明版，以及小米首款折叠屏手机小米 MIX FOLD 都是由小米智能工厂制造的。经过我们测算，以 100 万台年产能规模计，小米亦庄智能工厂的效率比我们合作过的效率最高的代工厂产线还要高一倍以上。

2021 年 7 月，小米智能工厂第二期在北京昌平正式动工，规划了每年 1000 万台的超高端旗舰手机产能，年产值 500 亿~600 亿元，预计 2024 年建成投产。

为全行业提供整体解决方案

小米智能工厂对于我们更大的意义在于，这些设备和系统方案我们都会向整个制造行业输出，亦庄智能工厂是一个样板、一颗种子，未来我们会让整个中国制造业界都更先进、更高效。我们会继续和代工合作伙伴紧密合作，为它们赋能，和它们一起进一步提升效率。

特别鼓舞人心的是，小米的努力很快得到了合作伙伴的认可。龙旗科技、蓝思科技是国内非常优秀的电子制造企业，也是小米过去 10 年中重要的合作伙伴。在参观过小米智能工厂后，他们对小米的解决方案和智能制造体系产生了浓厚的兴趣，开始着手建立相同标准的更庞大的智能工厂。

2021 年 2 月，龙旗科技位于南昌的园区正式投产，正式采用了小米智能工厂的板测线。行业同等设备每小时的产出是 450 台手机主板，采用小米智能工厂的设备后，这一数字可提升至 600 台，效率提升 33%。

2021 年 3 月，蓝思科技湘潭园区正式投产。园区内长达 300 米的自动化组装线正是由小米智能工厂调配好的标准化模块搭建而成的。这条组装线实现了机械

制造业合作伙伴已导入小米提供的智能产线方案

臂的国产替代，并且效率成倍提升。以最受工厂欢迎的小米自研的"一键标定"功能为例。在过去，组装产品一旦变更，机械臂的操作基点也要随之发生变更，组装线需要人工一台设备一台设备地调试，至少需要12小时才能完成。有了"一键标定"功能，整个组装线可以在12分钟内完成标定，几乎没有时间成本。

小米将继续通过投资和联合研发的方式，和装备制造伙伴一起制造创新的先进装备；小米将继续基于先进装备，自主研发先进的产线体系和智能工厂运营系统，并在自建的实验工厂中进行验证，然后向生产制造全行业输出，为中国制造业在生产端提供更高效的完整解决方案。总之，做"制造的制造"，就是制造先进设备、设计智能制造系统和工厂方案，是对小米"互联网+制造"策略的深化。

从诞生那天起，小米就对制造业充满敬畏之心，"互联网+制造"一直是我们坚持的方向。如果说，在第一个10年里，充分受益于中国制造业40多年来的伟大积累，小米通过打磨自己的产品，从产品思维、用户体验和流通效率等方面推动了业界面貌的变化，那么在第二个10年开始之际，我们的脚步已迈进上游，做制造业的制造，进一步推动效率革命。我相信，这是小米对制造业敬畏和感恩之心的最好表达。

第五部分
小米方法论的演进思考

一家真正成熟的公司与一套真正成熟的方法论和模式,要经过行业盛衰和经济周期的考验,才能真正得到验证。

考验来自时代的更迭、技术体系的进化、产业形态和竞争规则的变迁、用户人群的扩展等等,作为小米方法论及小米模式的提出者和主要探索实践者,小米本身也在持续思考、摸索。

第十四章
小米方法论的演进思考

小米诞生于 2010 年，这是一个新旧交替的关键年份，个人计算机还是互联网的中心，移动互联网正在积蓄即将改变我们生活的力量。

这 12 年来世界变化之大，令人惊叹，仿佛一切都上紧了发条，旧有的商业形态乃至普通人的生活方式，都被无可阻挡地改写、重构。

2010 年，中国的 GDP（国内生产总值）是 41 万亿元，人均 GDP 仅 3.1 万元；11 年后，中国的 GDP 翻了一番还多，突破百万亿元大关，人均 GDP 达到 8.1 万元，中国经济总量稳居世界第二，占全球经济比重超过 18%。

12 年前，3G 通信才刚刚普及，智能手机年出货量约 3600 万台，约半数的国人甚至没有手机。12 年后，5G 通信时代已经到来，2021 年中国智能手机的年出货量达到 3.33 亿台，移动互联网用户高达 11.74 亿。

12 年前，线上与线下泾渭分明，尽管网购已逐渐为人们所接受，不过电商的零售总额占比仅有 3% 左右；12 年后，移动互联网改变了人们的衣食住行，网约车司机、外卖员、直播网红等一批新的职业诞生，人们出门已经可以不用带现金，只靠一部手机就能轻松搞定。

12 年中，小米自己也从只有一款产品，发展为拥有横跨智能家居、出行、办公等多场景的智能产品矩阵，并可以提供多种互联网服务，从发烧友群体走向了时尚潮流人群、品质商务人群以及女性人群等更广大的群体。在这样的变化过程中，小米自身及"小米模式"都要关注新时代适应性，并进行改进与完善。其中就包括对新发展路径的思考，以及对新战略业务的开拓。

警惕"规模不经济"陷阱

一家创业公司只要切准风口、运营得当,大多会从小变大,从细分社群走向更大的社会。而要实现企业高速的正循环增长,流量和用户始终是绕不开的核心。

互联网思维恰好是一种能够实现流量、用户爆发式增长的高效利器。流量背后有一个词叫"注意力",极致爆品、超预期口碑一旦站在合适的风口上,用户的注意力就会一下子被抓住,经由互联网发酵即可迅速聚集流量。这种流量爆发会吸引特定的细分人群,使之成为你的忠实粉丝,由这些粉丝组成的社群也就成了企业最宝贵的用户群。

不过,随着业务拓展、规模扩大,购买你的产品和服务的人群变得多元,要支撑企业的高速发展,必然要获取更多的流量和用户。此时,企业稍不留神,就容易陷入"规模不经济"的陷阱:对流量的渴求压倒一切,导致忽略了真实的用户增长,规模越大,效率反而越低,最终也就无法为用户提供真正有价值的产品和服务。同时,随着数字经济的发展,在商业效益之外,我们还要思考这些经济活动的社会效益。

流量、算法和 GMV 的陷阱

流量有很多种划分方法,比如可分为电商流量、新媒体流量、媒体曝光流量等,还能分为公域流量、私域流量,以及免费流量、付费流量等等。无论叫什么名称,流量的背后是企业可以影响的潜在用户。之所以用"潜在",是因为企业需要付出各种成本才能最终将这些用户转化成购买用户。

流量有其运行的必然规律:一是在流量平台不断涌现的前提下,在一段时间内会出现某个或某种流量平台的流量红利,此时流量成本低,比如小米早期进入的微博、QQ 空间,以及近年来尝试的直播电商;二是任何一个平台的流量红利都会逐渐消失,获客成本会越来越高,比如在 10 多年前电商平均获客成本是

30~40 元 / 人，如今粗算已经翻了约 10 倍。

一旦对流量的渴求压倒了一切，企业就会急切地从各大外部平台寻找流量，这种依赖度越高，成本就越高，但又无法完全舍弃，此时企业就有可能陷入急功近利的迷失局面。

这个时代的流量分配逻辑很大程度上归因于算法。我们已经进入算法时代，最典型的就是基于信息流内容产品形态的算法推荐模式，一条视频会不会火，需要经过多个流量池的检验与推荐，用户看到的文章也是对其行为进行标签化后的个性化推荐。

算法的核心是基于大数据的人工智能机器学习与推荐。算法的兴起是每个企业都将遇到的新挑战和新机遇。机遇在于它的流量操盘更为精细、有规律可循，打造爆款文章、视频的可操作性提高了，但挑战也不容忽视，企业是否会过度依赖、迎合算法机制，以及围绕着用户的"信息茧房"是否反过来背离了用户的需求和根本利益，都是值得反思的全新课题。

GMV（商品交易总额）是一个大家并不陌生的电商术语，每年的京东 618、双十一购物狂欢节期间都会高频出现，它也是企业管理者重点关注的运营数据之一。那么，GMV 高速增长，是否一定是好事？未必，企业很容易陷入快速扩张、片面追求 GMV 的陷阱。

在前文中，我提到了 799 元的非智能波轮洗衣机的案例，这个项目被列为反面教材，并非它做不成爆品，而是它的出现是一个典型现象，说明我们有陷入"GMV 陷阱"的危险——快速的 SKU 扩张、追求营收翻番成了核心 KPI，但这样的 SKU 扩张并不能为小米沉淀智能手机、智能生态的目标用户，难以实现真实的用户增长。

同时，在快速扩张 SKU 的冲动下，极易导致研发资源分散、产品力不够、品牌稀释、用户流失等问题，这也是小米曾经一度被外界批评为"杂货铺"的原因之一。这个口子一开，一旦出现问题，可能会变成致命伤。

后来，我们开始大刀阔斧地砍 SKU，就是要遏制片面追求 GMV 的势头，倒逼所有人聚焦在核心战略、真实用户增长上。如何做到这一点？我们需要明确一些简明而坚定的原则。

关注用户，而不是流量；追求闭环，而不是扩张

小米模式的精髓是性价比模型，我始终相信，一家伟大的公司总是把东西做得越来越好，做得越来越便宜。在创业初期，我们采用了"爆品＋新媒体营销＋电商"的方式来实现这一构想。

再梳理一次我们最初的业务模型：我们先做了MIUI、手机以及小米社区，获得了核心的种子用户，他们对MIUI、小米手机的口碑推广为小米社区沉淀了更多用户；随后我们又做了小米网，手机也有小米商城App，它再次帮助我们获得了更多的用户；买了手机的用户，我们会推荐生态链产品，生态链产品的好口碑又会吸引更多的用户来购买手机。

这是一个近乎完美、环环相扣的流量闭环，也是小米模式效率革命的最小化理想模型。它围绕向用户提供产品和服务，向外三维延展：硬件（手机、电视、智能硬件、大家电等）、零售（小米网、全网电商、小米之家、有品等）以及互联网（MIUI、云服务、小爱同学、金融科技等）。无论业务延展多少维度，所有的用户增长都沉淀在闭环体系内。

但随着小米的高速发展，围绕用户的流量闭环出现了一些明显的缺口。

我们拓展了外部电商平台，从小米网走向了全网电商。同时我们在更多的新媒体平台建立官方矩阵，侧重于获得新平台的流量红利。但自有用户社区的运营反而松懈了。由此导致了两个问题：一是我们获得的用户并不能有效沉淀到自有体系内，二是流量的获取成本越来越高。

这促使我们反思，什么是真正有效的流量转化。这里的转化，并非单纯指销量转化，而是考察有多少用户愿意持续关注、与企业持续互动，有多少用户能够沉淀在自有平台、社群和舆论场中。毕竟从外部平台获取的流量转化，本质还是平台用户，哪怕我们可以在公域流量上做一些私域流量的转化。私域流量的话题兴起于最近几年，但在10年前，小米就已经开始系统地开拓、运营。我们的结

论是天下没有免费的午餐，可以追逐流量洼地，获取早期红利，但不要永远寄希望于免费。

我们需要有个清醒的认识，21世纪20年代的互联网跟10年前已经完全不同。如果我们无法形成有效的流量闭环，流量成本、外部平台依赖都会影响企业的效率变革，对小米而言，这将是商业模式上的挑战，隐藏着巨大的危机。

为了迎接这一挑战，我们首先要意识到，能够持续带来新用户沉淀的，才是闭环；能够形成闭环的，才是高质量的增长。

为此，我们于2021年启动了小米社区的重建计划，对原有的产品、运营策略、团队进行全面调整。该计划完全是用户增长导向，拉通小米内部的各条业务线，面向米粉和用户进行多元化的深度沟通，帮助米粉和用户解决问题，并沉淀真实的核心用户。

2021年年初，我的同事们还启动了小米顾问计划，邀请米粉朋友来公司，我和主要的业务负责人跟他们面对面交流，现场回答、倾听朋友们的疑问、建议或者批评。

从最早期的小米爆米花、米粉家宴、橙色跑，再到新增的小米顾问计划、米粉OPEN DAY活动，我们在不断尝试把跟用户的沟通做成一个个极致的产品，固化、强化、持续迭代，让米粉、用户始终有足够多的触点和平台与小米极为方便地沟通交流。目前，新时代的用户阵地探索只是在初始探索阶段。面对不同用户群的持续运营，如何形成用户真正依赖的自有阵地超级App，我们还在思考更好的答案。

此外，我们也在反思闭环模式是否意味着完全的封闭。答案是否定的。

在小米创业的初期，我们的模式几乎是不需要合作伙伴的，而是直接跟用户沟通，最大化降低了营销成本、渠道成本。随着我们进入更多行业和领域，我们几乎把所有人都变成了竞争对手。

真正的闭环，应该是一个共赢的闭环，让更多的合作伙伴加入小米的高效体系中，通过带动产业的效率提升，合作伙伴可以受益，并最终给用户带来真正价值。在产业上游，我们在推进产业投资、供应链金融，攻克"制造的制造"难题；而在下游，我们向更多的渠道合作商开放新零售能力，提升零售业的效率。

这是小米与众不同的"出圈"尝试，也是从创业之初的发烧友社群走向覆盖全人群的必然，通过带动产业上下游的效率变革，形成一个更大范畴、共赢互利的全新闭环，最终为用户提供具有极致体验、高性价比的产品，从而形成持续的用户增长。

归根结底，要避开"规模不经济"的陷阱。解决流量和转化难题、赢得持续增长、团结合作伙伴、紧密着眼于用户，才是王道。

制定"三大铁律"

互联网思维不是包治百病的灵丹妙药，脱胎于互联网思维的小米模式也不是一成不变的教条。我始终认为，小米模式只是由小米率先实践、总结而已，它遵循的是普适的商业法则，目标是顺应时代的潮流，找到企业发展的最佳路径。要做到这一点，我们就要找到小米模式的基本原则，并且建立起更为成熟的体系。

每个企业都有自己对商业的思考，有一套自己的发展模式。但是这些都属于指导理论，有一定的复杂性，不利于每一个员工在日常工作中时刻对齐。所以，很多企业都会把自己信仰的模式浓缩为简单的原则，便于高效快速地执行。

2020年，小米成立十周年的时候，我提出了小米永不更改的三大铁律：技术为本、性价比为纲和做最酷的产品。

思考生死线：技术为本

无论什么样的企业，采用什么样的模式，运用什么样的理论，都要思考清楚一件事：决定企业生死存亡的是什么，什么是企业的根本。

对于这个问题，小米很早就有了答案：我们是一家技术立业的科技公司，技术决定了我们的生死。我们战斗在全球竞争最为激烈的领域，有苹果、三星、华为等非常了不起的竞争对手，如果没有技术作为立足之本，是根本活不下去的。

就小米模式而言，如果我们不追求技术为本，就不可能有工程师文化。没有一支以工程师为主导，充分保障工程师发挥空间、激发工程师创新动力与才华的团队，我们就不可能打造出技术领先、体验出众的极致产品，也无法做到产品"感动人心"，爆品模式更无从谈起。而爆品战略是小米高效率模型的重要一环，脱离了爆品，我们不可能跑通代表了小米和用户交朋友的最大诚意的性价比模型，最后我们就会失去用户的信任。所以，技术立业事关小米的生死存亡，也是小米模式实现的基础。技术为本是小米面向未来的第一大铁律。

锚定发展路径：性价比为纲

解决了企业的立足之本，接下来的一个思考是这家企业的前途命运是什么。世界上没有两片相同的树叶，尽管它们可能来自同一棵树。企业也是如此。科技公司基本都是以技术为基本支撑，但前途命运大不相同。

决定企业生死的是技术，决定企业命运的是技术之后的发展道路。无论过去还是现在，大多数科技企业在发展道路上选择了溢价模型，后文我会就溢价模型和性价比模型进行对比，这里暂不展开。我的结论是，溢价模型已经被证明了是一条不归路，小米模式要坚定地走性价比模型。

性价比模型的本质是高效率，是爆品模式惊喜定价的必要条件，也是和用户交朋友的最大诚意。"性价比"一个词连通了小米模式的三个维度。所以，性价比是抓手，是纲领，更是第二大铁律。

确立竞争优势：做最酷的产品

什么是最酷的产品？酷，不仅仅是"好"，更是"创新"，是"独特"，是鲜明的产品态度和不同凡响的用户体验。最酷的产品，其实是一体两面，一面是对用户体验与价值的极致追求，一面是工程师的创新精神与才华的充分展现。

每一种商业模式都有其产生背景，但是商业的本质是竞争，不同模式的核心都是要实现差异化，提高效率和降低成本，形成独特的竞争优势，最大限度地为企业创造价值。再好的模式都不可能为某一公司独享，最终要回归竞争的常态。

我一直强调，小米模式看起来很复杂，其实很简单，也不难学习，特别是一些方法论和策略的部分。在过去的十年，小米模式被同行们放到了显微镜下研究学习，一方面我很高兴小米模式为行业做出了贡献，另一方面也的确给小米造成了压力。为此，不少同事担心，如果我们把自己摸索的方法论都坦诚公开，被别人学去了，对我们没好处。

我不同意这种想法。因为打开门做生意，商业模式被模仿是必然的，守不住秘，也没必要守秘。技术、模式决定的道路，最终要用产品来说话。随着时间的推移，我相信终有一天小米模式会得到最广泛的认可。那么，面对采用同样方法论的竞争对手，我们要如何占得先机呢？

答案就是做最酷的产品。一切技术，一切模式，如果不能在竞争中取胜，就都是空话。小米要永远以先锋之姿，快人一步，在竞争中超越对手，也超越自己。做最酷的产品，就是我们的第三大铁律。

一家真正成熟的公司与一套真正成熟的方法论和模式，要经过行业盛衰和经济周期的考验，才能真正得到验证。小米作为一家年轻的公司，正在第一次跨越这道门槛，必然面临一系列的起伏跌宕，必然面临持续的内外部考问。

而这些考问，用简单的话表达就是要面对这样四个问题：

1. 过去的成绩是怎么来的？我们到底做对了什么，做错了什么，如果重来一遍该怎么做？

2. 面对新局面，我们原先的认知、战略、战术中，哪些必须改变，哪些绝对不能变？

3. 未来继续践行使命的路径是什么？

4. 用什么样的心态和姿态去面对新征程、新挑战？

正是这些考问，驱动我和我的同事们反复进行了深入的复盘总结，系统梳理了迄今为止的小米方法论及其改进和完善的方向。

正是这些考问，帮助我和我的同事们总结确立了前面提到的"三大铁律"。

正是这些考问，指引我和我的同事们确立了"重新创业""互联网+制造""行稳致远"的新10年"三大策略"。我们要以重新创业的心态开始小米第二个10年的征程，以战战兢兢、如履薄冰的敬畏与敏锐，以及一往无前的勇气与信心面对全新的挑战。让我们更加坚定未来10年我们的方向：在产业端，继续推动"互联网+制造"，为产业赋能，进一步推动制造业全链条的效率革命，进一步提升行业供给能力和质量，为经济、为民生做出更大贡献；在用户端，要推动灌注人性化关怀的科技体验，围绕用户去构建人与万物紧密连接的科技生态。而越是在宏观经济格局面临挑战、经济周期转换、产业发展进入新阶段之际，越容不得任何盲目冲动的激进与犹豫不前的保守，越要强调行稳致远。

也正是这些考问，帮助我们理清思路，更加坚定、果敢地调整和建设我们的组织、管理体系，进行重大关键战略的决策。

小米造车的思考

2010—2020年，小米前10年的所有主干业务战略在公司创办之前都已经在规划之中。而新10年中，第一个全新的重大业务拓展，就是2021年3月宣布造车。

这是小米发展史上最重大的决定之一，是公司管理层反复论证、慎重决策的结果。小米成立一家全资的智能电动汽车子公司，预计10年内投入100亿美元，首期投入100亿元人民币。我本人再次亲自带队，兼任智能电动汽车业务CEO。同时，我也向米粉、公众表达了我的想法，这将是我人生中最后一个重大创业项目。我愿意押上我人生全部的声誉，为小米汽车而战。

战略思考的终局意识

在造车项目的调研过程中，我的出发点不是论证造车的必要性，而是努力在找不造车的理由。

事实上，在过去的若干年间，公司内外都有过关于小米要不要造车的议论，但一直没有形成正式的讨论。为什么过去不讨论造车？我的考量主要出于两个方面：第一，我始终关注公司业务的专注性，小米现有业务有着巨大的体量，还有巨大的提升空间，而汽车业务体量也特别巨大，我们一定要避免贪多嚼不烂；第二，从2015年开始，小米的核心主业手机业务经历低谷，几年间都在全力补课，无暇分心考虑造车。到了2021年年初，随着国内外各种环境和小米自身业务发展格局的变化，造车第一次成为小米管理层必须严肃对待的话题。

汽车，造还是不造？这是个问题。机会和风险并举，如何抉择？面临重大战略思考时，我们不能陷入碎片化的局部信息，而是要有终局意识，以宏观终局判断来反推我们的策略和选择。关于造车，我们进行了三个层面的终局推论。

第一层，对公司业务终局会有怎样的影响？

我们必须看到几个客观事实：第一，手机行业已经进入成熟存量竞争阶段；第二，车是最大的个人消费品，智能汽车就是当下最大的风口；第三，智能汽车是智能生态不可或缺的重要环节，它与个人移动设备和居家环境一起组成了完整的智能生活场景。

此外，一个非常清晰的现实也在警醒我们，消费电子领域几乎所有的巨头都已纷纷下场布局，如果我们不做汽车，未来小米会不会沦为一个失去了成长空间的"传统公司"？

所以，对小米而言，造车是大势所趋，别无选择。

第二层，智能电动汽车的行业终局是什么？

最根本的判断是，产品的形态属性的终局是什么？经过调研分析我们发现，电动时代，汽车的制造门槛已经大幅降低，3万个零组件高度模组化，过去10年间动力电池成本下降了80%，未来至少还有50%的下降空间，电动汽车的本质已经是"消费电子"产品,"软件定义汽车"将是竞争的制高点,同时电动汽车也会变成"铁人三项"的商业模式,未来的收入将由硬件、软件和各类汽车服务组成。我们认为进入智能电动时代,汽车工业的内核将从"机械工业"向"信息工业"和"消费电子"转变。

这个结论,指向了一个关键问题:这个行业的终局是什么?

如果智能电动汽车"消费电子化",那么就必然会遵从消费电子行业的规律,当15~20年后行业进入成熟期,全球前5的品牌必将手握80%以上的份额。也就是说,只有最终进入全球行业前5,做到年出货1000万台以上才有意义。这将是极其残酷的竞争。

第三层,战略决策的根本检验依据是什么?

小米造车未来有没有机会赢得5张"终极船票"中的一张?这是个灵魂考问,我们一直在痛苦地思考。一位叫吴向宇的米粉的话,对我的最终决策起了关键性的推动作用。他说:"你们敢造,我就必买。"

也正因如此,我决定,不想太多,不再纠结,眼下只关心为米粉造出一辆好车来。小米在国内拥有数以千万计的忠实粉丝和用户,他们当中只要有1%的人愿意给我们一个机会,小米汽车就可以获得一个梦幻般的开局。

所以,当你做关键决策时,最基本的推演依据就是,这个决策是否符合用户的期待,是否能赢得他们的支持。

基于以上三个终局考量,我和我的同事们坚定了造车的信心。

关于造车,相比特斯拉,我们晚了十多年,相比国内最具代表性的造车新势力,我们也晚了五六年。现在入行晚吗?我认为并不晚,汽车是一个百年赛道,电动汽车才刚刚起步,我们还有充足的机会。同时,我们还有非常显著的独特优势:

1. 智能电动汽车彻底改变了汽车业的商业模式,小米对基于硬件的互联网服务模式理解极为深刻。

2. 小米拥有业内最丰富的软硬件融合经验,在互联网业内对制造业的理解无人能敌。

3. 小米拥有业内规模最大、品类最丰富、连接最活跃的成熟智能生态。

4. 小米有大量的关键技术积累可以复用。

5. 小米有强大的品牌积累的厚实的用户基础，有全球米粉的信赖和支持。

6. 小米有充足的超 1000 亿元现金储备，可以心无旁骛地大胆投入。

这一系列推演也指出了另一个关键决策的答案：我们必须把小米汽车放在小米集团架构内。唯有如此，才能保障全集团生态统一、心态统一，力出一孔、利出一孔，才能保障小米汽车融入小米的高效模型和文化氛围。同时，这也决定了小米汽车创立之初要拒绝外部高额估值的诱惑，完全由小米集团独资培育，以纯粹的心态踏踏实实把产品做好。

从 2021 年 1 月 15 日开始，经过 75 天 85 场业内拜访沟通、与 200 多位汽车行业资深人士深度交流、4 次管理层内部讨论会、两次正式的董事会，我们终于迎来了小米史上最重大的决定：正式进军智能电动汽车市场，未来 10 年，将投入 100 亿美元，首期投入 100 亿元人民币。小米将以巨大的投入、无比的敬畏和持久的耐心来面对这个全新的征程。

大公司做新项目的"三个大坑"

2021 年 3 月 30 日，公告正式进军智能电动汽车行业之后，我们马上开始了紧张有序的筹备工作。

截至 2021 年年底，我们已经投入数十亿元资金，组建起超过 1200 人的团队。汽车是一个全新的领域，对我们的团队组建、文化融合提出了极大的挑战。我们从汽车技术制造领域迅速引进了大量杰出的专业人才，招募组建起一支具有全球化背景的精干设计团队，同时从集团内部抽调精兵强将，收购业内先进团队，加上小米原有的深厚积累，迅速拥有了业内一流的自动驾驶技术实力。截至目前，整体进展超过预期。

来自五湖四海的团队在同一个目标下走到一起，在小米方法论的指导下，大家马上开始了如火如荼的讨论推演，迅速碰撞出很多令人眼前一亮的想法。

2021年年底，当我收到汽车各团队提交的产品定义、技术选型、供应链计划、团队扩张方案时，一方面看到了团队野心勃勃的旺盛士气，另一方面也隐隐觉得步子跨得有点太大。

于是，我把核心团队约到一起，进行了近一个月的高强度讨论。在这个过程中，有一个话题成了参会同事的讨论风暴眼：我们到底要用什么心态来造车？是用500强公司做新业务的心态，还是一个小团队从零开始创业的心态？由这个话题又延伸出一个新的话题：为什么过去大公司做新业务，失败的概率会那么高？比如有知名的消费电子公司、房地产公司造车失败，还有著名的软件公司、互联网公司做手机失败。这样的失败案例比比皆是。相比创业团队，大公司无论是财力还是资源等各方面都要强大得多，为什么成功概率没有明显增加呢？

经过反复讨论，我们总结出了大公司做新业务的三个大坑：认知错位、惯性思维、偶像包袱。

认知错位就是错误地预估了行业复杂度和自己的能力。比如，很多大公司的业务主管往往对自身和所属团队估计过高，没有意识到很多成绩实际上是由所在平台长期积累而成。又比如，经历过成功的大公司团队往往会低估新业务的行业复杂程度，先入为主地过高估计团队在这一领域的影响力。认知错误最大的危险之处，就是会导致对新领域缺乏足够的敬畏之心，陷于不知己也不知彼的危险境地，严重延误有效推进速度。

一旦出现认知错误，必然会导致惯性思维，会把原先的行业经验、行为习惯不假思索、刻舟求剑似的照搬到新业务中来。比如，习惯了大团队、大预算，就会本能地在业务初期脱离实际地铺张浪费；习惯了在供应商面前的甲方姿态，在新业务中就缺乏足够的主动开拓动力。惯性思维一旦发生，危害极大，轻则效率低下，重则方向错误。

而"偶像包袱"则是一方面面对合作伙伴时低不下头，俯不下身，无法用谦逊的心态向同行学习，另一方面总想着第一款产品就要惊天动地，全面胜出。如果仔细分析就会发现，这是一种傲慢，也是一种虚荣，更是一种莫名其妙的速胜论幼稚病。

如何避免这三个大坑？我们需要在做策略推演时大胆设想，小心求证；同时，始终坚持创业团队心态，杜绝一切盲目乐观与傲慢，保持警醒、谦逊，甚至保持对生存的恐惧。借用刘慈欣在《三体》中的精彩论述，就是"弱小和无知不是生存的障碍，傲慢才是"。

具体到小米的汽车业务中，我跟团队说，首先，我们是一个刚刚上路的新人，凭什么第一款产品就要做全面而彻底的颠覆？我们能不能先确保做一款好车，一款能够与当下同级所有产品比拼的好车，在确保这个目标的基础上，再考虑颠覆的部分。其次，我们要想明白我们为谁而造车。能不能先从我们最熟悉也最具市场容量的群体做起，兼顾集团整体业务的步调。

我们要清醒地认识到，再次踏入全新的领域，必然面临诸多挑战。汽车行业复杂度之高、投入之大、周期之长、容错率之低，都需要小米以战战兢兢、如履薄冰的踏实、敬畏之心来面对。况且，目前业内的主流选手比我们早出发至少 6 年，作为一个后来者，我们必须保持谦逊，保持敬畏，全力追赶，才能胜出。

小米的高端化战略

2022 年春节后，小米集团第一个重要会议就是关于集团战略的讨论会。在这次会议上，小米正式明确：高端之路是小米成长的必由之路，也是小米发展的生死之战，小米会坚定不移地执行高端化战略。同时，小米明晰了高端化战略目标：小米手机和体验要全面对标 iPhone，三年内拿下国产高端手机市场份额第一。

对小米而言，这既是业务方向的重大决策，也是商业模式在理解、执行方面的重要思想解放。理解高端化、实现高端化，是小米方法论、小米模式在实践中的重大突破性发展。

高端化的意义

事实上，小米手机诞生时，无论是从定价、性能还是体验来看，都是国产品牌的高端产品。小米眼下的重回高端化尝试始于 2020 年，而当时的决策动机来自一个模糊的价值取向和一个现实压力。

模糊的价值取向是指，当我们的用户对产品体验的要求越来越高时，原先偏重于面向发烧友的性能已不能完全满足我们日益增大的用户群体日益提高的体验要求。我们的团队一方面出于用户呼声的考量，另一方面基于竞对策略，隐约感知到，我们有必要向用户提供体验更全面，同时也更贵的产品。

而现实压力则是，随着 5G 普及大潮的来临，旗舰手机的成本门槛也随之提升，2020 年年初，一款业内领先的旗舰手机售价必须达到 4000 元门槛。我们测算 4000 元的手机要卖出 200 万台才能打平成本，这个结论让整个团队陷入了巨大的焦虑，甚至在策略上产生了严重摇摆和盲目试探。

我后来告诉团队，我们还是首先从基本盘用户出发，做一款让他们满意的旗舰产品，如果千万量级的核心忠诚用户买单的话，200 万台一定可以达成。基于这样的理念，我们有针对性地进行性能、体验的打磨，后来，小米 10 系列旗舰手机的成功远超我们的想象，卖出了约 700 万台。

到现在为止，小米高端之路已经走了两年，有成功，也有挫折。在这个探索的历程中，我们经历过一系列疑惑和摇摆，在"摸着石头过河"时，对于什么是高端，怎样做高端，形成共识是一个艰难的过程。

"坚持性价比能做高端吗？"这是最常见的疑问。在通常的认知中，高端意味着双高，即高价格和高溢价。业内有一个根深蒂固的认知，做品牌，做高端，就是为了溢价，溢价能力是做高端的根本目的和唯一标准。当有同事问我这个问题时，我的回答是，我们的讨论中没有坚持性价比能不能做高端，只有在坚持性价比的同时怎么做高端。

首先我们需要厘清几个基本认知：不存在割裂的品牌高端化和产品高端化，品牌、产品、用户是统一战略在不同层面的映射，本身是一体的；高价是高端的必要感性认知之一，是结果而非手段；高端化是集团品牌的整体战略，不可能仅在单一品类中实现。

基于这样的认知，可以进一步推出在小米模式下高端化的基本原则：高端化是一种重要的用户价值体现，我们不认同高溢价，但必须认同用户价值；高端化是一种业务指导标准，我们以完善的用户体验为最终交付及验证标准。

由此，我们可以归纳出高端化方法论的三项核心要素、三项支撑要求和三项关键指标。

首先是三个核心要素，分别是：

- 品牌：我们需要完整、统一的品牌体系，由价值观驱动的形象。
- 用户：我们必须赢得高端圈层的认可和使用，维护好一致的用户形象。
- 产品：技术领先、体验为先、独特设计。

同时，我们还需要辅以三项支撑要素：一是价格，价格是最显性的高端属性，我们必须在高定价产品区间中拥有头部站位，同时，我们还需要保持稳定的价格表现和持续的增量；二是渠道，我们必须持续推进渠道的头部选址和良好的购物体验；三是服务，我们必须持续提升服务专业程度，让我们的用户在所有的服务触点中都能感受到更高的专业性和更大的价值增益。

根据这些方法，我们可以设定出高端化的三项关键指标：

- 销售指标：高端价位段的市场份额。
- 心智指标：用户对我们的提及、认知和偏好。
- 体验指标：以净推荐值为代表的质量满意度和公开平台的好评率。

我认为，高端的价值核心在于体验，小米的高端化指导思路要从性能领先走向体验优先。

无可回避的生死之战

为什么小米非要做高端？有不做高端的选择吗？这样的问题，在小米内部，也有人问过。答案是，我们别无选择。

消费电子行业过去的实践证明，尽管高端市场本身的容量相对市场大盘而言不算大，但高端成功会为整个品牌提供极强的虹吸效应，会极其显著地吸引其他品牌用户的换机需求。换言之，当下的安卓手机市场，谁在6000元以上的区间形成了显著优势，谁就有机会在总体份额上快速形成巨大的整体优势。如果没有高端的优势，再大的中端和入门级市场份额也迟早会丢失。

科技行业最终的优势需要体现在技术和由技术支撑的体验上，而高端产品是公司系统化能力的集中体现。如果不能以高端市场表现持续倒逼能力提升，那么长期看，这家公司必然会走向平庸甚至衰亡。所以，高端化是小米无法回避的生死之战。

当前的用户与10年前的用户已经发生了天翻地覆的变化，小米团队对用户需求的理解、向用户交付的结果和与用户沟通的方式，都必然要随之发生变革。对小米而言，高端化不是一个商业战术问题，而是汇集一系列面向未来的重大变革，对小米未来10年综合能力、战略定力的一场大考。

任何一家公司，经历10年的发展后，都会或多或少陷入部分路径依赖。这很难说是不是一种懒惰，因为我们看到这些公司仍然在旧体制、旧方式、旧技术上继续努力打磨。只是，这些旧方法、旧套路往往解不了新时代的题。这就需要经营团队有直面问题、打破陈规的勇气，思考哪些必须坚守、哪些必须革新的智慧，以及一步一个脚印地去改革的耐心与定力。

这场生死之战才刚刚开始，很多细节在这就不展开了。高端化是小米模式、小米方法论体系不可回避的一个关键命题：如果一种发展模型只适用于部分人群和部分市场，那么很难说它可以持续成立。所以，小米团队必须解放思想，实事求是，通过高端化的磨砺，进一步提升、完善小米方法论和效率模型，赢得更广大市场和人群的验证与认可。

小米方法论的成长考验

造车与高端化进程，是小米新 10 年里的两项重大考验，连同正在持续推进的新零售探索，都是小米方法论和小米模式的新延展。

变化来自时代的更迭、技术体系的进化、产业形态和竞争规则的变迁、用户人群的扩展等等，作为小米方法论及小米模式的提出者和主要探索实践者，小米本身也在持续思考、摸索。

我并不认为存在一成不变的方法论和模式，也不认为在内外部环境变化背景下的适应方式，是从根本上否定或扭曲小米方法论和小米模式本质的"修正主义"。恰恰相反，正是这些探索和延展，才帮助小米方法论和小米模式实现了不断进化与完善。

解放思想，实事求是

这一系列进化的背后，其实是小米方法论和小米模式在"解放思想、实事求是"原则指引下探寻真知的必由之路。

具体而言，小米之家模式的探索破除了"电商原教旨主义"的局限；造车的决定是对小米"科技生态"的突破性丰富，给了小米方法论第二次"从零开始"的进化、验证机会；而小米高端化战略则突破了对性价比的刻板、片面理解。

这一探索过程也给我们提供了非常重要的教训和启发。

第一，高效率与重资产并不是天然矛盾的。

在经典互联网时代，很多人下意识地把高效率与轻资产画等号，事实上并非如此。

首先，轻与重是相对概念，有重投入，并不意味着失去了传统"轻资产"追求的快速、灵活特性。其次，在竞争强度越来越大的行业中，尤其是科技领域和零售行业，重资产往往能够形成足够深的护城河。

当我们对一个新的模式进行探索、验证，并认定这是关键战场后，要勇于投入，持续投入，形成足够的压强，这样才能将模式的优势真正转化成长期稳固并不断加强的胜势。

第二，坦然接受：成长意味着我们必须直面挑战。

2015年选择渠道的时候，2018年在渠道上走了巨大弯路的时候，我们都经历过非常痛苦的过程。2020年年初，当我们遭遇美国的制裁，以及面临行业机遇窗口，要在短时间内做出是否造车的重大决定时，同样痛苦。高端化战略启动的背景也是，我们必须面对行业竞争的新态势和用户需求的变化，我们必须走出舒适区。

所有这些都是我们必须经历的，而且，越是在痛苦的时候，我们越要坚持。这是我们必须面临的挑战，而最痛苦的时候往往就是我们最接近发现问题本质，或者找到关键突破口的时候。

第三，避免教条主义和妄下结论。

小米模式是基于互联网思维在硬件、互联网、新零售领域的具体探索建立起来的。我们在面对新的发展阶段时，需要实事求是地去解决遇到的新课题，而不是呆板地死抱教条主义，把互联网思维和互联网方法论片面地、静态地、机械地理解成只做电商、排斥所有经典零售的场景和经验；不是把性价比战略片面、静态、机械地理解成只能做中低价位的产品，只能做参数显性性能突出的产品，而是要全面、动态、发展地去寻找新的增长领域，发展新的运营模式。我们要始终抓住"让全球每个人都能享受科技带来的美好生活"这个根本中心，抓住"提供领先的用户体验""始终逼近极限效率"这两个基本点；同时，在新模式探索发展中，要多调研、多思考、多验证，不妄下结论，而要用规模的实践来指导我们的长期工作。

第四，用户在哪里，我们就去哪里。

小米的愿景是"坚持和用户交朋友，做用户心中最酷的公司"。要真正实现这个愿景，我们要做的工作浩如烟海，但其中最关键的，就是要尽量离用户近一点，不断满足用户持续提升、持续丰富的需求。新媒体如此，新零售如此，高端化战略亦如此。

小米仍处于并将长期处于初期积累阶段

小米初创的前5年取得了令人难以想象的飞跃式成功。在此之后，遭遇过低谷，经历过挫折，然后重回高速增长，又遇到过数个难关。上市之后，在资本市场也几经沉浮。小米在新10年的开局阶段遇到了两个疑问：一是小米方法论是否只有在行业风口处才有用，二是小米方法论是否只有处于起步阶段的小公司才能用。

这两个问题本质上是同一个问题，即小米方法论真的能长期有效吗？

我认为，它是长期有效的。因为它的构成要素已经在不同行业、不同阶段的公司中得到了验证。而小米数渡难关，也证明了它的韧性和可靠。

我们今天遇到的问题，其实是小米作为一家科技公司如何解决成长焦虑的问题。第一是在认知层面，如同上面所说，在新时代、新局面下，小米需要"解放思想、实事求是"，不断丰富、发展小米方法论，找到适应当前环境的、完善的新策略；第二是在能力层面，小米自身能力还存在严重不足，需要快速持续补强，以支撑起一家数千亿元营收体量的公司的系统性能力。

小米从2016年开始一面开拓、一面补课。比如，2016年，小米的手机研发团队只有不到300人，今天已经达到超过1万人的规模。我反复提醒同事们，我们动作要快，心态要缓，战术精进慢不得，战略积累快不得。过于急切容易动作变形，我们要保证现在的每一步都是踏踏实实的进步，这是最重要的事。

我们发现，许多全球顶级科技公司，比如苹果、三星、索尼，都经历了30年以上的积累才真正赢得稳固的行业领袖地位。30年，是几代工程师前赴后继、构建深厚领先技术体系所需的时间；是成长到足够的规模，追赶并超越相关行业巨头所需的时间。另一方面，一家科技公司能够在30年时间内经历几度沉浮，才能扎下稳固的产业根基，形成对产业链深厚的影响力和引领力，并形成稳定厚实的企业文化和经营哲学。此外，一家公司的成长，与一套方法论、一个模式的成熟和完善，都需要经历行业和宏观周期的考验。

我们要客观看待自己的发展阶段。小米创办才12年，还是一家正在持续进行初期积累的科技公司,并将长期处于初期积累阶段。积累是长期的,尤其是小米方法论指导下的小米模式,由于坚持性价比战略,我们无法通过高毛利来加速原始积累,因此注定不会一帆风顺、一蹴而就。

其中的难点在于,小米方法论相当于选择了艰难模式,因为主动放弃了高毛利,这就倒逼小米只能通过追求高效率来尽快实现积累,其中包含了更高水平且精干的研发团队、更精准灵活的经营策略、更短的交易链条、更精准的用户到达等等。

这些在小米初创时期,更容易通过紧密连接的精干小团队来实现。人才密度足够高,公司内部达成共识足够迅速,沟通协作足够紧密,方法论足够先进,高效相对容易实现。而当公司的规模增大、业务扩张、团队膨胀、竞争加剧之后,实现的难度就指数级地增大了。我们必然面临一个问题,就是组织管理和流程的体系化。自从 2018 年上市后,小米就开始不断进行有针对性的补课。我们意识到,一家世界 500 强的公司,如果没有完善的体系和流程,就会导致各自为战的混乱,进而造成低效内耗和巨大的浪费,必然无法实现高效。

建立体系是为了更有效地统一思想、统一战略目标和路径,沉淀能力,加速、完善有序的积累。有了体系,才能让公司形成"根据地",这些"根据地"就是体系化的技术积累、体系化的用户增长、体系化的组织管理、体系化的渠道运营等,否则就是"流寇",打到哪儿算哪儿,没有组织,没有方向,没有沉淀,没有积累,这样的打法注定没有未来,我们要坚决反对和避免这样的"商业流寇思维"和"商业流寇习气"。

但体系化并不是万能灵药,它可以帮助少犯显性的错误,但并不能保障创新和活力。任何机制的运转都不可避免有损耗,也始终有官僚和僵化的风险。对一家追求高效的较大规模的公司而言,既需要大兵团作战能力,又需要极为灵活的小组战术素养。这也是小米当前最需要解决的问题:我们在学习体系化的过程中一定要警惕,千万不能体系化还没学会,创业的责任心和灵活性倒先丢了。

那么,如何平衡大公司的体系化与创业公司的破坏性和灵活性呢?

我想,这需要我们树立模式自信和文化自信,以在完善方法论、模式的过程中持续加深的对核心要素的理解来指导我们的工作，以文化内核来指导我们的价值判断和行为，层层实现价值观、方法论与业务战略、战术动作的共识和对齐，每一个小团队都能保持创业者的热情、坚决、灵活和强烈的责任心、使命感。这样，全公司上下才能在达成共识的关键目标上持续努力、持续投入，保持压强，重点攻坚。

不过，持续投入、持续努力也不一定能带来长期持续的高效和有效的积累。只关注每个战术点的目标达成，东一榔头西一棒地乱打，或是"狗熊掰棒子"，对整体战略而言都是南辕北辙。无论是技术研发、产品定义，还是用户运营、品牌建设和渠道建设，关键都在于有清晰、明确、具体的战略方向，全局性的体系视野，以及从战略 A 点到 B 点的目标和路径的广泛清晰共识，拆解精确的路标，这样才能保证每一步的投入都能转化成可持续的积累。

回到这一节开头的问题，我坚信小米方法论和小米模式有足够的先进性，并能长期适用、长期保持。作为一家年轻的公司，尤其是一家立志主动放弃靠追逐高毛利来加快积累速度的公司，在超越常规的成长之后，在超出此前预想的规模舞台上，面对远超自身积累水平的顶尖竞争对手，要如何持续保持高效且高速的增长，我和小米的团队也没有经验，我们必须在不同的阶段，摸着不同的石头过河。在过去的 12 年里，我和我的同事们坚定了小米的价值内核、核心方法和根本追求，而关于未来的答案，我们还在不断摸索和丰富，这需要巨大的耐心和持久的韧性。

这既是持续创业的挑战，也是持续创业的魅力。创业就是在秩序与混沌之间，在确定与不确定之间，不断寻找平衡，寻找每一个节点的最优解。从精神根源角度看，小米和小米信赖的小米模式是一种长期创业文化。我相信，小米和它总结、信奉的这套方法论和模式，一定能够赢得持续的高效和光明的未来。

后记
什么是小米模式

感谢您阅读至此的耐心，这本书在我心中酝酿了两年多，而书中的一些思考最早可以追溯到 20 多年前。这 20 多年以来，我一直没有忘记一个梦想，那就是创办一家伟大的公司，一家真正对人类社会有所贡献的公司。

什么才是伟大的公司呢？每个人的答案可能不尽相同。

在我看来，这个世界上的公司分为两种：一种是采用溢价模型的，一种是采用性价比模型的。

基于溢价模型的企业进行创新和改良的根本动力，都来自对超额利润的追求，并且高度依赖信息不透明带来的高溢价。首先，高水平创新的能力极为稀缺，无论对一个行业，还是对一家公司而言，都呈现出显著的周期性起伏，世界上很少有公司能够保障持续稳定的高水平创新。其次，信息不透明带来的溢价是非常短暂的。同时，习惯依赖高溢价的公司的运营成本一定会越来越高，浪费越来越严重，效率越来越低。我一直认为，绝大多数采用溢价模型的企业都难以持久。

采用性价比模型的公司坚持下去非常难，非常痛苦，它要有克制贪婪的强大定力，要能忍受漫长的成长积累，还要有忍受低宽容度、高风险运作的耐性，然而一旦这些公司赢得领先，将极具韧性和统治力，并有穿越经济周期的能力。沃尔玛、开市客、优衣库、宜家都是这样的企业，都在坚持践行这套性价比模型。

从科技领域诞生的小米模式，则是创新加效率的"加强型"性价比模型。因为不追逐超额利润，小米模式更容易产生"破坏性创新"——创新的本质不是躺在以往的成功簿上守住超额利润，而是在创造中破坏，在破坏中创造。

小米模式以颠覆性的商业模式，解决了技术普及与创新动力的对立关系，让创新不再是对不合理溢价的依附品，加速了创新的周期与效率。由此，小米模式成了面向大众消费市场的、工业制造的成熟加速器与孵化器。这也正是效率驱动的性价比模型超越溢价模型之处。

采用性价比模型的公司的长期发展目标绝不只是为了自身的存续，而是为了有效践行其使命，解决它所致力解决的商业社会问题。而小米模式首先要解决的是长期存在的企业与用户之间的非合作博弈难题。

不合理溢价的粉碎机

很多人都很熟悉"囚徒困境"，这是一种典型的基于非信任、信息不对称的博弈，在现实中无法得到理论上最好的结果。而小米模式则是希望通过坦诚的交流和承诺，以及善意的信息设计，尤其是在复杂而变化的多重博弈情况下，能够尽力增进自身和整条行业产业链的效率，来促进市场开放、透明、充分的竞争；通过主动约束自己，建立用户信任，来减少信息的不对称，主动推动企业和用户逐渐从非合作博弈趋向合作博弈。

这就是我从不认可和追逐溢价的原因。在骨子里，我不相信奢侈品市场之外所有的"品牌溢价"。对于这一点，我跟很多关心小米的朋友甚至部分同事进行了多年的争论，但我想我永远不会动摇。

我始终相信一个朴素的道理——任何大众消费品，都没有理由从用户手中索取过高的单次利润。一家面向大众的商业公司真正的成功绝不是其溢价能力。著名经济学家熊彼特在 100 年前就提出了一个了不起的论断："商业的成功，并非在于为女王们提供更多的精美绝伦的丝袜，而在于工厂女工们能买得起的丝袜和女王们的一样好。"一家伟大的公司，总是能把好的东西做得越来越便宜，最出名的就是福特 T 型车。

如果有一个大众消费市场存在着不合理的商品溢价，存在着试图维持对消费者信息不对称的现象，存在着高价低质但消费者却无可奈何的情况，那么，小米模式就会尽一切力量，拿出"更好看、更好用、价格更实惠"的产品，对这个行业进行"祛魅"，将原本属于消费者的福利完完整整地交还到消费者手中。

所以，小米模式所主张的性价比模型，并不是追逐片面的便宜，而是一种价值回归，从商业效率角度看是一种对"最大多数人的最大幸福"的追求。

幸福方程式

关于幸福感的理论众说纷纭，其中最打动我的是经济学家保罗·萨缪尔森著名的幸福方程式：

$$幸福感 = 效用 / 欲望$$

这个简洁的公式说明，一个人的幸福程度与获取的效用成正比，而与个人的欲望成反比。效用是一个经济学术语，一般指"消费者对各种商品和服务的消费或投资的相对满意度的度量"。在效用一定的情况下，欲望越小，人们感到越幸福；在欲望一定的情况下，效用越大，人们感到越幸福。

小米模式打破了不合理的溢价，通过对效率的不断改进、对品质的极致追求，在同样的价格下，为用户带来用料更足、设计更好、品质更高的产品，让用户有理由充分信任我们，从而将交易成本降到最低，让全球所有人都可以用最低的综合成本享受到科技创新带来的美好生活，得到最大的效用。在同样的可支配收入条件下，用户能够购买的商品和服务更好、更多了。

随着"感动人心、价格厚道"的好产品供给越来越多，小米模式也将有机会成为一种更为健康的消费思潮的代表，并进一步深入人心。在此之前，无印良品、优衣库的崛起，以及三浦展等学者在《第四消费时代》等著作中提出的社会消费趋向质朴的洞察等，都说明了这一趋势：去除浮华的、铺张的、非必要的，追求质朴的、适用的、简洁的消费需求，使得作为幸福方程式的分母的"欲望"更简约而精准，从而也使幸福感得以放大。

总结而言，小米模式是发现时代审美与消费欲望的最大公约数，并以最高标准来实现的模式。

小米模式的长期意义

如果一个行业，甚至整个商业领域，全部采用小米模式，会带来什么？有人质疑小米模式会不会带来全行业的内卷，降低全行业的研发和创新动力，甚至削弱行业的长期发展动力？小米模式真的是普适的吗？

我的回答是，小米模式的确具备长期普适价值。这是我对小米模式最有信心的地方，也是小米模式的核心价值所在：市场经济最大的挑战，来自生产和消费的平衡。小米模式通过效率提升，在实现供给升级的同时，解决需求的满足和发掘，是实现生产与消费平衡发展的较优解。

我们看一个最简模型（为了便于说明理解，实际模型要复杂得多）的例子：当消费者可以用 30 元的价格购买到原先 100 元的产品，并对此有长期预期时，他将有额外的 70 元来购买更多的产品和服务。这些增加的消费能够吸引更多的投资，提供更高的开工与就业率，创造更多的社会财富，刺激更大的消费需求，并让更大多数人受益。

从过往小米的实践可以看到，小米模式指导下的供给更能满足并提升大众的消费意愿和实际购买能力，进而提高社会的有效需求，而且这些提振效果不依赖货币政策刺激就能有效实现。

同时，小米模式对生产、流通环节效率的提升，使得企业拥有更快的交付、更快的反馈和改善速率，以及更短的资金、库存周转周期。

因此，在小米模式下，社会财富在投资生产与消费两个环节中的流速得到了增加，也就是说，同样单位的社会财富，在单位时间内，在为消费者带来更多效用的同时，也带来了更多的生产需求，从而让整个社会的资源利用率和财富流动、分配效率得到了提升，给民众带来了更多幸福感，也带动了更高的开工与就业率，有助于社会经济的良性发展。采用类似模式的企业越多，社会财富在投资与消费之间的流速就越快，社会的有效需求也将得以均衡、持续地良性增长。

到这里，我可以对小米模式做一个粗浅的总结：在生产制造、流通领域，它是一种创新的商业模式；在社会经济和文化生活中，它代表一种更健康质朴的消费思潮和价值取向；在宏观经济视野中，它是一种创新的高效发展模型。而这一切的实现，还有赖于持续的探索和完善。

这本书成书的过程，要感谢我的助手团队，感谢他们辛勤地工作，协助我完成书稿的整理和撰写；同时，感谢这两年参与讨论的小米同事和业界朋友们，他们给了我很多的帮助和启发；感谢 12 年来全体小米同人共同的探索奋进，感谢所有合作伙伴的支持，特别要感谢所有米粉朋友们，没有你们，就没有小米，就没有小米模式的实践和演进机会。

对小米模式的思考与实践才开了一个头。它来自小米 12 年来的创业尝试，但并不囿于小米生态。小米的创业之旅仍在继续，小米模式的探索也在持续展开，我们期待更多同行者一起探索。

以上就是我对小米创业历程的复盘总结，以及对小米模式的阶段性思考。我还是要强调，很多思考难免粗浅和有局限性。总结、记录这些思考，是期待让更多人了解并参与到小米模式的讨论、完善和发展中来，为商业领域持续的效率革命寻求更多助力。

附录

对小米影响最为深远的5篇文章

小米是谁，小米为什么而奋斗

▲ 本文系 2018 年 5 月 3 日，小米 IPO 招股书首页，董事长致小米投资人的一封信。

尊敬的投资人：

您好！感谢您对小米的关注和支持。当您打开这份文件时，看到的不仅仅是一家风华正茂、勃勃向上的公司，更是一份由勇气和信任所支撑的新商业蓝图。

在此，我想向您说明，小米是谁，小米为什么而奋斗。

小米不是单纯的硬件公司，而是创新驱动的互联网公司

具体而言，小米是一家以手机、智能硬件和 IoT 平台为核心的互联网公司。我们的使命是，始终坚持做"感动人心、价格厚道"的好产品，让全球每个人都能享受科技带来的美好生活。

8 年来的每一天里，"和用户交朋友，做用户心中最酷的公司"的愿景都在驱动着我们努力创新，不断追求极致的产品和效率，成就了一个不断缔造成长奇迹的小米。

2010 年 4 月成立小米时，我和我的合伙人们只有一个简单的想法：做一款让我们自己喜欢、觉得够酷的智能手机。我们 8 个联合创始人中，6 人是工程师，另外 2 人是设计师，都是消费电子设备狂热的"发烧友"。

"感动人心，价格厚道"这 8 个字是一体两面、密不可分的整体，远超用户预期的极致产品，还能做到"价格厚道"，才能真正"感动人心"。创新科技和顶尖设计是小米基因中的追求，我们的工程师们醉心于探究前人从未尝试的技术与产品，在每一处细节都反复雕琢，立志拿出的每一款产品都远超用户预期。我们相信打破陈规的勇气和精益求精的信念才是我们能一直赢得用户欣赏、拥戴的关键。

不止于技术，我们推崇大胆创新的文化。从手机工艺、屏幕和芯片等技术的前沿探索，到数年赢得的 200 多项全球设计大奖；从"铁人三项"商业模式，到通过"生态链"

公司集群；从"用户参与的互联网开发模式"，到小米线上线下一体的高效新零售……创新精神在小米蓬勃发展并渗透到每个角落，推动我们不断加快探索的步伐。

目前，我们是全球第四大智能手机制造商，并且创造出众多智能硬件产品，其中多个品类销量第一。我们还建成了全球最大消费类 IoT 平台，连接超过 1 亿台智能设备。与此同时，我们还拥有 1.9 亿 MIUI 月活跃用户，并为他们提供一系列创新的互联网服务。

真正让我们更加自豪的并非这些数字，中国智能手机和智能设备等一系列行业的面貌因为我们的出现而彻底改变。

我们推动了智能手机在中国的快速普及和品质提升，这为中国移动互联网的快速爆发打下了坚实基础。移动支付、电商、社交网络、短视频等行业在中国的蓬勃发展都有赖于移动互联网涌入了数以亿计的庞大人口。中国这一全球最大市场中，移动互联网行业跨越式发展、成熟的背后，我们也被公认做出了不少贡献。

优秀的公司赚的是利润，卓越的公司赢的是人心。更让我们自豪的是，我们是一家少见的拥有"粉丝文化"的高科技公司。被称为"米粉"的热情的用户不但遍及全球、数量巨大，而且非常忠诚于我们的品牌，并积极参与我们产品的开发和改进。

浴火重生，小米商业模式被充分验证

作为一家年轻的互联网公司，小米的发展并非一路坦途。2016 年，我们的市场占有率曾有过下滑。我们清醒地认识到早先几年过于迅猛的发展背后还有很多基础没有夯实，因此我们主动减速、积极补课。2017 年，小米顺利完成"创新 + 质量 + 交付"的三大补课任务，迅速重回世界前列。

据我们了解，除了小米，还没有任何一家手机公司在销量下滑之后能够成功逆转。

浴火重生，小米经历了一家能够长期稳定发展的公司所必需的修炼。我们的管理更加有序，我们的人才储备更加充实，我们的技术积累更加深厚，我们的供应链能力和产能管理能力更加强大。

更重要的是，我们的商业模式经历了考验，得到了充分验证。

小米不是单纯的硬件公司，而是创新驱动的互联网公司。尽管硬件是我们重要的用户入口，但我们并不期望它成为我们利润的主要来源。我们把设计精良、性能品质出众的产品紧贴硬件成本定价，通过自有或直供的高效线上线下新零售渠道直接交付到用户手中，然后持续为用户提供丰富的互联网服务。

这就是我们独创的"铁人三项"商业模式：硬件 + 新零售 + 互联网服务。小米至今的成就说明了这一模式强大的生命力。创业仅 7 年时间，我们的年收入就突破了千亿元人民币，这一成长速度是许多传统公司无法企及的。

效率的提升来自运营成本，尤其是交付产品给用户时的交易成本的极大降低。小米独特的商业模式使得商品既好又便宜得以实现，造就了用户信任的基础。

永远坚持硬件综合净利润率不超过 5%

小米创办之初，我们就有一个宏大的理想：要改变商业世界中普遍低下的效率。

一件成本 15 美元的衬衣在中国的商店里要卖到 150 美元，定倍率有惊人的 10 倍。一双鞋要加 5~10 倍，一条领带加 20 多倍，这样的例子数不胜数。

但我始终难以理解，为什么生产和流通的效率长期不能提高？为什么商业运转中间环节的巨大耗损要让用户买单？为什么所有"cost down"（降低成本）的努力都只在那 10% 的生产成本里抠搜，而从不向无谓耗损的那 90% 运营、交易成本开刀？

小米有勇气、有决心推动一场深刻的商业效率革命。在 2011 年年初，小米迎来第一次年会时，我对在场的全公司 100 多名员工和他们的家属们说，我们要做出性能、体验都最好的智能手机，只售 300 美元——当时主流的智能手机售价普遍在 600 美元以上。

伟大的公司都是把好东西越做越便宜，把每一分精力都专心投入做好产品，让用户付出的每一分钱都有所值。

用户是我们一切业务运转考量的核心。在小米前进的过程中，我们一直在思考：从古至今，商业世界变化纷繁，跳出形形色色的商业模式话题之外，始终不变的是什么？

用户对"感动人心、价格厚道"的产品的期待，就是小米的答案。

有很多我们的用户说，进入小米之家或者登录小米商城，可以放心地"闭着眼睛买"，因为品质、价格一定都是最优的。这是对我们最大的肯定，也是我们的终极追求。

没有用户的信任，就没有我们追求的高效。用户的信任，就是小米模式的基石。效率，就是小米模式的灵魂。持续赢得用户的信任，我们的任何业务都将无往不利。而一家真正实现世界级效率的公司，将拥有穿越经济周期、持续抓住行业涌现的新机会和长久保持优秀运营表现的能力。

"感动人心、价格厚道"不是一句空话，这八个字是我们的价值观和精神信条。在此，我要向所有现有和潜在的用户承诺：从 2018 年起，小米每年整体硬件业务的综合净利润率不会超过 5%。如有超出部分，我们都将回馈给用户。

因为，我们始终坚信，相比追求一次性硬件销售利润，追求产品体验更有前途；相比渠道层层加价，真材实料、定价厚道终究更得人心。

我们始终坚信，我们的信念——大众消费商品应该主动控制合理的利润——将成为不可阻挡的时代潮流，任何贪恋高毛利的举措都将走上一条不归之路。

所以，我想向您说明，我们会更看重长期用户价值的维护，小米的商业价值和您的投资价值，也将来源于且仅来源于用户价值的不断放大实现。

硬件综合净利润率永不超过 5% 就是小米高效的证明。我们深知，小米的理念最终成为社会的共识尚需时日，但时间会是小米的朋友，我们固执的坚持、持续的投入、坚决的执行终将换来理想的实现。

建设全球化开放生态，我们的征途是星辰大海

今天，小米走到了历史性的重要节点。面向未来，小米建立的全球化商业生态有着极具想象力的远大前景。

小米要构建的绝不是一个封闭的商业帝国。小米也不仅仅是一家创新的科技公司，更是数字时代的生活方式的创立者和推动者。让全球每个人都能享受科技带来的美好生活，要实现这一目标，1 家小米远远不够，需要 100 家甚至更多的"小米"，一起建立起丰富而繁荣的新商业生态。

"德不孤，必有邻"，通过独特的"生态链模式"，小米投资、带动了更多志同道合的创业者，围绕手机业务构建起手机配件、智能硬件、生活消费产品三层产品矩阵。现在，小米已经投资了 90 多家生态链企业，改变了上百个行业，未来这个数字会更加庞大。

这样的改变不仅发生在中国。以智能手机业务为例，在全球已进入的 70 多个国家和地区市场中，我们已经在印度取得份额第一，并在 15 个国家名列前茅。我们正在并将继续证明，小米模式在全球都具有可快速复制的普适性。

建立全球化的开放生态，让小米长期发展的机遇更多、边界更广阔、根基更稳健。大数据、人工智能的时代就在眼前，我们相信我们全球生态平台所生成的大量独特的消费和行为数据，能让我们更为敏锐、精准地洞察用户的需求，为我们在未来赢得巨大优势。

小米是一家工程师文化主导的公司。工程师们的梦想就是持续探索先进技术，并惠及尽可能多的用户，做用户心中最酷的公司是我们的愿景。我们坚信，科技创新进步带来的利益应该能被大众轻易共享，互联网精神的本质是透明、高效以及平等普惠。

最大的平等，莫过于日常生活体验的平等：让所有人，不论他 / 她是什么肤色、什么信仰、来自什么地方、受过什么教育，都能一样轻松享受科技带来的美好生活。

这就是我和小米所有员工夜以继日持续奋斗的目标。

感谢您关注小米，和我们并肩投身于创造商业效率新典范，用科技改善人类生活的

壮丽事业。许商业以敦厚，许科技以温暖，许大众以幸福，我们的征途是星辰大海，现在才刚刚走出了第一步，我们已经改变了几亿人的生活，未来我们将成为全球几十亿人生活中的一部分。

厚道的人运气不会太差。请和我们一起，永远相信美好的事情即将发生。

雷军

2018 年 5 月 3 日

小米从哪里来，又将往哪里去

▲ 本文系 2020 年 8 月 11 日，小米十周年雷军主题演讲

2020 年，非同寻常的一年，全球都在面临巨大的挑战。这场全球大变局，深刻影响着我们每一个人的生活。大家都在问："面对这样的局面，我该怎么办？"很多人都很焦虑，其实我也很焦虑。

但焦虑没有用！这个世界有很多事情是我们改变不了的，但我们可以改变的是自己的心态。我们下决心改变自己的心态，才能积极面对这个复杂的世界。我选择了一种最简单的方式去改变，走路！

我定了一个目标：每天走 10 公里，先走一个月吧。这个目标对我来说，还是很夸张，我也很怕自己做不到。

但没关系，向着太阳，一直走，你就会重新感受到内心的平静和温暖的动力。向前每多走一步，热爱和勇气就会多一分。

走着走着，上个月，我真的走了 318.11 公里。

平均每天走了 1 个小时 50 分钟，平均每天走了 10.5 公里。

一个不可思议的目标达成了。

今年是小米十周年，我们本来打算办一场盛大的庆典活动，但受疫情影响，只能取消了。

生活中还是需要一些仪式感，生活更需要积极面对。

我决定办一场演讲，来纪念这个重要的日子。同时，也算给所有关心小米的朋友做一场完整的"总结汇报"吧。

梦想的开端

十年前，我和一群小伙伴创办了小米。

我们的梦想

当时国内的手机市场，一类是诺基亚、moto 和三星这样的国际巨头，一类是国产手机"中华酷联"，就是中兴、华为、酷派、联想这样的大公司，还有铺天盖地的山寨手机。中国市场主要被国际巨头把持，产品贵得离谱，国产手机做得非常一般。

作为一位手机发烧友，同时，作为一个创业者，我有点不服气。虽然我从来没有做过手机，但我们有了这样的梦想：

"做全球最好的手机，只卖一半的价钱，让每个人都能买得起。"

一个从来没有做过手机的外行，一个从零开始的中关村小公司，要做全球最好的手机，谈何容易。

如何实现这个看起来不靠谱的目标？

我有一个"脑洞大开"的想法：这些巨头都是硬件公司，假如我们用互联网模式来做手机呢？

把软件、硬件和互联网融为一体，就可以另辟蹊径，炼成"铁人三项"后，就可以对纯硬件公司进行"降维攻击"。

我也的确找到了一条"捷径"：当时硬件最好的是 moto，软件最好的是微软，互联网最厉害的是谷歌，假如我能把这三家公司的精英凑在一起，就有机会炼成"铁人三项"！

找人

我找的第一个人是林斌，当时他是谷歌中国研究院的副院长。

当时赶巧，他正在考虑出来创业，做个在线音乐公司。我说，别做了，跟我一起干点大事。我在餐巾纸上画了这么一张图（"铁人三项"），他很快就答应了。这样，他成为小米第 2 号员工。

这么顺利的挖脚只是一个偶然。接着我连续找了 10 个谷歌工程师，一个都没有搞定，真让人绝望，直到第 11 个。他就是洪锋，谷歌非常出色的工程师。

一上来，洪锋就问了我三个问题。

第一个问题："你做过手机吗？"

"没做过。"

第二个问题："你认识中移动老总王建宙吗？"

"不认识。"

第三个问题："你认识郭台铭吗？"

"郭台铭？我认识他，他不认识我。"

这三个问题下来，我估计没戏了，但出于礼貌，我还是坚持"尬聊"了很久。

最后他做了一个总结："这事听起来，不靠谱……不过，可以试试。"

一瞬间，我长舒了一口气，终于搞定了！就像中了彩票。

这是我搞定的第二个谷歌同学。

一个外行来做手机，大家凭什么相信你？

我在面试牛人的时候，牛人也在面试我。

在小米创办的第一年，我花了 80% 的时间在招人。

我记得印象最深的一个人，我两个月和他聊了 10 次以上，其中有几次一聊就是 10 个小时。

我也总听到有企业家和创业者抱怨找不到人。这是一个非常普遍的问题。找人肯定不是一件容易的事情，如果找不到人，其实只有一个原因，就是没有花足够的时间！

我的建议是：

——

找人不是"三顾茅庐"，找人要"三十顾茅庐"！只要有足够的决心，花足够的时间，可以组成一个很好的团队。

乘风破浪

MIUI 的故事

4月6日，我们十来个人，一起喝了碗小米粥开始"闹革命"。不懂硬件，没关系，就先从软件开始，先干操作系统吧！

没有自己的手机做研发，没关系，就先在别人家的手机上做吧。

操作系统很复杂，没关系，先找一套开源系统，在开源系统的基础上干。

那时安卓刚起步，我们就成了国内最早一批做安卓的。

但操作系统毕竟是操作系统，工程量相当庞大，不是十来个人的小团队可以搞定的。

没关系，我们先把最常用的功能做好就够了，就是打电话、发短信、通讯录，还有桌面。这些是智能手机当时最重要的四个功能。

一个极其复杂的系统工程，被我们高度简化了。

就这样，仅仅两个月时间，MIUI 第一版就真的做好了。

我们建了一个论坛，招募志愿者来"刷机"。让我们感动的是，居然有 100 位用户愿意冒着巨大的风险刷 MIUI。

为了感谢这 100 位勇敢者，我们用他们的名字做成了启动界面。

大家想想，手机开机画面上显示着你的名字，这是啥感觉？

2010 年 8 月 16 日，MIUI 第一版正式发布了。

刚开始，只有 100 人，用户量少得惊人，但口碑超好。

我们没有做任何推广，第二周翻了一番，200 人，第三周再翻一番，400 人，第四周再翻一番，800 人。

MIUI 真正火起来，是在发布一个月后。9 月 20 日，XDA，国际著名的技术论坛，有位大神热情推荐了 MIUI。

他是这样说的:"这是一个专业团队的作品,令人惊艳。"正文是:有人听说过这个 ROM 吗?我这辈子从未见过这么疯狂的 ROM,它运行起来又快又流畅,界面全部重新设计了,这太不可思议了!

看到这个评价,大家就知道,MIUI 第一版做到了什么水平。

一个中关村的小团队,用互联网方式,两个月做了一款手机操作系统,受到了非常高的赞誉。

互联网的方法论非常厉害!

从此,MIUI 在全球发烧友人群中火起来了。后来,各个国家都有网友自发建立当地的米粉社区,制作当地语言包,适配各种机型等,形成了一个声势浩大的全球群众运动,从此埋下了小米国际化的种子。这就是米粉文化的来源。

不到一年时间,MIUI 用户量就超过了 30 万。

总结:

互联网七字诀:专注、极致、口碑、快。

做手机的故事

1. 如何搞定夏普屏幕

我们费了九牛二虎之力,搞定了当时能找到的最好的硬件团队,主要来自 moto,兴高采烈开始做手机。

一出门就碰"大钉子",搞不定供应链。

我们要做最好的手机,当然要用最好的供应链。比如屏幕,我们就想用夏普的,但人家根本不理我们。

我才知道,顶级供应链,不是一家创业公司花钱就可以搞得定。

我动员所有关系联系夏普,绕了一个巨大的圈子,通过金山的日本分公司找到三井商社,再请三井商社高层出面,争取到了和夏普总部沟通的机会。时间定在 3 月 26 日。

这中间出了一件大事:2011 年 3 月 11 日,日本地震,核电厂泄漏,全世界风声鹤唳。

咋办?去还是不去?夏普总部在大阪,虽然核辐射的影响不大,但毕竟是核辐射,大家还是很恐慌。

能见到夏普高层的机会实在难得，我们还是下决心飞大阪，最后我们三个创始人一起去的。

我们上了飞机，才发现整个机舱只有我们三个人。到了夏普，整个大楼空空荡荡的，只有我们一批访客。就这样，我们的诚意打动了夏普！

那天我们太紧张，从头到尾基本没拍照。我只找到一张照片，刘德在夏普楼下的留影。

2. 1999 元是这么来的

大家都知道小米手机第一代定价 1999 元。

大家不知道的是，我们原本的计划是 1499 元。1999 元就已经"沸腾"，要是 1499 元，不会"炸裂"吗？

我们规划的成本是 1500 元，售价是 1499 元，我们还很大胆地预测能卖 30 万台。

但是，到了 8 月，团队跟我说了一个让人吓一跳的消息：成本搞冒了，每台手机成本大约 2000 元，超了 500 元。

主要原因是，我们找的都是优质供应商，能跟我们合作就不错了，价钱根本没法谈。

如果继续定价 1499 元，我们估计要亏 2 亿元。怎么办呢？

我去和股东们商量，他们劝我说，这就是你一个外行进来玩的门票。这个门票实在太贵了，我有好几晚上没有睡着觉。

能不能把定价调高到 1999 元？大家心里都没底，国产手机均价才 700 元，我们一上来就卖 1999 元，会不会翻车？不管了，我们只能豁出去试试！

发布会定在 2011 年 8 月 16 日。发布会前一天，我们还在担心会不会搞砸了，会不会卖不出去。

当天，我到现场，完全没有想到，里三层外三层挤满了人，我自己根本挤不进去了。

米粉实在太热情了。

最后还是打电话叫了四个同事帮我挤进去的。还有 5 分钟开场，我刚坐下，阿黎跑到我旁边，说："人实在太多了，再挤怕出事，我们马上开始吧？"这是小米第一场发布会，也是小米历史上唯一一次提前 5 分钟开始的发布会。

在台上开始讲的时候，我心里还有点打鼓。最后，我紧张万分，公布了售价 1999 元。现场长达半分钟的欢呼和尖叫，我悬着的心终于放下了，看来成了！

手机发布后，网友第一次就预订了 30 万台。

收到这个订单，我们既激动又烦恼，我们没有足够的资金，也没有足够的生产能力。我们当时是一个小公司，没有账期，需要提前打款才能生产。

要一次生产 30 万台，那是一个天文数字。

这样，小米手机实在太火，我们又供应不上，很快就被贴上"饥饿营销"这个标签。第一代手机总计销售 700 多万台，这绝对是一个奇迹。

3. 第一代红米不是真的第一代红米

这时，政府主管部门给了我们一个新课题：小米手机这么火，能不能带动一下国内产业链？

我们还只是刚刚创办的小公司，这么重的压力，我们扛得住吗？不想那么多，干了再说。2012 年初，我们就制订了"红米计划"。

"红米计划"就是，优选国内产业链，做国民手机。

当时的国内产业链还不成熟，我们做的第一代产品，我非常不满意，我决定推倒重来。

这下子 4000 万元的研发费用打水漂儿了。

大家见到的红米手机第一代，其实是我们研发的第二代，代号 H2。

2013 年 7 月 31 日，红米手机正式发布。

我们借用了金山软件的一间会议室，没有任何装修，只是做了一个背景板。

这是小米历史上最简陋的一次发布会。红米手机能量巨大，一发布就引发业内地震。没想到，第二天连金山软件的股价也涨了。

第一代红米，热度远超过想象，我们卖了 4460 万台。这 4000 多万台智能手机，在 2013 年，有力带动了国内产业链的发展。

小米的手机业务当初巨大的成功，这背后是无数艰难的抉择：
要不要冒着核辐射的风险去日本搞定夏普？
要不要把定价从 1499 元改到 1999 元？
要不要干掉已经研发好的第一代红米，推倒重来？
这每一个选择的背后，都是巨大的风险。

总结：
———

没有任何一个成功是不冒风险的。直面风险，豁出去干！

生态链的故事

小米火了，社会上出现一个有意思的现象，很多人拼命学小米，当时出现了很多互联网手机品牌。不仅是手机行业，还有很多其他行业的创业者、企业家亲自到小米来学习。

我们也非常愿意把我们的经验公开，希望推动更多行业的变革。2014 年我们启动了生态链计划，孵化更多的创业公司。

仅仅 6 年时间，我们孵化了 100 多家生态链企业，做了上千种琳琅满目的优质产品。

我们是如何做的呢？我举一个例子。

当时，很多中国游客到日本疯狂抢购电饭煲，成了社会现象。我觉得不可思议，中国是世界工厂，怎么都做不好一个电饭煲。于是，我们决定孵化一家创业公司主攻高端电饭煲。研发了一年半时间，我们的电饭煲成功发布，引起了很大轰动。

一家日本电视台特意买了几台，跟日本高端电饭煲一起做街头盲测，结果有点不可思议：6∶4，我们胜出了！而我们的产品定价仅仅相当于日本同类产品的五分之一。后来，我们的电饭煲卖到了日本，非常受欢迎。

峰回路转

关于"10 亿赌局"

那是一段阳光灿烂的日子。

回想起来，我们也干了不少蠢事，比如和董明珠打赌。

2013 年 12 月 12 日，我入选了央视年度经济人物，这是当时中国企业家能获得的最高荣誉。跟我一起入选的，还有格力的董明珠。在颁奖典礼的后台，编导安排我和董大姐一起上场，并且撺掇我们把气氛弄得热闹一点。编导还特地说，前一年的颁奖晚会上，马云跟王健林打了一个赌，影响特别大。我瞬间就明白了他的想法：格力代表中国传统制造业，有 30 年的历史，小米代表新经济，是一家成立才 3 年多的小公司，放到一起就特别有话题。我跟董大姐说，要不咱俩也打个赌吧，赌 1 块钱，赌小米的营收 5 年时间能不能超过格力。我觉得这只是开个玩笑，活跃一下气氛。格力是一个巨无霸，营收 1200 多亿元，我们小米营收才 200 亿元，只是人家的一个零头。董大姐想都没想就答应了。

结果，一上场董大姐就说，要赌就赌 10 个亿！那一瞬间，我有点蒙：剧本可不是这样的！赌 1 块钱，是活跃一下气氛；赌 10 亿，太夸张了吧。果然，立刻成了社会话题，马上就有网友给我科普："你们这是巨资赌博，涉嫌违法。"我知道这是一个玩笑，所有人也都觉得这是一个玩笑，但董大姐却当真了，各种场合隔三岔五就关心一下我们。

她这么关心我们，我可承受不了哪。

之后，只要我和董大姐一起出现，媒体的朋友们就从不放过赌局的话题。

全社会都这么认真，我们不得不认真了。

5 年下来，小米从 200 多亿涨到了 1749 亿，涨了 6.5 倍，这已经是个奇迹，我非常满意。我们再看看格力，从 1200 亿涨到 1980 亿，涨了 60%，作为一个传统制造企业，表现也非常杰出。

拿最后的结果一比，我们还是输了！

比较戏剧的是，打赌结束的第二年，小米就赢了。

不过，我每次想起来打赌这件事情，都后悔得不得了。

我们为啥招惹董大姐，带来那么多烦恼？直到最近，我才想清楚：那个时候我们信心爆棚，的确膨胀了。很快，小米就遭遇了非常多成长的烦恼。

经过这次打赌，我对制造业的理解又加深了一步，同时也更了解格力了。格力的确是中国制造业的典范，值得我们认真学习！

陷入低谷

2015 年年底，前期超高速成长掩盖了非常多的问题，一下子全部爆发了出来。

手机行业，从来没有一家公司在销量下滑后还能成功逆转。这时的小米处于生死存亡的关头。

形势极其严峻，我不得不亲自接管了手机部。

那段时间，苦不堪言。我经常早上 9 点上班，到了凌晨一两点还在开会。有一天下班的时候，我数了数，一天下来，我居然开了 23 个会，让人无法置信。

MIX 的故事

2016 年 10 月 25 日，小米 MIX 发布，当 MIX 第一次点亮的瞬间，全面屏震惊了所有人。

世界三大设计博物馆也收藏了小米 MIX。

芬兰国家设计博物馆馆长评价说："小米 MIX 指明了未来智能手机的发展方向"。

全面屏时代，由小米拉开帷幕。MIX 发布成了小米局势逆转的第一声号角。

MIX 源自 2014 年初小米几个工程师闲聊："未来的手机是什么样的？"经过反复讨论，大家得出了一致的结论：手机正面全是屏幕。这个想法在当时可谓石破天惊。大家找我商量，我同意直接立项：这是了不起的想法，不要考虑量产性，不要考虑时间和投入，做出来为止。

MIX 成功源于小米内部浓郁的工程师文化。工程师是小米最重要的资产，为了让工程师创新和探索的火炬越烧越亮，我们设置了小米技术奖。这是小米内部的最高奖项，奖励有突破性贡献的技术小组，奖金是价值 100 万美元的股票。

在这里我替小米的研发团队打一个招聘广告：只要你热爱技术，只要你技术过硬，欢迎你到小米来实现自己的梦想。

关于质量

性价比是我们最有力的武器，也是我们最脆弱的软肋。中国老百姓有个根深蒂固的观念，就是"便宜没好货"，这让我们非常容易被误解，竞争对手也非常容易抹黑我们。小米如何在未来漫长的征程中立于不败呢？我们必须要拿出世界品质的好产品！

质量的提升是个漫长、艰巨又枯燥的过程。

一分耕耘一分收获。2018 年小米获得了"中国质量协会质量技术奖"一等奖，2019 年我自己还获得了"中国年度质量人物"的殊荣。

努力补课的小米，从 2017 年第二季度开始了神奇的逆转，重新恢复高速成长。

总结：

创新决定我们飞得有多高，质量决定我们走得有多远。

国际风云

10 亿库存

小米很早就开始了国际化,我给大家说说我们国际化的故事。

2014 年第三季度,小米手机在中国登顶,仅仅靠中国市场的出货量就在全球排到第三了。那个时候,投资者都非常看好小米,但提了一个非常尖锐的问题:小米模式能不能在全球复制?

2014 年 6 月,我们进入了印度市场,势如破竹,很快就成为最耀眼的明星。

然而时间不长,我们遇到了麻烦。

大家还记得"奥氏体 304""一块钢板的艺术之旅"吗?

2014 年 7 月,我们发布了小米 4,在中国卖得非常好,一直供不应求。

刚组建的印度团队非常乐观,说服我特批了 50 万台。2015 年 1 月,这款旗舰手机在印度发布了。但谁也没有想到,居然卖不动。

事后反复复盘:我们刚进入,品牌和渠道都还没有准备好,就直接定了 50 万台旗舰机,这太吓人了。

高达 10 亿元的库存,这对刚起步的印度业务来说,是个灭顶之灾!

我一听到这个消息,有点愣住了!运回国内?但那是 3G 版本的小米 4,国内市场已经完全是 4G 手机的天下,咋办?

我们火速组建了一支"救火队",到全球去找 3G 市场来消化。刚开始,这个团队只有 3 个人,从东南亚到南美,从欧洲到中东,跑了五六十个国家。当时小米在海外的知名度还没现在那么高,吃了无数的闭门羹后,我们的同事终于打开了一条路。

有三类合作伙伴选择了我们：卖石油、卖天然气的贸易商想转行进入手机行业；原来卖笔记本电脑，现在想卖手机的；还有一批二线代理商，想在我们身上赌一把。就是这群伙伴和我们一起，杀入了全球手机市场。

　　总之，死磕了一年多，这要命的 10 亿元库存，虽然损失惨重，但基本消化了。

　　塞翁失马，焉知非福。这次救火行动带来一个意想不到的回报：开拓出来的渠道成了国际业务的先遣队，大大加速了我们国际化的进度。

R U OK

　　国际化的路上，有坎坷，也有欢乐。比如，R U OK。

　　2015 年我们在印度举办的一个发布会来了很多米粉，热闹得不得了。

　　我们同事临时安排我出场打个招呼，我一激动，脱口而出说了一句："R U OK？"

　　现场气氛一下就炸裂了。

　　没想到，这个视频传回国内，立马上了热搜。B 站上有位 UP 主还做了个鬼畜视频，让我成了 B 站的知名歌手。

　　我们的市场部同事一开始还有点紧张，但我觉得没啥，大家开心就好。

　　这件事情还是给我带来了不少烦恼，作为武大的杰出校友，从此以后，我要到处解释：武汉大学是正规大学，是我自己英语没学好，不是武大没教好。

　　现在（2020 年 8 月），小米进入了全球 90 多个国家和地区，手机业务在 50 个国家和地区中位居前 5。最近两年主攻欧洲市场，今年刚刚传来喜讯：我们在欧洲已经排到第三了，甚至，在西班牙已经登顶，在法国排到第二！

总结：
——

成功往往不是规划出来的，危机是你想不到的机会。

高光时刻

三个难忘的高光时刻

1. 上市

创业十年之际，有三个难忘的高光时刻。

第一当然是上市。

在整个上市过程中，最难忘的就是 5% 那件事。

小米 IPO 前夕，2018 年 4 月 25 日，我在武汉大学办了一场发布会，宣布了一项董事会决议：小米硬件综合净利润率永远不超过 5%，如有超出的部分，将超出部分全部返还给用户。

一个公司马上就要上市了，不好好路演"画大饼"，反而卡自己的利润空间，是不是有毛病呢？

小米上市后，变成了一家公众公司，资本一定会逼着小米创造"超额"的利润。我自信能扛住这样的压力，但我特别担心：如果有一天我不做 CEO 了，小米管理层还能不能继续坚持做"感动人心、价格厚道"的好产品呢？想来想去，只有一个办法，那就是以法律文件的形式，把这一使命固化下来，永久限制硬件净利润率。我把这个想法和团队一说，一起奋斗的兄弟们都特别支持。

但跟股东一提就炸锅了，有各种担心，尤其担心对股价有影响。有人说："你们是不是疯了，还想不想上市？"有人说："当初你们可不是这么说的，早知道如此，我就不投了。"还有人说："来不及了，别折腾了。"

我们开了好多次紧急电话会，中间有几次都要聊不下去了。我对他们说："优秀的公司赚取利润，伟大的公司赢得人心！如果你们同意，你们拥有的将是一家注定伟大的公司！"

就这样，一锤定音，股东们同意了。

当我们公布这项决议时，我的朋友圈被"5%"刷屏了。

我们收到了非常多的赞誉，也有不少嘲讽和质疑，但这些已经不重要了。

2. 北漂买房

第二件难忘的事情就是搬家，我们搬到了自己的科技园。

去年 7 月，小米科技园正式开园，我们第一次拥有了自己的家，心情无比激动。

在我们眼里，这个园区漂亮极了，美轮美奂，我们亲切地称之为"清河三里屯"。

我专门发了一条微博。内容是这样的："北漂，奋斗 9 年多，终于买房了！8 栋楼，32 万平方米，52 亿造价。"

这条微博马上就火了，阅读量高达 3300 万。看来，每个北漂心里都有一个买房的梦！

让我万万没想到的是，房产中介居然比我还激动，也在到处转发，说这是"最励志的北漂故事"。

3. 入选 500 强

接着我们入选了世界 500 强。

过去 10 年小米营收的变化，是一条极为优美和昂扬向上的曲线。

就是因为这样的成绩单，我们入选世界 500 强，排名 468 名。

之前我也没觉得有啥，但真的入选了，还是有点小激动。

我在写全员信时，有同事建议咱们要不谦虚点，装着不在意。

我说："这次咱们就别装了，我大学一毕业就开始创业，特别羡慕林斌他们有机会在 500 强上班，现在好不容易把自己公司搞成了世界 500 强，终于可以在 500 强上班了。我们一定得好好嘚瑟一下。"

就在昨天，小米再次入选了世界 500 强。

这一切要感谢这个伟大的时代，还有所有持续奋斗的小米同学们。

过去，小米一直被拿来与老牌 500 强苹果、华为和三星比较，的确有差距。但小米还只是一个 10 岁的少年，如果用发展的眼光来看，你会发现小米还是有非常多出色的地方，比如：

BCG 2020 年全球创新 50 强，5 家中国公司入选，华为、阿里巴巴、腾讯、京东和小米入选。

德温特 2020 年全球创新百强榜。仅仅 3 家中国公司入选，分别是华为、小米和腾讯。

BrandZ 2020 年全球品牌百强榜，这次有 17 家中国品牌入选，小米也在其中，排名 81 位。

这三个全球权威的榜单，充分说明了小米在创新和品牌方面取得的了不起的成绩。

当然，今天的小米，可能离各位的期望还有一些距离，但未来成长的速度注定会超过大家的想象。

这十年，小米改变了什么？

小米的十年，就是移动互联网的十年。

和这个伟大的时代同行，是我们最大的荣幸。

当我们回首过去十年时，让我们真正自豪的是什么？

首先，我们和所有同行一起，普及了智能手机，推动了移动互联网的发展。

滴滴的创始人程维曾经说：中国移动互联网的创业者可能都要感谢小米，因为小米有力推动了移动互联网的普及。美团、滴滴、字节跳动、快手等等，今天你耳熟能详的新一代互联网头部企业，都得益于移动互联网的发展。

第二，我们和志同道合的创业者一起，改变了不少行业，也成就了不少创业者。

2015 年初，小米生态链投资了昌敬，一个刚刚从大公司出来创业的小伙子。谁也没有想，只用了 5 年，石头科技就成为扫地机器人行业的领导者，今年 2 月成功在科创板上市，市值高达 400 亿元。小米生态模式带动了 100 多个行业的变革，成就了一大批像昌敬这样的创业者。

除此之外，小米甚至还改变了一些人的人生。

艾莉娅娜住在印度尼西亚的巴淡岛，她是三个孩子的妈妈。几年前丈夫去世后，家里没有经济来源，生活陷入了困境。

三年前，小米在印尼设立了生产线。她在小米印尼工厂找到了工作，生活发生了巨大变化。有了这份工作，她可以养活一家人，还学了很多知识，交了很多朋友，在村子里的地位也大大提升。印尼小米生产线上 90% 的员工是女性，我们的事业帮助她们从此改变了自己的人生。

小米传

以上就是我为大家解答的第一个问题："小米从哪里来？"当然，这十年有太多精彩故事，一场演讲肯定说不完。

知名传记作家范海涛撰写了首部官方授权的小米传记。她从去年 2 月份开始对小米团队做了大量的采访，先后采访了 100 多人，历时一年半时间。这本书的书名，就叫《一往无前》。

感谢范海涛老师，也同样感谢中信出版社做的大量工作。演讲结束后，这本书就会马上在全网首发。要想了解小米更多故事，推荐大家买一本来看看，36 万字，内容非常翔实。

十岁的小米，正在一步一步长大。

今年的研发预算就高达 100 亿元。

永不止步的创新精神，高达 100 亿元的研发投入，小米永远有更多更酷的产品诞生。

今天我们精心准备了几款 10 周年代表作献给大家。

小米是谁？小米为什么而奋斗？

三大铁律

今天的演讲，到这里已接近尾声。

今天，我们不仅仅是在发布产品，更是在发表小米面向下一个十年的宣言。

"小米从哪里来，又将往哪里去"，答案其实就在我刚刚发布的几款作品中。

第一，小米 10 至尊版，大家可以数数有多少项黑科技，120 倍变焦，DxO 全球第一，120W 秒充，50W 无线秒充，等等。正是因为一系列黑科技加持，小米才有勇气和实力角逐高端手机市场。

技术为本，在攀登技术的高峰路上永不止步。这就是未来十年小米死磕硬核科技的态度。

米粉们关心的澎湃芯片，请大家放心，我们还在持续研发。

第二，K30 至尊版，用一款"无槽点、无遗憾"的旗舰手机重回 1999 元，致敬"为发烧而生"，致敬我们和米粉共同的十年。

性价比为纲，性价比是我们和用户交朋友最大的诚意，性价比是我们的核心战略。

无论是大众产品，还是高端产品，我们都会永远坚持性价比，让所有用户可以闭着眼睛买。

第三，小米透明电视，是全球第一款量产的透明电视，把不可能变成可能，这个产品够酷吗？

坚持做最酷的产品，才是小米永恒的追求。

做用户心中最酷的公司，这就是小米的愿景。

我们是一群工程师，做最酷的产品，才是我们对这个世界的爱，才是我们的本分。

这三个"超大杯"，代表的是小米永不更改的三大铁律：技术为本、性价比为纲、做最酷的产品。我们将始终坚持这三大铁律。

未来发展策略

今天我们讲了非常多过去十年的成绩，我们的确非常自豪。但我们也非常清楚，今天我们面临非常复杂的国际环境，同时也面对极其激烈的竞争环境。

下一步，我们该怎么办？

要想固守今天的成绩，躺在过去的业绩上过日子，毫无疑问，守不住。要想继续不管不顾、猛冲猛打、粗放成长，毫无疑问，这条路也走不通。这就是我们今天面临的复杂局面。

今天，我们的策略有三条。

一是重新创业。

今天的局面，我们还是需要拿出重新创业的热情，豁出去干！大胆起用创业型人才，大胆使用创业型的激励，大胆把握新的战略机遇……具体细节我就不展开说了。行胜于言，未来这段时间，我们做给大家看。

二是互联网 + 制造。

我们信仰互联网，我们相信互联网的方法论，我们会坚持用互联网赋能制造业。在继续和代工厂真诚合作的基础上，我们会深度参与制造业：我们已经自研大量高端装备，并已设计完成了全自动化的高端手机生产线。小米产业基金已投资了超过 70 家半导体和智能制造的公司。这就是小米未来要做的"制造的制造"。

三是行稳致远。

所有事情，我们都会用十年的长度来看，做长期有价值的事情，和时间做朋友。同时，战略上稳打稳扎，不要冒进。

我相信：

下一个十年，创新之火将会照亮每个疯狂的想法，小米将成为工程师向往的圣地。

下一个十年，智能生活将彻底影响我们每个人，小米将成为未来生活方式的引领者。

下一个十年，智能制造将进一步助力中国品牌的崛起，小米将成为中国制造业不可忽视的新兴力量。

下一个十年，小米将成为一条蜿蜒奔涌的长河，流过全球每个人的美好生活，奔向所有人向往的星辰大海。

在未来的征程里，相信自己，一往无前！

谢谢大家！

我的梦想，我的选择

▲ 本文系 2021 年 8 月 10 日，雷军 2021 年度演讲稿

开场词

大家晚上好，欢迎大家来听我的演讲。

去年是小米公司创办十周年，我们认真做了总结和反思，用重新创业的决心，正式开启了新十年的征程。

今年是小米新十年的第一年，也是小米手机发布的十周年，你会明显地感受到，小米发生了很大变化，它在一步一步成长，在一步一步长大。

前几天，小米第三次上榜了《财富》世界 500 强，全球排名 338 名，进步了 84 名。还有一个好消息，大家可能都已知道：国际调研公司 IDC 报告显示，2021 年第二季度，我们的手机销量超过苹果，首次成为全球第二，全球市场占有率达到 16.9%。也就是说，全球每卖出 6 部手机，就有一部小米。销量同比增长 86.6%，小米正在高速成长中。

这是一个天大的好消息，我们都非常激动。感谢所有小米同学的辛勤付出，更要感

谢全球米粉十年来不离不弃的支持！

在这个幸福的时刻，我想起 7 年前难忘的一幕，那是 2014 年 11 月，乌镇首届世界互联网大会上，主持人问我，小米未来发展战略。

那时，小米手机发布仅仅三年时间，成了中国第一、全球第三，这真的是一个奇迹。那个时候的我，正是意气风发的时候，我脱口而出：五到十年，我们要做到全球第一。

苹果是当时的全球第一。主持人马上问在场的苹果高级副总裁布鲁斯·塞维尔：你怎么看？

他说：It's easy to say, it's much more difficult to do.（说起来容易，做起来很难。）

当场被打脸，无比尴尬，台下几百位观众笑成一片。

我刚找到了现场的视频，大家一起看看。

真的没有想到，7 年后的今天，我们超过苹果，首次成为全球第二！

还有更多的好消息，我们在 22 个国家排到第一位。在欧洲这样的发达市场，我们的市场份额达到了惊人的 25%。我们在欧洲市场登顶了，成了第一名！这是中国企业第一次达到这个成就。

拿到全球第二之后，大家都特别高兴，觉得全球第一唾手可得。在这里，我还是需要讲实话：不要低估世界级巨头的实力。我们还是一个年轻的公司，我们需要非常冷静地看到差距，继续夯实基础，稳扎稳打，当前小米的任务是真正站稳全球第二。

小米的梦想就是"让全球每个人都能享受科技带来的美好生活"。这条路注定很漫长，很坎坷。我和小米全体同学都会拼尽全力去证明：小米的梦想一定可以实现！

去年我办了人生第一场演讲，今年我决定再办一场，演讲的主题是《我的梦想，我的选择》。主要想讲讲过去这些年，为了追寻梦想，我们克服了哪些困难，做了哪些艰难选择。

股市风云

小米是一家上市公司，我先从上市说起。

关于上市，第一个重大选择就是上不上市，在哪里上市，上市如何定价。

破发

2018年年初，我们经过反复商讨，决定上市。

那个时候资本市场很火，投行把小米 IPO 发行价定在 17~22 港元。几乎每个创业者都希望把价钱定得高一些，但我们毫不犹豫选择了最低价，定在 17 港元。我们非常真诚地希望，我们的股票也能和我们的产品一样"价格厚道"。

我们的愿望是非常美好而朴素的，但现实可能没有那么美好。

2018年7月9日，万众瞩目的小米 IPO 终于来了。

现场氛围非常热烈，这是香港首家同股不同权的公司上市，也是全球第三大规模的科技股 IPO，港交所还专门花 30 万港元定制了一面大锣，现场观礼人数超过了 600 人。大家期待小米开盘后股价能够暴涨。

谁也没有想到，一开盘，破发了！当时大家全蒙了。

破发，就是股价低于发行价了，就是 IPO 投资者全部亏了。对于 IPO 来说，这是一件非常难堪的事。

仪式结束后，还有很多媒体堵在门口，谁也不愿意面对尴尬时刻，我们几个躲进了港交所的一个杂物间，心里特别不是滋味。有个同事看到我们，拍下了这个尴尬的场面。

当天晚上，我们按计划举办了内部答谢会。大家都来向我祝贺，但我心里始终沉甸甸的。晚宴致辞时，我忍不住说："今天破发，我对不住大家了。我们会努力工作，一定要让 IPO 投资者至少赚一倍！"

那天晚上，我喝了很多酒，只记得我跟同事反复说，我们一定要努力工作，不能亏别人的钱。

第二天早上，我特地买了一条破洞牛仔裤，这是我这辈子第一次穿破洞裤。我心里只有一个念头，我一定要牢记破发的这一天！

我还专门发了一条微博，时刻提醒自己：虽然小米已经上市，但革命尚未成功，同志仍需努力。

回购股票

幸福来得太突然，第二天我们的股价就涨回发行价，之后一路涨到了 24 元。

正当我们踌躇满志的时候，中美贸易摩擦升级，小米股票开始一路"跌跌不休"。

就这样，跌了一年多，到了 2019 年 9 月，跌到了 8.28 港元。所有人的信心几乎都崩盘了，甚至还有人认为会跌到 4 港元。

那段时间，我的情绪非常低落，特别不愿意见投资者。

有位投资者指名一定要见我。刚见面，她就毫不客气地说："你们小米让我亏了这么多钱，真的不知道你们是怎么干的！"接着，从战略到产品再到管理，把我们当小学生，数落了一个多小时。我衬衣都湿了。

会后，我一个人在会议室待了很久。那一刻，我非常绝望。

那段时间"跌跌不休"，我无数次问自己："我们如此努力地工作，小米的收入和市场份额都在增长，为什么资本市场就是不认可小米？"我实在有点想不通。

"如果我是投资者，我自己会不会买小米的股票呢？"我们面临一个重大选择：在股价跌到大家绝望的时候，我们自己敢不敢真金白银买自己的股票。这是一个灵魂考问。

我始终相信我们小米的事业。同时我也是个自信的人，我坚信"最好的投资，就是投资自己"，鼓起勇气说服大家进行回购。

董事会同意后，我们掏了 36 亿港元的真金白银，以均价 9.35 港元买了大量小米股票。

今天回头看，真的抄到底了！但当时，这个决策需要巨大的勇气，万一抄到半山腰呢？

苦心人，天不负，小米股价开始慢慢回升。

2020 年 7 月 10 日，上市两周年的第二天，小米股价终于涨回了 17 港元，也就是 IPO 发行价。

我松了一口气，时隔两年，终于可以抬头挺胸、重新做人了！

接着，小米股价一路高歌，到 2021 年 1 月 4 日，收盘价 34 港元。

让 IPO 投资者赚一倍，当初吹的牛，我们终于兑现了！

"破发"给我造成的心理阴影也终于烟消云散。那天，我很认真地跟同事们说，富途、老虎、同花顺、雪球、大智慧、自选股，这些股票软件，统统可以卸载掉了，我再也不用关心股价了！从明天起，做一个幸福的人，喂马、劈柴、周游世界。

高端之路

我们是如何走出股价低谷的？这几年，越是在股价低迷的时刻，我们越是憋着一口气，拼命投研发。小米要想成为一家伟大的公司，要实现自己的梦想，就一定要突破高端。

其实，小米手机刚起步的时候，就是从高端入手的，小米手机第一代就是当时最高端的智能手机。

后来我们做了面向大众用户群的红米产品，非常成功，在全球范围内推动了智能手机的普及和移动互联网的发展。

谁也没有想到，这个成功极大地稀释了小米品牌。再加上我们自身实力不足，小米被很多人误解成只做中低端。

突破高端迫在眉睫。

小米 10

小米的高端之路，从小米 10 正式开始。

为了把高端做好，我们不惜一切代价，死磕体验，细心打磨所有的细节。

研发完成后，一测算，大家愣住了。4G 升 5G 后大幅飙升的原材料成本，再加上巨额研发费用，要想做到不亏损，就必须同时满足两个条件：定价必须过 4000 元，销量也必须过 200 万台。

小米手机数字系列，定价还从来没有超过 3000 元。这次定 4000 元，一下子贵了 1000 元，米粉能接受吗？这么贵的手机，我们能卖出 200 万台吗？

我们的团队压力巨大，通宵达旦开会，商量着各种复杂的问题：如何破圈，如何影响商务人群，甚至是不是要找跑车品牌联名等等。

我也蒙了，蒙了一段时间后，我认为只有一条路：相信米粉，依靠米粉。200 万台听起来数量很大，但中国有 1 亿多人在用小米手机，有没有 2% 的用户相信我们，愿意给我们一次机会呢？

我认为，只要把产品做好，一定会有。我们要做的，就是全力以赴做一款米粉真心认可的高端产品。想明白这一点，大家的心理包袱顿时放下了。

接下来的日子里，我们集中精力死磕产品，继续打磨细节。

产品完工后，我们忐忑不安地等待发布会，等待产品发布后用户的反馈。

谁也想不到，2020 年年初，一场突如其来的新冠肺炎疫情打乱了一切，感觉整个世界都停摆了……

我们精心准备的小米 10 怎么办？是推迟，还是取消？我们所有人都痛苦万分。

到了 2 月初，我们终于做了一个艰难又大胆的决定：按原计划执行。

2 月 13 日，我们克服了重重困难，发布会如期举办。

这是一场纯线上直播的发布会，会场里除了工作人员，空无一人。

戴好口罩，走向舞台时，我还是非常担心我的状态和直播发布会的效果。但灯光亮起的那一瞬间，仿佛千百万米粉的身影就在眼前，仿佛听到他们此起彼伏的欢呼声。

这次发布会空前成功，受到了米粉们热烈支持。

第二天小米 10 首发，1 分钟突破了 2 亿元销售额，卖疯了。

这是疫情后第一场发布会，为当时全行业复产复工蹚出了一条路。

就这样，小米冲击高端市场的第一仗，历经重重坎坷，大获全胜！

截至今天，小米 10 系列累计销量已达 577 万台，小米 10S 到现在还在热销中。

小米 11 Ultra

小米 10 系列大卖，团队士气高涨，我们需要乘胜追击。

影像技术是手机行业的技术制高点。相机负责人朱丹认为，硬件上，我们一定要跨越式发展，能不能把相机传感器做到手机上，大比分领先对手，让小米登上全球影像的巅峰。设计负责人朱印立刻疯了：如果这样的话，手机可能会厚到用户无法忍受。

经过反复争论，大家终于达成了一致：为手机拍照的发烧友专门做款手机，追求巅峰的相机体验，这就是小米 11 Ultra。Ultra 就是极致的意思。

在突破高端的路上，我们选择了这样一条路：我们要不顾一切追求巅峰体验，哪怕不完美！

相机部花了 18 个月，斥巨资定制了 GN2 传感器，底大到吓人，尺寸将近一英寸。

手机设计出来后，拍照效果非常惊艳，可以媲美索尼黑卡，但相机的凸起和 Deco 也非常夸张。

这真的是一个大胆的设计。

设计师们还是不放心，反复改进，后来拿出了比较优雅的方案：在相机 Deco 上加一个小屏幕，看起来就舒服了很多。

改进后的产品原型出来后，我们内部同事们的评价不错，这让我心里踏实了一些。

发布会后，米粉们评价非常强烈，我觉得主要原因是 Ultra 太强了！它以绝对优势斩获了 DXOMARK 全球总分第一名，并霸榜了 122 天。

我一直担心的设计问题，米粉们也非常喜欢，觉得有个性，有辨识度。

发布会后，Ultra 在全球范围内都引发了巨大的轰动。国际上很多科技博主都给予了极高的评价。

这次预订的情况也远超预期，大家都特别开心。

没想到，我们很快又掉到坑里了。

Ultra 这款产品非常复杂，时间又非常紧，用户预期也非常高。我们不少细节没有达到大家期待，又被用户骂惨了。这几个月，我们组织了专门的团队在持续优化，基础体验已经有了显著的提升。待会儿 MIUI 负责人金凡专题给大家做汇报。

小米的高端之路，其实现在才刚刚开始。我们会不惜代价持续投入，我相信，小米的高端之路一定会成功！

飞来横祸

最近一年，小米稳步增长，正是一派欣欣向荣的景象。

谁也没有想到，今年年初就遭遇飞来横祸。

1月15号早晨，美国国防部把我们列入了DOD清单。开盘后，小米股价应声大跌，跌幅超过了30%。之后，依然狂跌不已，最低跌到21港元，小米市值跌掉了3000亿港元。

DOD清单，就是美国国防部认定的"中国军方拥有或控制的中国企业清单"。被列入这个名单后，美国政府禁止美国投资者投资，这对海外上市公司的股价打击非常大，对小米全球业务开展更是一个长期的阻碍。

我们想破脑袋也不明白，小米怎么就成了一家"涉军企业"？

网上有很多段子，有网友说，是不是因为创始人叫"雷军"呢？

我们第一次遇到这样的事情，都有点慌。我觉得，我们应该立刻站出来澄清。管理层很快达成一致，发布公告：我们并非涉军企业，坚决反对美国国防部的无理制裁。同时联系美国国防部了解情况。麻烦的是，美国国防部说，这是军事机密，根本就不搭理你。

眼前只有两条路：要么认了，要么起诉美国政府。一家中国公司起诉美国政府，其实胜算不大。DOD清单，当时还没有任何一个起诉成功的案例。更大的担忧是，起诉会不会激怒美国政府，招致更大的打击？

我们请教了很多律师和国际关系的专家，众说纷纭，分歧很大。

但小米是一家在香港上市的公众公司，我们的信息高度透明，我们对打官司还是有一定的信心。

最后我们还是做了一个艰难的选择：直接起诉美国政府，用最堂堂正正的方式来捍卫我们的合法权益！

直接起诉美国政府
堂堂正正的方式去捍卫合法权益
2021年1月31日 小米公告

起诉后，美国国防部才不得不公布了原因。2019 年，小米创始人雷军获得了由工信部等评选的"优秀中国特色社会主义事业建设者"的称号，工信部是中国军民融合的推动部门，所以，小米"涉军"了。

看到这个理由，我们大家都觉得啼笑皆非。

在法庭上，我们的律师问：获奖名单中有多达 500 人，其中有七匹狼的老板、老干妈的老板，难道做服装和辣椒酱也涉军吗？

终于，经过几个回合的交锋，5 月 25 日，我们赢了！

这是史无前例的胜利！在小米胜诉的鼓舞下，又有几家中国公司起诉成功！

这次胜诉，对小米未来的发展影响极为深远。

情义无价

前面讲的选择都是关于公司的选择，接着，我讲一个关于我个人的选择。

这十年，大家把我和小米画了等号。其实，我还有另外一个身份，那就是金山的董事长。

我怎么成了金山的董事长呢？这来自一个"不理智"的决定。

我对金山有非常深的感情。从 22 岁干到了 38 岁，我参与金山的全部创业过程，金山就是我全部的青春。

2011 年，我们正在热火朝天创业。金山遭遇巨大危机，求伯君、张旋龙两位大哥经常来游说我，希望我能重回金山。但我已经开始创业了，这不可能呀。他们说，兼职干也可以，只要你接就行！

当时小米手机发布在即，正是最关键的时刻，理智告诉我：小米才刚刚起步，千头万绪，千万不要感情用事，绝对不能分心！

但金山咋办呢？两位大哥二十多年的情义，四五千兄弟们的前途，我也于心不忍！

我非常痛苦，纠结了好几个月。

我们小米的几个创始人看不下去了，劝我说："与其这么痛苦，还不如接了。天大的事情，我们大家一起扛！"

他们是小米创始人，肯定希望我专注在小米业务上。但他们了解我的性格，也了解我对金山的感情，才会给我这样毫无保留的支持。当时，我非常感动。就这样，在小米联合创始人们的支持下，2011 年 7 月 7 日，我正式接任了金山董事长。

我一接手，的确有点手忙脚乱。多亏了金山兄弟们齐心协力，金山逐步走出了困境，重新恢复了生机。

今年是金山创办 33 周年，也是我接任董事长第十年，金山已经发生了脱胎换骨的变化，收入从不足 10 亿，增长到合并收入 120 亿，增长超过 11 倍！

十年过去了，我非常欣慰，在兄弟们的帮助下，没有辜负金山，所幸也没有影响小米。

今天看起来，当初不理智的选择，背后默默影响我的其实就是四个字：情义无价。

十年来，对用户、对员工、对合作伙伴，我们始终如一。

范海涛老师去年写了一本小米的传记《一往无前》，今年她又写了一本金山的传记《生生不息》，今天首发，已经在全渠道上架，感兴趣的朋友可以到小米有品买一本来看看。

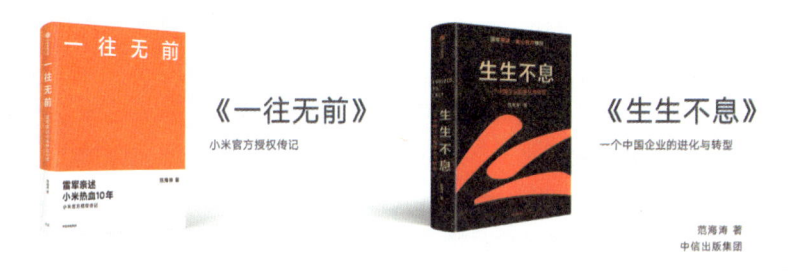

一路同行

再过几天就是 8 月 16 日，小米手机十周岁生日。

感谢米粉朋友们一路同行，感谢大家一起见证了小米十年的成长。

从小米 1 到小米 11，加上从 MIX 1 到 MIX 3，这 13 款手机连在一起，就是小米手机的十年。

有米粉告诉我，他把这 13 款手机收全了，这让我非常惊讶。我相信小米内部也很少有人能收集齐所有的型号。我去翻了一下我的收藏，找齐这 13 款手机，拍了一张照片。

你有多少款？也欢迎晒出你的收藏。

这十年，实在太忙了，我几乎没有休过假。去年 6 月，我好不容易请了几天假去云南徒步。我当时戴着墨镜、帽子，估计没有人能认出我。

在香格里拉附近的一个国家森林公园里，我偶遇了一个年轻人，大家一起徒步，边走边聊。他叫姚聪，27 岁，华能集团的一名风电工程师。他在山里工作，每个月工作 20 天，休息 10 天，偶尔也会觉得山里的工作很枯燥，但觉得风电事业还是非常有意义。

聊着聊着，我突然发现他用的是小米 8 透明探索版。我估计他没有认出我来，就装着没看见。

我们一起走了大约 10 公里，快结束的时候，他才突然说，雷总，能不能一起合张影？我愣了一下。

他说，我一开始就认出你了，只是不想打扰你，就没说。

他告诉我，他非常喜欢小米。小米每次出旗舰产品的时候，他都打电话找当地的代理商，叮嘱一定给他留台最好的，等他下山的时候去取。

他说，他可以买得起任何一个品牌的手机，他也用过其他牌子，但最后他还是坚定地选择了小米。

"因为小米不一样，小米的理念不是赚更多钱，小米选择了一条更艰难但是更有意义的路。"他看着我，很认真地说，"我也是一个有追求的人，所以，我更喜欢小米。"这段话在我心里掀起了巨大的波澜。

我知道，世界各地有千千万万像姚聪这样的米粉，十年来一直默默支持我们、信任我们。

正因为这些信任，才让我们战胜了所有困难，走到了今天的世界 500 强，走到了今天的全球第二。

正因为这些信任，才让我有勇气站在这里，大声告诉大家我们的下一个目标：三年时间，拿下全球第一！

小米创业 11 年来，我担心过失败，担心过自己的能力能不能跟上公司的发展，也担心过体力和精力，但每当遭遇巨大危机和挑战，我都会毫不犹豫挺身而出。我不是天才，也不是什么劳模，更不是什么战神，我只是个普通的工程师，追求梦想，做自己热爱的事情。

十周年

小米手机十周年。

1999，看到这个数字，我心里还是一阵感动，这是我们小米过去十年最深的记忆。

十年前的今天，我一直忐忑不安：一个没有任何硬件行业经验的创业者，做了款当时最高端的手机，定价 1999 元，只在网上销售，并且没有任何线下体验店，能卖得动吗？不可思议的事情发生了：8 月 16 日发布，9 月 13 日首发，第一次预订量就高达 30 万台。真的太疯狂了，远超我们的想象。

当时的小米，一家非常小的公司，这么多的订单完全搞不定，连滚带爬干了三个多月，到了 12 月 17 日，才完成第一批的所有订单。

我们最近仔细统计了一下，耐心等了我们几个月并支付完尾款的用户，高达 18.46 万人。

1999 元，18.46 万台，3.7 个亿，这是我们创业收到的第一笔款。

有了这一笔收入，我们滚动发展，才有了今天的世界 500 强，才有了今天的全球第二！

怎么才能表达我们的感激之情呢？

首先肯定是把小米办成一家伟大的公司，才能不辜负大家的支持。

在十周年这个特别的日子，我还想做一件特别的事情。我跟大家商量：能不能把小米手机首批用户的购机款全部退了？

啊，3.7 亿，全退了？这是一笔不小的数字。财务部同学提醒我，我们是上市公司，这会不会影响我们的财报？市场部同学提议，这 3.7 个亿拿来打广告，影响会不会更大？

我跟同事们说，当年大家的这 3.7 亿，是小米成长路上的第一滴水、第一缕阳光。没有用户的支持，就不会有今天的小米。用户的心，是永远无法用金钱来衡量的！

我们正式决定：向小米手机首批 18.46 万用户，每人赠送 1999 元红包！

现在开始,我想诚挚地邀请所有小米手机首批用户回到小米商城,输入"小米手机十周年",领取这份心意。这个红包,在 8 月 16 日当天,可以在小米商城买任何东西,没有任何门槛,没有任何套路。

1999 元红包,代表了小米三万六千名员工感恩的心!我们会永远感恩所有帮助过我们的米粉朋友们和合作伙伴们!

小米的梦想就是"让全球每个人都能享受科技带来的美好生活"。这条路注定很漫长,很坎坷。

但一路上,有全球几亿米粉同行,我相信,我们都一定能走到梦想的彼岸。谢谢大家。

为小米汽车而战

▲ 本文系 2021 年 3 月 30 日，雷军在小米正式宣布进军智能电动汽车市场发布会上的演讲

  前几天，我约了一个文化人在北京的奥林匹克森林公园跑步，他就是许知远。沐浴在清晨的阳光里，一片生机盎然，我们聊得非常投机。

  我跟他是非常不同的人，背景也非常不一样。可能唯一的相同点，就是我们大学里学的都是计算机。

  我很好奇，像计算机这么好的专业，他怎么想转行去做记者、办杂志呢？他也很好奇，我过去 30 年的职业生涯里怎么会有那么多次的变化和蜕变。

蜕变

  迄今为止，我的人生的确经历过很多次重大的蜕变。如果用发烧友的话讲，就是给自己刷过几次 ROM。在这里，我跟大家聊三个吧。

第一次"刷 ROM"，是在金山的时候，那时我 28 岁。

我热爱写程序，觉得会写一辈子。1998 年，求伯君求总推荐我出任金山的总经理。说起来你可能不信，刚开始我不愿意，我更喜欢写程序。但求总坚持，我打算先干着试试看，等有了合适的总经理，再回去写程序。

这个时候，发生了一件改变了我一生的意外。有个同事在帮我整理电脑时，一不小心把我的硬盘连同备份盘全都格式化了，我那些年存下来的代码都没了……我到现在都记得这个同事的名字叫刘光明。

这下没有退路了，我就只能专心去干总经理，这逼着我后面学管理、学市场和学销售，从此走上了完全不同的人生道路。

第二次是 2007 年，我离开金山后，做了一名专职的天使投资人。

这个选择，跟我之前创办卓越网的经历有非常大的关系。卓越网是我 2000 年牵头创办的，曾经是当时最大的电商网站，但因为融不到足够的钱，2004 年不得不把它卖给了亚马逊，成了亚马逊中国。

当时中国的创业者不知道如何创业，也很难融到钱，创业过程极其艰辛。对创业不易，我有非常深的体会，我希望能做创业者的朋友，真心真意帮助他们。这样，我就成了最早一批做天使投资的人。

谈到卓越网，直到今天还有人问我，当初卖掉卓越网，你后悔吗？我不后悔，不过很少有人能理解其中的痛苦。

几年前，我在美国西雅图拜访贝佐斯时，他一上来就说，对不起，我们没有照顾好你的卓越网。

第三次是 2016 年，在小米遭遇挫折，生死存亡之际，我不得不亲自接管了手机部。这对我来说，是一个巨大的挑战，我成了硬件工程师，一边自己学习，一边带着大家补课，补制造业的课。经过长达 5 年不间断的学习和补课，我们在硬件方面的能力得到了大幅度提升，手机销量也重回全球前三。

硬件工业，我自己也算是入门了。

蜕变的体会

从程序员到管理者，从创业者到投资人，从互联网到硬件，都是认知结构和人生阅历的巨大翻新。这几次重大的蜕变，有的是被动的应变，有的是主动的选择。但无论哪一种，都需要无畏的勇气、坚定的意志、超强的学习能力，以及对抗巨大痛苦的韧性。

毕竟，每一次进入新的领域，过去的知识、经验、声望、荣誉，大部分都清零了，你能依靠的，只有一颗一往无前的心。

感谢这些痛苦和磨炼，可以说，没有这几次"重刷 ROM"，就没有今天的雷军。

持续蜕变，持续刷新，才能赢得更有趣的人生。

所以，我喜欢上了跑步，在清晨的阳光下奔跑，感受自然和生活的美好。

决定造车

过去两个半月，对我而言，又是一段迎接蜕变的新的旅程。

8 年前，2013 年，我拜会过两次埃隆·马斯克，当年我就成了特斯拉的车主，也开始关注电动车产业。

造车一直是一个很时髦的话题。这些年来，在小米高管会上，我们也偶尔讨论过几次。直到今年 1 月 15 日，董事会要求我们认真研究一下电动车产业。讲实话，一开始，我心里是不愿意的。手机业务好不容易才重回世界第三，这一仗还没真正打完，做车会不会分心？但是，树欲静而风不止，在时代的大潮面前，我们将何去何从？

1 月 15 日我们开始认真调研。很多朋友劝我们干，"小米对硬件对互联网都很懂，你们应该立刻开始干"。他们还说，"你们同行都在做，如果不做，你们就落伍了"。

也有很多人好心劝我们，汽车行业非常复杂，投入按百亿计，周期特别长，很容易掉到坑里，你们是外行，估计搞不定。还有，别人已经干了五六年，你们现在干，太晚了。

电动汽车，做，还是不做，这是个问题。

这个决策对今天的小米来说，实在太重要了。

那段时间，白天我都会想到 10 个必须做的理由，到晚上冷静下来，又可以列出 10 个不能干的理由。

当初，我们进入智能手机行业时一无所有，当时的竞争对手们哪个不是巨头，我们依然取得了今天的奇迹。今天，小米已经是世界 500 强，实力比 10 年前强了太多。我们最大的担心是什么呢？

其实只有一个：我们敢不敢干？在困难面前敢不敢亮剑？我反复问自己，我还能有十年前一样的勇气，10 年前一样的决心，甚至 10 年前一样的体力吗？

在这个过程中，米粉们给了我最大的鼓舞。

去年年底，我们举办了一次新年许愿的活动，我们帮助米粉实现他们的新年愿望。

有一位 ID 叫"家乐福海盗"的米粉，他的梦想特别酷，他想开着装有全套小米智能家居产品的房车环游中国，感受一下"行走的智能生活"会是怎样的。

我答应帮他实现这个梦想。目前，房车改造已经接近完工。我们的第一辆车居然是改装的智能房车。

春节前，我们组织了一次跟米粉朋友的年夜饭活动，我收到了一份特别的礼物。我给大家看一看。

送我这份礼物的米粉叫吴向宇。这本书是他这么多年来在小米商城上的购物单据。

厚厚一本书，接在手里，真是沉甸甸的。感动我的，不仅仅是他 6 年来买了价值 35 万元的小米产品，而是他说的这句话："我始终相信小米，这是我和小米一起长大的见证。"

前几天，我的同事告诉我，他（吴向宇）看了最近的各种新闻，也很关心小米造不造车。他说，只要小米造车，他就一定会买！

吴向宇同学，你的意见我听到了，谢谢！

不只是吴向宇同学，期待小米造车的朋友，非常非常多。

今天傍晚，发布会前，我们在微博上做了个调查，结果有超过 95% 的网友支持小米造车。

为什么有这么多人希望我们造车？为什么大家认为我们一定能赢？

我想是因为，大家相信我们，有能力造一辆大家喜欢的好车；相信我们，有行业最完善的智能生态，还有全球无数的米粉支持。

同时，我们非常清楚汽车行业的风险，百亿级的投资，三五年才能见效。这对小米不是一个小的风险，但 10 年创业的小米已经有了一定的积累。

目前小米有了 1 万多人的研发团队，有稳健增长的全球第三手机业务，有最好的智能生态，还有 1080 亿元的现金储备。这是我们刚刚发布的 2020 年报中披露的数字，我现在可以自豪地说，一个迄今最好的小米，正以高昂的士气，大步迈向新的征程。

在过去 75 天里，经历了 85 场业内拜访沟通、200 多位汽车行业资深人士的深度交流、4 次管理层内部讨论会、两次正式的董事会，今天，我们终于迎来了小米史上的最重大的决定：小米正式进军智能电动汽车市场，未来 10 年，我们将投入 100 亿美元，首期投入

100 亿元人民币。

从个人设备，到智能家庭、智能办公，再到智能出行，小米将用科技的力量，全力为米粉提供全方位、全场景的美好智能生活，这团使命之火，始终在我们心中熊熊燃烧。

我期待，在全球每一条路上，都有小米智能电动车驰骋的身影。

我相信，小米能让我们的每一位用户，无论何时何地，都沉浸在科技带来的幸福生活中。"用高品质的智能电动汽车，让全球用户享受无所不在的智能生活。"这就是小米造车的初心。

这一回，我将亲自带队，这将是我人生最后一次重大创业项目。

我很清楚，这个决定意味着什么，我愿意押上我人生全部的声誉，再次披挂上阵，为小米汽车而战！我做好了再全力冲刺至少 5~10 年的准备，我们将以巨大的投入、无比的敬畏和持久的耐心来面对这全新的征程。

你问我压力大不大？我想回答你，从这一刻起，我不再关心有没有压力。我只关心，如何为米粉做款好车。

做款好车，我们还是有一定的自信和底气的。只要大家愿意等，我们一定会全力以赴！

再过几天就是 4 月 6 日，小米的 11 岁生日。11 年一路走来，在这个时刻，更加特别理解成长的意义。

什么是"生生不息"？现在我可以跟你分享我的答案：

生生不息，是坚定的信念与乐观的信心，是不断求新的精神和生机勃勃的希望，是我们每个人都参与其中，推动世界终究不断向前的壮丽画卷。

这就是小米，这就是我们共同的期待：一直奔向远方的征程上，永远有一往无前的勇气，和生生不息的未来！

谢谢大家！

金山为什么能活 30 年

▲ 本文系 2018 年 12 月 22 日，雷军在金山集团创立 30 周年庆典晚会上的主题讲话稿

  过去我介绍金山，我总是这样介绍：在中国 IT 产业，金山算得上爷爷辈的公司。大家一听到爷爷辈就觉得好像想占人便宜，其实不是。我是想说像金山这样的公司，经历了 30 年的风风雨雨，还能够活到今天，而且 30 年后，越活越年轻，越活越朝气蓬勃，这一点非常了不起。所以每每想到这一点，我都在想，是什么东西让金山经历了 30 年仍然屹立不倒？

  我认为首先要感谢我们金山集团的两位创办人求伯君先生和张旋龙先生，也要感谢在过去 30 年不同的历史阶段做出了丰功伟绩的中流砥柱的同事，包括已经离开金山加入了旧金山的同事们，更要感谢今天站在第一线的所有年轻的金山人，就是每一位同事，谢谢大家！

  我每一次走到金山的办公室，看到一张张年轻的脸，看到这里的朝气蓬勃，说实话，感慨万千。我也曾经想，我也是二十一二岁加入金山，虽然今天可能已经不再年轻，可是我和在座的每一位金山人一样，我的内心是非常年轻的。所以金山是个很年轻、很有朝气的团队，这也是为什么 30 年，你会觉得金山永远年轻，活力四射。

  作为一个老金山人，面对这么多 90 后的金山人，我想和大家分享两个故事。

第一个是关于程序员的故事。

前段时间网上有人在黑程序员，说程序员是一群什么样的人呢？就是他们永远穿着格子衬衣，而且经常掉头发，要不就是发际线比较高，要不就是秃头，性格比较木讷，但是我觉得这绝对不是整个程序员群体的表现。我跟大家说一说我所认识的程序员。

1991年，在一个展会上，我见到了求伯君，当时他应该只有二十六七岁，穿着一件呢子大衣，一身名牌，走路带风，就像明星登场一样，从我身边擦肩而过。那一瞬间我觉得金山的程序员真牛。

我第二次见到求伯君是一个多月之后，求伯君力劝我加入金山，我说我考虑一天，然后第二天我就决定加入金山了。我觉得在金山写程序，能够成就功名伟业，我应该加入这样的集体，所以我第二天就毫不犹豫地加入了金山。等我加入了之后我才想起求总没跟我说拿多少工资多少股票，我是上了一个月的班才拿了2000多元工资，当时我绝对是被求总成功的程序员形象打动了。等我加入金山以后，略有点小失望，因为我加入金山之后发现只有5个人，我是第6个人，有一点觉得被忽悠了。但是让我还是很激动的是，虽然只有5个人，可是那5个人都是非常优秀的程序员，所以金山在早期有着极其浓厚的程序员文化。在我们那儿就是"万般皆下品，唯有程序高"，所有人都狂热地喜欢写程序。大家喜欢到什么程度呢？

1998年，当时金山有100人吧，遇到了不少管理上的挑战，求总也不想管，我也不想管，后来我们就想找个CEO来帮我们管，结果找了几个人谈，要不就是我们看不上人家，要不就是人家看不上我们，反正就是没找到。怎么办呢？求总就说雷军你来管嘛。我跟求总说，这样，我先干着，我先当总经理，如果找到比我好的我们再换人就可以。所以今天想一想，当年的我28岁，就成了金山的总经理，这应该是一个非常荣光的事情吧？

当这个消息出来之后，我父亲跟我打了个电话，说看到你当了总经理，我很担心。说总经理啊，看起来很光鲜，其实啥也不会，啥也不懂，就跟万金油一样，还是搞点技术靠谱。我父亲跟我讲完以后，我的心情很沉重，但是我又答应了求总当总经理，那怎么办呢？于是我白天当总经理，晚上加班干程序员，当了好几个月。当时心里还在想，我有没有可能在当总经理的同时还能把程序员干好？

在我做着这样一个美梦的时候，一个意外的事情发生了，有一个人推了我一把，从此金山少了一个好程序员，多了一个不怎么样的CEO。出了什么事呢？我们公司来了一个同事，这个同学叫刘光明，把我的电脑不小心给格式化了，连备份硬盘都格式化了，断了我的后路，从此我走上了当CEO的"不归路"。

在金山，程序员地位之高让我自己都无法想象。我记得当年我们的队伍里面也有几位非常好的程序员做了高管，比如说董波董老师，干了两三年以后来找我，说雷总，能不能不让我做副总裁了，我写程序就好了。我说好啊。等我答应董波以后，万万没想过，第二个人举手了，沈家正当时是助理总裁，也跟我说，我能不能也回去写程序？所以，在金山这种特殊的环境下，我们一直有着极其浓郁的程序员文化，就是这样的文化，使我们坚持了技术立业，坚持不断地科技创新，才一步一步有了今天。

当然，今天我们的业务从早期的几个人到了三万人，从早期的WPS到了四个明星业务、两家上市公司。我们的业务越来越完善以后，我们的技术工种也越来越丰富。我讲的这个"程序员老大"其实是指技术人员大咖，是尊重人才，尊重技术，这就是金山为什么能够成为程序员的"黄埔军校"，成为所有程序员向往的地方，我希望金山能够持续坚持"程序员老大"的这个文化。

第二个是关于梦想的故事。

2004年，14年前，当时我们大学毕业生的工资是4000块钱，结果有个小"海归"跟我们求职，这个小"海归"就是我们西山居的CEO郭炜炜，也是今天金山的"网红"。郭炜炜当时在美国念完大学，拿到了暴雪的offer，他在唐人街的网吧里玩西山居的游戏，就迸发了加盟西山居来做一个武侠RPG（角色扮演游戏）的梦想，所以勇敢地给我们递出了求职申请。邹涛一看"海归"啊，应该多给点钱，所以我们工资当时是4000元，这样的海归我们应该重视人才，给他重奖，给他4500元。郭炜炜同学很可爱，4500元啊，以为是美金。一上班发现是人民币以后，立刻"晕倒"在我们的厕所里。如果不是一个大型武侠RPG的梦想，我相信他当时也不干了。等他进来发现这个项目也只有五六个人，依然决定留下。就是因为有这样的梦想，让他在当时艰苦的条件下一干就是五年，也从五六个人干到了三四百人，五年时间做一个项目。

当时整个公司寄予了剑网3厚望，结果一发布，搞砸了，严重低于预期。在这样的情况下，如果没有人站出来力挺，如果没有一批人愿意抱团继续把这个事做好，我相信剑网3就挂了。在这个时候，邹涛坚持要把这个项目改好，结果从2009年改到2010年，改到2011年，改了两三年以后基本改好，从2012年开始，连续四五年每年翻番，成了金山的主要收入和利润来源，也成了中国最流行最成功的大型武侠RPG。

14年过去了，小"海归"已经变成了中年大叔，剑网3的研发团队也换了一茬又一茬，正是因为这样的坚持，剑网3受到了年轻群体的热烈爱戴，形成了独特的文化。今天，前金山同事、B站董事长陈睿也在这里，他最清楚。大家一听B站就鼓掌的，其实我是B站的灵魂歌手，凡是上B站的都知道，B站上有众多年轻用户基于剑网3二次创作的作品。我们金山永远跟时代同频共振。大型武侠RPG的梦想，邹涛和一大群人坚持了14年，越干越好。

1996年，金山遭遇盗版和微软，差点关门，但仍然在次年推出了WPS97。金山能走30年，就是因为有梦想、有坚持。

WPS 我们坚持了 30 年，坚持到今天，谁也没想到像 WPS 这样的应用每天都有两三亿人在用。"毒霸"我们也干了 20 多年，哪怕集团最年轻的业务"金山云"也超过了 5 年，所以我觉得金山是一家有梦想、愿意坚持的公司，这样的公司才能走得足够远。

今天我们这么多人聚在一起，一起庆祝金山集团 30 岁的生日，当我们说到金山的时候，我们说的不只是这 30 年来璀璨的历史、30 年来辉煌的成绩和 30 年来的各种不容易，我们更要说的是金山不断追寻技术创新的梦想，为中国软件行业竖起民族产业旗帜的责任，是无视任何艰难险阻，不断迈向新战场，取得新成就的气魄。

未来的金山，还有漫漫征程，但未知跟不确定恰恰就是未来最大的魅力。30 年后，也许今天的绝大部分公司都会关门，包括现在显赫一时的公司。但是我相信，金山肯定还在，肯定会更好。因为，金山已经活了 30 年，金山懂活 30 年的秘诀。30 年来，金山的历程已经充分证明没有人比我们更从骨子里重视技术，重视创新，尊重程序员，没有人比我们更有韧劲，更能坚持，更善于不断转型不断突破，没有人比我们有更深厚的兄弟情谊和抱团打天下的决心。因为坚信，所以奋斗。今天在场的兄弟姐妹们，无论是曾经立下赫赫战功的旧金山人、老同事，还是今天所有的 90 后的年轻人，我们因为一个共同的梦想走到一起，我坚信，我们未来还会书写出更加辉煌的新的传奇。

我在金山工作了快 30 年，我在金山感悟到最重要的一句话是，人因梦想而伟大。无论你是谁，只要你有梦想，你就能成为一个伟大的人。金山的梦想就是用技术改善服务整个世界，只要金山的程序员文化不动摇，技术梦想不褪色，我们金山将永远屹立、永远年轻、永远光芒万丈、永远更加辉煌！谢谢大家！谢谢今天到场的所有的兄弟姐妹们！

我也非常感谢两位兄长（求伯君、张旋龙），在中国的 IT 产业，像这么三个人合作走了 30 年其实极为罕见，因为 30 年真心很长很长，在 30 年的历程中总会遇到这样那样的问题，所以我特别感谢两位兄长的包容，让我们能走到今天。

我们三位都坚信一个非常简单的道理，在创业的路上，一个人走可能走得更快，但是一群人走可以走得更远。所以感谢张总，把金山办成家的文化，让金山走得更远。我们在干部队伍培养的时候，坚持"管自己以身作则，管团队将心比心，管业务身先士卒"，这就是金山为什么能走 30 年。